Das Hans Leip Buch

DAS HANS LEIP BUCH

Erinnerungen, Gedichte, Gedanken, Erzählungen

Ernst Kabel Verlag
Hamburger Abendblatt

Zusammengestellt von Joachim Jessen
und Detlef Lerch

Sämtliche Zeichnungen sind von Prof. Hans Leip

Schutzumschlag: Design-Pit, Hamburg,
unter Verwendung von Zeichnungen von Prof. Hans Leip
Satz: Alfred Utesch GmbH, Hamburg
Druck: Ernst Kabel Druck GmbH, Hamburg
Bindung: Clausen & Bosse, Leck
ISBN 3-921909-07-4

Inhalt

ERINNERUNGEN

Das Geheimnisvolle fand sich in allen Treppenwinkeln... 11

Von der Herkunft 13
Aus der Kindheit 14
Frühe Begegnung 15
Im Grauen ein holder Schein 19
Bekenntnis im Traum 25
Vom Bücherschreiben 27
Zwischen Palette und Schreibtisch 32

GEDICHTE

... hebt mich wie im Traume dein verliebter Mund 47

Das Ruderlied 49
Muschemusch 50
Heimweh 51
Der Muschelring 52
Der Meerwein 54
Die Versuchung 55
An meine Töchter 57
Lied im Schutt 59
Etwas Seefahrt 63
Anruf 67
Uferweg 68
Hafenstadt 69
Schiffsglocke 71
Die Scheuer 72
Weltbrand 73
Sommer 74
Eines Tages 75
Lili Marleen 76
und die richtigstellende Bemerkung zu Lili, zu Marleen und zum Lied Lili Marleen

GEDANKEN

Das ist das trunkene Stillesein 83

Gute und schlechte Freude 85
Das große Stillesein 86
Horizont haben 88
Frage und Antwort 90
Widersprüche 91
Zwischen Sein und Nichts 92
N. d. P., meine Lieben – na, denn Prost! 94

ERZÄHLUNGEN

Wie ein verhaltener, von ganz weit hergewehter Seufzer 97

Ein Leuchtturm wird frisch gestrichen 99
Der tote Matrose 108
Gelächter hinterm Horizont 116
Das Mädchen auf dem Teller 121
Aller Anfang ist Wagnis 129
Das kleine Bonnet 139
Die Bergung 145

ANHANG

Über Hans Leip 255
Zeittafel Hans Leip und Werkverzeichnis 261
Ausländische Ausgaben und Übersetzungen 271
Bibliographischer Nachweis 273

ERINNERUNGEN

Das Geheimnisvolle fand sich in allen Treppenwinkeln …

Von der Herkunft

Mein Vater, Sohn eines angesehenen Bauern und Schneideramtsmeisters im Hannöverschen, kam mit fünfzehn Jahren nach Hamburg, fuhr zur See, machte als Artillerist den Krieg 70/71 mit und versuchte, nachdem er geheiratet hatte, mancherlei an Land, war unter anderem Kutscher bei einer englischen Porzellanfirma, hatte ein Brotgeschäft und war schließlich bis hoch in die Siebzig Kaiarbeiter und Schauermann im Hamburger Hafen. Er vermochte Dinge und Personen mit phantastischen Namen zu belegen, so vierschrötig und gelassen er äußerlich war, wußte die bekannteren Teile der Bibel auswendig, besaß den Hamburger Bürgerbrief, besprach die »Rose« und pflegte zu den Geburtstagen meiner Mutter ein Gedicht zu schreiben.
Meine Mutter stammte aus einem armen mecklenburgischen Dorfe und hatte gleich nach der Konfirmation aus dem Hause gemußt, sich in der großen Stadt selber zu ernähren. Sie ging in Stellung bei einer guten Hamburger Familie und lernte dort vorzüglich kochen und rechnen. Mit achtzehn heiratete sie. Sie war klein und zierlich, von stiller rührender Frömmigkeit, geschickt in allem, unermüdlich, und wo andere gingen, huschte sie. Niemals war sie laut, niemals ungütig. Ihr einziger Ehrgeiz war, unbescholten zu bleiben, ihr einziges Streben, daß ihre sechs Kinder etwas Ordentliches würden. Und sie hat es, in dürftigen Verhältnissen, fertiggebracht.

Aus der Kindheit

Das Geheimnisvolle fand sich in allen Treppenwinkeln und dunklen Stuben, und manchmal, wenn ich nachts aufwachte, versammelte es sich erstickend um die Dampferrufe, die vom Hafen tönten. Aber auch bei Tag vermochten sich aus Tapeten, Stuhllehnen, Giebeln und Schornsteinen unversehens schattenhafte Gestalten zu lösen, die sich durch den Raum bewegten, ohne mich anzusehen, und voll unerkennbarer drohender Forderung und Lockung waren. Der Atem stockte mir oft mitten in Spiel oder Bastelei und selbst noch bei den Schulaufgaben. Um die Zeit baute ich mir ein Schattenpuppen-Theater, dessen Stücke sich in Schauerlichkeiten ergingen.
Aber da ich eifrig den Kindergottesdienst in der kleineren Stiftskirche zu St. Georg besuchte, konnte es nicht ausbleiben, daß meine Phantasie auch Engel um sich zu spüren meinte. Sie schwebten in den lauten Straßen eben über den Leitungsdrähten der Bahnen, und ihre Stimmen drangen deutlich, wenn auch – wie ich anmaßend glaubte – nur für mich vernehmbar, durch den Lärm und trösteten mich, der ich schüchtern und empfindlich und ewig bedrängt und nicht gerne Kind war, und ich antwortete flüsternd, daß ich verstanden habe. Leicht und verzückt schwankte ich dahin, ja, ich meinte, selber zu schweben, und wurde gütig vorbeigeleitet an Passanten, Laternenpfählen und dem rasselnden Verkehr.

Frühe Begegnung

Ich war noch nicht zehn, da sah ich zum erstenmal die See, und es war bei Cuxhaven. Sie war vorerst ruhig und grau und glatt und befremdlich flach und sah keineswegs unendlich aus und roch bitter und fischig. Aber bald sprang der Wind auf, und die Luft wurde scharf und fuhr kühl und heftig in mich, als sollte ich platzen vor Frische, und die See fing an zu toben und zu brüllen, so daß ich ihr alle erste verhaltene Enttäuschung und Verächtlichkeit, die ich gefühlt, abbat und mich beklommen dessen entsann, was in der Schule mitsamt den Geboten an lutherischer Erklärung gelehrt wird und wo es auf die Frage: Was ist das? heißt: Wir sollen Gott fürchten und lieben ... So erging es mir mit der See und geht es heute noch. Die Hamburger hatten aus privater Stiftung um 1900 schon das, was man später Kinderlandverschickung nannte. Mein Vater kannte einen der Senatoren, die im Gremium saßen; denn er hatte ihm mit Erfolg eine »Gürtelrose« besprochen. Somit kam ich, lang aufgeschossen und bläßlich, zur Kräftigung an die See. Es war dort in der Christian Görnestiftung zu Duhnen, in einem weiträumigen, von tüchtigen Damen geleiteten Gefilde, dicht am Strand gelegen. Doch der harte Wind bekam meinem Halse nicht, ich mußte mit Fieber zu Bett und hatte mich schon darein ergeben, sterben zu müssen. Als es mir wieder besser ging, machte ich dankbar mein erstes Gedicht. Es hieß: Der Jüngling zu Nain. Bald danach kamen die Hamburger Senatoren, um von Duhnen aus zu Wagen über das bei Ebbe freie Watt hinüber nach der Insel Neuwerk zu fahren, die mit ihrem dicken Leuchtturm so verlockend am Horizont lag und zu Hamburg gehörte und alljährlich behördlich besichtigt wurde. Die Görne-Kinder nun, wie wir hießen, die ja sozusagen Gäste der Stadt waren, wurden zur Begrüßung der Stadtväter in gleichmäßige Anzüge gesteckt, denen der Waisenkinder ähnlich, und es gehörte ein flacher weißer Umlegekragen dazu nebst einer blauen Schlipsschleife. Da es fraglich war, ob ich, eben genesen, die kleine Parade bei der Senatsabfahrt vor dem Strandhotel mitmachen dürfe, ich aber mich nicht abweisen ließ, ergab es sich, daß die blauen Schleifen alle schon vergeben waren und ich mich mit einer roten begnügen mußte.

Wir standen Spalier und sangen, und die Herren auf den hochrädrigen Wattwagen ließen eine Weile halten, auch den Geringsten unter ihrer Verwaltung Wohlwollen zu bekunden und unser Lied zu Ende zu hören, das die »Stadt Hamburg an der Elbe Auen« kindlich pries. Und einer der Großmächtigen, die zu meiner Mißbilligung in schlichtem Zivil und keineswegs in ihrem Amtstalar mit Mühlsteinkragen gekommen waren, beugte sich freundlich von seinem Sitz herab mir zu, lächelnd auf die rote Schleife weisend, vermeinend, es solle etwas Besonderes bedeuten. Ich ahnte nichts von Besonderem und daß Hamburg derzeit begann, im Ansehen des Reiches als »rot« und aufrührerisch zu gelten und daß es einer von den »Linken« sei, der sich durch meinen Schlips angestrahlt fühlte, und er lud mich leutselig ein mitzufahren.

So gelangte ich zum erstenmal auf eine Insel und genoß es sehr, hatte auch teil an dem, was den Herren an Kaffee und Kuchen kredenzt wurde. Wir wanderten danach deichlängs zwischen Schafen und Gänsen hin zum alten Störtebekerturm, der erschreckend in den Tag ragte, dicker und höher als ich je dergleichen gesehen. Und da wir nun aus belehrendem Munde über die Jahrhunderte vernahmen, denen er getrotzt, ging plötzlich ein schmächtiger knebelbärtiger Mann still über den breiten, kopfsteinig gepflasterten Turmhof, und ich hätte wohl lieber einen der gefürchteten Seeräuber erblickt, die hier einst gehaust hatten. Indessen ließ der vortragende Syndikus eine kleine Pause eintreten, ohne daß der Dahinwandelnde uns zu bemerken schien, und jedermann sah dem in sich versunken Davongehenden nach, als habe er eine

Insel Neuwerk

gebührende Kenntnisnahme und einen Gruß von ihm erwartet.

Später sagte dann jener Joviale, der mich eingeladen hatte, wie zur Entschuldigung in den Kreis seiner Kollegen: Es ist ein Dichter, meine Herren, der hat Eigentümlicheres zu bedenken als das, was mit einem behördlichen Aussehen und Ausflug zu verknüpfen wäre ... Oder so ähnlich. Und er nannte den Namen. Und es lächelten alle und nahmen es nicht wichtig. Nicht so wichtig jedenfalls wie ich, der sich noch lange darüber wunderte, daß ein Mann nicht nur Rainer, sondern sogar Maria mit Vornamen heißen könne, und noch mehr, daß jemand vermocht habe, an einer so gewichtigen Vertretung der hansischen Regierungsmacht und Weltbedeutung, der ich mich eben stolz eingefügt gefühlt, achtlos vorbeizugehen, und eine bedrängende unbehagliche Ehrfurcht wehte mich erstmals leise an vor dem, was ohne Gewalt sich leisten darf, ungestört und ohne Blick auf andere und wie im Traum seinen Weg zu schreiten.

Ich fragte nachdem die Fräulein, die uns zu Duhnen betreuten, nach ihm, der Gedichte gemacht haben sollte, die vielleicht schöner waren als das meine, und ich hätte gern etwas davon gehört.

Aber sie kannten Rilke noch nicht.

Im Grauen ein holder Schein (Hamburg 1943)

Es drängte mich, die Stätten der Kindheit wiederzusehen, von denen ich gehört hatte, sie seien durch die Bombenangriffe alle zerstört. So kam ich vom Hauptbahnhof denn zu der St. Georger Kirche hinüber, wo ich vom zehnten bis vierzehnten Jahre Chorjunge gewesen war. Das bedeutet in einer protestantischen Kirche nicht viel, aber mir hat es die Sinne geöffnet für die große Musik der Orgel von Bach bis Reger. Und da ich unter dem ausgebrannten Turmstumpf eintrat durch das hohle Barockportal und über den Schutt hinwegstieg, weit genug, um den gewaltigen Innenraum zu überblikken, dessen Decke allein durch die ein wenig nach außen geneigten Mauern gespannt und getragen gewesen war und keiner Säule bedurft und die nun dem Himmel Platz gemacht hatte, wisperte mich viel Kleinkram der Erinnerung an, und ich sah mich auf der herabgestürzten Empore stehen, eng zwischen den »singenden Drachenkälbern«, wie einer der Herren uns nannte, die sonntags mit Baß und Tenor unsere dünnen Stimmen prangend zu untermalen verpflichtet waren. Der Kantor, der uns streng und geschickt, ich möchte sagen, elegant zu leiten wußte, war Georg Aleff, ein höchst musikalischer und musisch geneigter Mensch, ein Ritter an Gesinnung und Haltung wie St. Georg selber und in mannhaftem Kampfe mit unserer Ahnungslosigkeit und Nachlässigkeit, aus der wenig an verborgenen Schätzen zu erringen gewesen. Der Hauch seiner weltmännischen Kenntnisse, seine Ehrfurcht vor der Kunst, seine gepflegte Erscheinung und die vornehme, fast schauspielerische Art seiner Sprache und Gebärde hat auf alle, die unter ihm dem Chor je angehört (und es sind darunter zum Beispiel Bernhard Jakschtat und Erwin Bolt), sicher eine fördernde Wirkung gehabt; denn wir kamen zumeist aus kleinen und armen Verhältnissen und sangen um des Chorgeldes willen, das, anders als beim amtlichen Hamburger Kinderchor, die Gemeinde und nicht der Staat aufbrachte. Ich rechne den trefflichen Mann wie Heinrich Wolgast und Alfred Lichtwark mit Stolz zu meinen Erziehern. Auch habe ich mein erstes schriftstellerisches Honorar bei ihm verdient. Er war es, der lange bevor der Begriff allgemein wurde, jährlich einen »Betriebsausflug« mit uns machte, und seine pädagogische Neigung ging so weit, uns zu veranlassen, einen Bericht darüber zu verfertigen; er setzte auch einmal auf einer schönen Fahrt nach Lübeck als ersten Preis einen blanken Taler dafür aus, und ich gewann ihn.

Am meisten habe ich unseren Kantor bewundert, wenn er, unseren mageren Sopran zu verstärken und in der Höhe zu halten, dessen Partie im Diskant mitsang, indes seine schwarzen Bartspitzen drohend aufstachen und seine schwarzgeränderten Brillengläser magisch blitzend uns zu letzter Anstrengung beschworen.

Lange hat er seinen Posten mit dem eines »Repräsentanten« der größten deutschen Flügelfabrik vertauscht. Doch der Hall seiner Stimme, ach, der Hall unserer kindlichen Stimmen, der so gläsern klar unter der schnörkligen, flachen, gewaltigen Wölbung hinklang, fromm und unschuldsvoll, so wenig oft unsere Herzen Anteil hatten an der Hoheit der Musik und des Textes, nun, selbst an den ausgebrannten, abgeborstenen, aller lustigen Priölken und Gestühle entkleideten Mauern scheint er noch nachzuhallen, unverwelkbarer meiner Erinnerung als manches, was mächtiger oder lieblicher mir später in die Ohren scholl.

Auch das Küsterhaus ist ausgebrannt, wo die Chorproben stattfanden, in die wir erhitzt vom Schlagball hineinstürzten, wenn Kneifer und Bartspitzen über dem edlen gelben Mantel unter dem hellen, kecken Hut eilends um die Kirchenecke bogen. Aus den Saalfenstern habe ich oft verlangend in die Hintergärten geblickt, die voller alter Bäume, Gebüsche und Geheimnisse sich zu den damals noch sehr »feinen« Häusern an der Alster hinzogen. Wir hatten zu Hause nur einen

Balkon. Jetzt sah man durch die zusammengestürzte Hauswand weit in das immer noch grüne Gelände, und niemand hätte mich gehindert, dort einzudringen, als einzig die Scheu, nun als Erwachsener vor den blassen Knabenaugen von einst einherzugehen in dem, was unerreichbar und schön wie alle Gefilde der Sehnsucht gewesen war.
Der Spruch fiel mir ein, den mir der herrlich freigeistige Pastor Kapesser bei der Konfirmation gegeben hatte, als ich mir vorm Altar von der Orgelempore mußte zusingen lassen, wie ich jahrelang mit für andere gesungen. Klopfet an, so wird euch aufgetan! hieß mein Spruch. Er hat sich oft bei mir bewährt, so wenig gern ich ihn anfangs hatte mit dem Stolz der Armen, die noch eben keine Bettler zu sein brauchen. Der Sinn der sanften Gewalt in diesem Spruch ging mir erst später auf, und er hemmte auch nun meinen Schritt, daß er behutsam bleibe; denn der Garten der Kindheit tat sich weit auf, da mein Herz an die unsichtbaren Pforten klopfte, und ein holder Schein hob sich über das Grauen der Zerstörung.

In der Langen Reihe hatten wir zweimal gewohnt, einmal im Keller an der lichten Seite gegenüber der Turnhalle und einmal gegenüber der alten Weinhütte hoch oben im vierten Stock. Im Keller hatten meine Eltern ein Brotgeschäft betrieben. Ich war noch zu klein, um viel Erinnerung daran zu haben, außer an ein paar stibitzte Kuchen und das Fell voll dazu und – da fällt mir ein – an den munteren Schauspieler Ludwig Max, der unser Kunde war und mich, ich weiß nicht warum, mit »Herr Professor« anzureden pflegte. In der vierten Etage aber, die, mit »Mädchenklingeln« in allen Zimmern den Glanz der damals noch im allgemeinen wohlhabenden Gegend auch bei uns ahnen ließ, begann ich meine ersten Zeichenversuche auf einer Schiefertafel, lernte in den Hinterhöfen – die in dem rücksichtslos anwachsenden Großstadtverkehr die einzig sicheren Kinderspielplätze waren;

denn selbst zu den spärlichen sogenannten »Anlagen« mußte man über die tobende Straße – alle alten Hamburger Kriegen-, Versteck-, Kreis- und Reigenspiele von »Hahn, ick seih di...« und »Abo, Bibo...« bis zur »Trauer, über Trauer, hab' verloren meinen Ring...« und »Adam ging und wollte sich erquicken...«. Den wilderen Unternehmungen der Schlachtersöhne Hans Albers und des späteren Meisterspringers Albert Zürner sah ich atemlos nur von weitem zu, denn sie waren mir im Alter voraus, und nur als sie bei ihrer Konfirmation nach derzeitiger Sitte eine Unmenge von eigens zu diesem Zweck von einer Hamburger Fabrik hergestellten und bei allen Krämern um Ostern zu habenden »Konfirmandenbontjes« in die »Grabbel schmissen«, war ich näher beteiligt.

Die zerspellten Gesimse – o höllischer Spuk – hatten in der ungeheuren Feuerwalze die Farbe jener billigen gebrannten Zuckerkaramellen angenommen, daran nun der Wind sog und sich unermeßlich anfüllte mit der Grausamkeit des Geschehens, das alle Rauheit, Bangnis und Süße der Kindheit überdunkelte, fast auch die holderen Gestalten, die mir nun aus dem Trümmerfeld, darin es noch glomm und qualmte, entgegenschritten, die hübscheren unter den Freundinnen meiner großen Schwester, die sich – ich ging noch nicht zur Schule – vor meinen Küssen nicht zu retten vermocht hatten.

Kamen wir in die Alexanderstraße, Hans Friedrichs und ich, der mein Spielkamerad gewesen war vor vierzig Jahren und es nun bis zum Revierleutnant gebracht hatte, immer noch der alte nette Junge. In Schutt lag auch hier, wo er und ich gewohnt, aber unsere Erinnerungen waren lebendig wie je, und wir nannten die unverblaßten Namen der Freunde und Feinde und der Nachbarn und Kaufläden, gedachten der Schlachten mit unseren Bleisoldaten, die wir in unerkannt friedlich schönen Zeiten so ahnungslos gespielt, gedachten der Sedan-Ehrenpforten und -Feuerwerke und daß ich seine Schwestern schüchtern verehrt, gedachten der Abenteuer mit Einbrechern und des Kriegervereins des Hausbesitzers und Gipsgießers Zehle. Die Alexanderstraße war damals reich an Gegensätzen, es gab dort Villen mit vielen reichen Ausländern in Pension und gute Bürgermietshäuser, in deren einem wir wohnten, und finstere Hinterhöfe; dazu gab es kleine Vorgärten und größere, meist verwahrloste Hintergärten hier und da, und eine kleine vornehme Sektierergemeinde und weiterhin stille Stiftswohnungen und in der Nähe die kleine Stiftskirche, wo ich zur Sonntagsschule ging.

Zerschlagen alles, hohl und verlassen, unheimlich reckt sich das leer zerhackte Gemäuer wie nur je die Kulissen unserer verschollenen Knabenphantasie, darin die Abenteuer nicht grandios genug sich an unsäglicher Gewalttat und Zermalmung zu erbauen geliebt, wie es Knabenart ist. Und ein frühes uraltes Gelächter geistert zwischen der Zerklüftung, und das ahnungsvolle und genießerische Erschauern der jungen Jahre verwürgt sich mit der erbarmungslosen Anschaulichkeit der Gegenwart. Ein unfaßliches Grauen schlich mich an und schien mir doch so vorbekannt aus allen zerschundenen, dem Himmelslicht brutal aufgerissenen Stuben, wo wir gewohnt, selbst dort, wo ich geboren war und der Ofen noch halbzerschmettert ragte, an dem meine ersten Windeln getrocknet, und wo, unweit davon, an zerbrochener Mauer mit großen, ungelenken, traurigen Buchstaben stand: Mama, wo bist du? Fidi ... und ein verdorrter Stiefmütterchenstrauß in der zermörtelten Fensterhöhle leuchtete. Und in der Reismühle, welch gigantische Gräbermale die zerschlagenen Häuserblocks, darunter die schüchternen Erinnerungen lagen von frühen Wanderungen an Neckar und Main, längst verblichene Tapeten, daran Ansichtskarten, Fotos und Lautenbänder geheftet gewesen in erster eigener Kammer, deren Wände nun hinabgestürzt waren, vergänglicher als die

Andenken des Herzens an die ersten Verliebtheiten, vergänglicher selbst als die ersten kleinen Lieder.

Annemarie,
die ging am Abend spät noch aus,
sie ging vor eines Spielmanns Haus,
kein Mädchen war so schön wie sie,
Annemarie.

Meine Eltern sind lange tot; sie haben das Entsetzliche nicht mitzuerleben brauchen. Und meine fünf Geschwister, obwohl sie alles verloren, haben doch das Leben gerettet. Und das Leben ist es, das triumphiert. Die versengten Bäume, mitten schon im Herbst, stehen überall stammauf und -ab in Frühlingsgrün neu ausgeschlagen.

Und aus dem bitter-süßlich dunstenden Schutt hervor strich eine kleine schwarze Katze liebebedürftig an meine Beine, und da sie zu mir aufmauzte und ich meiner Töchter gedachte, die nun schon auch fast erwachsen und mir wie mein Haus und mein Herz bewahrt geblieben sind – bislang, ja, bislang –, also wie ich daran gedachte, daß sie eine kleine schwarze Katze namens Ally sehr geliebt, da erst war mir, daß ich mich niederbeugen mußte, das Lebendige in der ungeheuren Trümmeröde zu streicheln und um das Feuchte der Augen zu verbergen, das kaum geeignet sein konnte für die Aufmerksamkeit eines Polizeioffiziers, der an Leid und Sorge und Pflicht genügend zu tragen hat und seine Mutter und alle Habe zum Opfer hatte geben müssen in den Nächten des Höllensturzes unserer lieben Stadt.

Bekenntnis im Traum

Als ich den Morgen aufstand, wußte ich, ich war ein Seefahrer gewesen und hatte mich in aller Welt herumgetrieben. Mein Haar war licht geworden, aber meine Hand war knorrig, mein Sinn durchlüftet von den Meereswinden. Nun sah ich das frische Gras, und Pferde weideten den Deich hinauf; in den sauberen Heimatgärten waren Blumen zu Herzen und Kränzen geordnet. Dahinter schaukelten noch immer die Masten, Schlotqualm stieß wie Matrosenarme durch die Gerüste der Werften. Dort oben segelten die Wolken.

Als ich vor Tahiti im Fieber fror, sah ich Jack London. Er stand am Rad seines Schoners, eine halbe Kabellänge blauseifigen Wassers zwischen uns. Er war weder krank noch betrunken, ich neigte mich vor ihm, unentwegt war er, sehr klar und ohne Nachgiebigkeit gegen seine inneren Wahrheiten. Er hat es verheimlicht, was andere umherröcheln, daß Frauen ihn übel gequält haben; wenn er sie schilderte, band er kaltlächelnd die Konditorschürze um. Meine arme Seele schrie, es sei unmöglich auf deutsch. Es war gegen Westen, aber derlei Geheimnisse gibt es in allen Himmelsrichtungen. Ich sah auch Stevensons letztes Haus, sein luftiges Sterbezelt aus Palmwedeln, jedoch sah ich es nur klein, ein Abbild für literaturentzündete Bonnen zu Wembley. Hier lehne ich aus meinem Fenster, die Promenade der großen Stadt, den straßenummauerten wipfelumgrünten See vor meine Augen gebreitet. Autos, Kontormädchen, Geräusch, Metall und Auspuff, Hafenschreie, etwas Hufschlag, ein Südfruchthändler. Nördlich kühler Duft von Eisenbahnbrücken, Weißfisch, Asphalt, Hamburger Zigarren und Reinemacheweibern. Ein Flieger zeichnet ein Inserat ins Blaue. Hinter mir meckert das Telefon. Damals im unverhüllten Horizont, oder wird es noch einmal so sein? Wir landeten. Ich hoffte Conrad zu begegnen, dem englischen Polen, dem weisen Abenteurer, aber er war ein alter magerer Herr, ein Schiffs-

zimmermann auf Sonntag, der sich sehnte, in Sailors Snug Harbor bei Staten Island winzige Briggs zu takeln. Junge, sagte er, das ist die See. Bücher sind nicht ewiger. Im Gegenteil. Solltest du schreiben, sieh zu, daß du dir und andern nicht zu gräßliche Langeweile bereitest.
Eine gläserne Glocke, so wandelt der Regen übers Meer. Oben das süße Wasser, aber unten brandet das Salz. Lang und grau sind die Wellen, und so riecht der Atlantik. Es ist heller Tag. Sie sind tot, alle drei. Die See breitet sich weich über die zerschossenen Schiffe, und die Feuergräben zwischen den Völkern schließen sich. Frei wandeln wir über Länder und Meere.

Vom Bücherschreiben

Meine wesentlichen Bücher habe ich in einem Zustande beklommener Erregung geschrieben, immer voller Sorge, sie möchten nicht zu Ende gelangen. Ich saß von früh bis in die Nacht daran, sobald die Arbeit nur erst recht in Fluß war, handwerkte auch während des Schlafes unablässig weiter, wenn man das Durchformen der Sätze und die Suche nach dem einzig genauen Ausdruck Handwerk nennen will. Denn weder die Gestalten noch ihre Handlung verfolgten mich heftig bis in den Traum; sie waren in allen Fällen, die später Beachtung fanden, nach wenigen Seiten Niederschrift allzu selbständig und aus sich bewegt. Ich möchte sagen, sie saßen mir weniger im Kopf als im Blut. Sie lebten aus sich und taten alles, um ihren Berichterstatter so wenig wie möglich zu belästigen, es sei denn, daß sie eine unbedingte Übereinstimmung ihres Wesens und Tuns mit dem verlangten, was die Papierbogen füllte. Und das allerdings war mühevoll genug. Wohl schwebte oft ein Hauch Glück über der gewissenhaften Nachschrift dessen, was sich unablässig klar vor dem Seelenfenster entwickelte, und bedeutende Bilder schienen sich leichter als sonst aufzuzeichnen, so daß es sich berauscht anließ und taumelnd in dem Gefühl, erhoben zu sein und begabt vor vielen. Aber das Mißtrauen war bald wieder wach, ob es wohl zutiefst genüge, was da stand, ob es den Gesichten entspreche und dem Gang und der Würde der Geschehnisse und ob es geeignet sei, einem Leser das innerst Geschaute zu gleichwertigen Vorstellungen umzumünzen. Zumal bei sinkendem Tage habe ich manchesmal mit fliegender Feder oder sogar mit der Maschine eine wahre Brandung über die Bogen gehetzt, in heimlicher Verzückung, doch selten hielt es dem Morgen und der nüchternen Durchsicht stand. Ich habe immer bis über die Fahnen hinaus geändert und geschliffen und habe keines meiner Manuskripte mit der aufatmenden Sicherheit aus der Hand gegeben, es sei nun fertig. Immer

hätte ich noch in Ewigkeit daran kämmen und zaubern mögen, wenn nicht eine heilsame Erschöpfung, ein hilfloses: Besser kann ich es doch nicht mehr! und die eilende Zeit den Schlußstrich gezogen hätten.
Ich bekenne, zu Zeiten versucht zu haben, mich dem ungeheuren Ernst zu entziehen, der mich aufrief, mit den Mitteln des Dichterischen Mitteilung zu machen von dem, was als das Leben drohend und betörend auf mich eindrang. Von der Schule her hatte ich als treffliches Rüstzeug die Ehrfurcht vor der deutschen Sprache mitbekommen, und während langer Lazarettmonate war mir das Wehen ihres Geistes und die Freude an ihrer Schönheit, ihrem Reichtum und ihrer Biegsamkeit recht von Herzen aufgegangen, aber ich setzte der Verlockung, sie spielerisch zu verschwenden und mich ihrer im Betrieb des Ehrgeizes, der Gelegenheiten, der Feste und Tändeleien und des Erwerbes nach Bedarf zu bedienen, anfangs wenig Widerstand entgegen, so daß meine besten Freunde fürchten mußten, ich würde dem scheinbar allzu unschwer aus dem Finger Gehüpften gänzlich erliegen. In Wirklichkeit habe ich manchen Fleiß an Belangloses gewandt. Und wenn mir nachträglich jene Umstände, unter denen ich mit gewissem Erfolg zu schreiben begann, selber nicht ungefährlich dünken, so ist doch, was in den Wind gefunkelt war, auch im Wind zergangen und war vielleicht nichts als eine Übung und eine Notwehr.
Denn der Veranlagung nach war ich weder leichtfertig noch dickfellig genug, auf die Dauer der unerbittlichen Verantwortung des Schreibens zu entgehen oder sie ungerührt den Klassikern zu überlassen. Aber als es so weit war, daß etwas Ordentliches aus mir geschähe, da zeigte sich, wie bedingt nur meine Natur solcher Last gewachsen sei. Die Niederschrift des Romans »Godekes Knecht« vernichtete mich fast. Ich wich danach nochmals aus. Viele Jahre lang schien es mir ersprießlicher, der Fülle der Möglichkeiten das Nächstliegende zu entnehmen, ohne mich mit tieferem Besinnen zu

Bücherstand an der Seine

quälen. Und fand mich dennoch eines Tages zurückgezwungen auf den einsameren Weg des inneren Horchens, und gebieterischer denn je stand vor mir das Schwierige, das Strenge und das wenig Erforschte, fordernd, daß ich es meistern solle und ihm die lauterste Darstellung zuteil werden lasse. Es war um die Zeit, da ich mich mit filmischer Arbeit herumgeschlagen hatte, die wohl noch keinen Schriftsteller glücklich gemacht hat; ich zumal war von der Hoffnung geplagt, dort dem Kunstwerk näher zu gelangen, das nicht nur gut, sondern auch allgemein verständlich sei. Erschütterungen persönlichen Schicksals kamen hinzu, mich gereifter zu machen und gefügiger dem so gnadenvollen als gnadenlosen inneren Auftrag, allein der künstlerischen Wahrhaftigkeit zu dienen. Da konnte mein Platz nicht mehr sein inmitten der zahlreichen Rücksichtnahmen der Drehbucharbeit, und ich schrieb den Stoff, daran meine Mitarbeiter und ich verzweifelt waren, zu meiner eigenen Klärung und Verteidigung als schlichte Erzählung mir von der Seele, und ich spürte dabei eine andere Heiterkeit des Schaffens als bisher und eine andere Mühe, die sich in sich selber belohnte. Es war das kleine Buch »Die Bergung«. Und danach reizte es mich, die geheiligteren Grenzen der Bühne aus meiner neugewonnenen Freiheit auszumessen und mich in ihnen zu versuchen, befeuert durch die gewaltigen Gesichte des Äschylos, doch vorerst bescheiden mich dem anreihend, was auf leichteren Sohlen hinter den großen Trilogien hersprang, und angeregt durch die Landschaft des verschollenen Satyrspiels »Proteus«, die sich bald bunt genug bevölkerte, so dürftig die Quelle war. So entstand, anfangs nur als insgeheime Übung gedacht, die Komödie »Idothea«, die von der Zwiespältigkeit allen Ruhms und aller menschlichen Schönheit handelt und von dem Gesetz der Treue zu sich selbst.

Und ich schrieb, durstig nach dem Fluß eines großen epischen Ablaufes, den Roman »Das Muschelhorn«, wobei sich »Godekes Knecht« als ein unvermorschter Brückensteg erwies, so daß ich hingelangte, wohin ich gelangen zu müssen glaubte, dem Werke untertan zu sein gleich denen, deren Lust über den Tag hinaus ins Weite gerichtet ist und die, ohne Rücksicht auf das äußere Befinden, dem inneren Glücke zugeneigt sind und ihr Ziel verfolgen, die untrüglichen Werte des Daseins in Gleichnissen aufzuzeigen.

Zwischen Palette und Schreibtisch

Ein Lebensabriß

Was bleibt wichtig aus der Kindheit, wenn man vom Eintritt ins Dasein schon sehr viele Jahre entfernt steht? Vielleicht dies: Meinen ersten Flitzbogen formte ich aus einer herausgefallenen fischbeinernen Korsettstange. Dieses Spielzeug hielt so wenig wie die Mode der Wespentaillen, aber es war meine erste Beziehung zum Meer. Denn meine große Schwester, die Lehrerin war, erzählte mir von den Abenteuern des Walfangs. Fünfzehn Jahre später lugte ich vergeblich nach solcher Beute aus. Der Fischdampfer, dem ich mich heimlich anvertraut, holte mit Grundnetz nur Kleinzeug herauf, und die brutale Massenabschlachtung versalzte mir ziemlich den Spaß an der Seefahrt. Von der mein Vater aus Erfahrung sowieso nicht viel hielt.

Am letzten Sommertag 1893 wurde ich in der Freien und Hansestadt geboren, viertes Kind meiner Eltern, weitab vom Hafen in der Freiligrathallee Nummer 6. – Allee, das bedeutet Baumgang, in diesem Falle leicht anmaßend für die dürftigen Vorgärten einer Reihe Hinterhäuser. Dennoch blieb das Blättergrün vorm Fenster mir ein unbewußter Anreiz für spätere Wohnfragen. Doch damals zogen wir bald in die laute Lange Reihe (Nr. 91) vier Stock hoch und sogar unter einem »griechischen Tempelgiebel«. Von den Stuben aus sah man viele Dächer und Schornsteine, aber über den Firsten gen West manchmal auch die Spitzen weißer Segel von der nahen Außenalster. Freiligrath sei ein Dichter gewesen, sagte meine Mutter. Sie hätte gern gesehen, daß ich auch einer würde. Oder doch wenigstens Pastor. Beides schien ihrer ländlichen Herkunft nächst dem lieben Gott das Erhabenste. Immerhin verfaßte mein Vater zu ihren Geburtstagen ein Gedicht. Meine älteren Schwestern lächelten darüber. Das bedrückte mich. Ich hätte es selber gern besser gekonnt. Obwohl ich

sowieso nur Seemann werden wollte und wie Freiligrath weit in der Welt herumkommen.
Ich war fünfzig, als ich die Stätte meiner Geburt bewußten Auges aufsuchte. Die Kammer war von Bomben ins Himmelslicht gerissen; der Ofen, an dem meine Windeln getrocknet, halb zerschmettert.; der Vorgarten zerknickt; an zerborstener Mauer stand mit ungelenker Hand in Kreide: Mama, wo bist Du? – Und ein verdorrender Strauß Stiefmütterchen lag auf dem Schutt der Fensterhöhle.
In der Schule mußte ich ein langes Gedicht von Freiligrath lernen, das von Rübezahl handelte, der aber nicht helfend eingriff, so daß den schlesischen Webern nichts übrig blieb, als zu dem »Hunger- auch das Leichentuch« zu weben. Das verminderte mein Vertrauen zu den höheren Mächten und zu der Fähigkeit der Dichter, diese zu beschwören. Freiligraths Verse über die Auswanderer gefielen mir besser, später auch seine Briefe aus London und daß er Zuflucht in der Schweiz gefunden. Das alles verblaßte indes gegen die Bekanntschaft mit damals moderneren Poeten, Keller, Storm, Mörike und Conrad Ferdinand Meyer, aus deren Werken uns Heinrich Wolgast, der unvergeßliche Schulmann, so feurig als gemütvoll vorlas, als ich zehn war. Es wirkt bis heute nach.
Die Bäume, die Segel, die Verse, die weite Welt. Mein Vater war unruhig an Land gestiegen und vorübergehend Kutscher bei der englischen Porzellanfirma Davenport, Filiale Hamburg. Die Schale, aus der ich zu Hause getauft wurde, stammte daher. Vielleicht rührt aus ihr der Gedanke, der mich oft in London beschlich: Wäre ich nicht Hanseat, hätte ich wohl Engländer sein mögen. Das war damals, als Großbritannien noch weit um den Globus reichte und seinen Bürgern die Welt unbegrenzt offenstand wie den Deutschen nie, und Churchill noch nicht von seinen Gegnern Churchyard und Totengräber des Empire genannt wurde.
Einer meiner Taufpaten soll ins Elbwasser einen Schuß Seewasser getan haben. Er hatte es vor der Alten Liebe in

Cuxhaven in eine leere Rumflasche gefüllt. Dieser offenbare Romantiker, Gastwirt und vormaliger Bordgenosse meines Vaters, war auch der erste, der vermutete, unser Familienname leite sich von Leif Erikson her, dem ersten Entdecker Amerikas, und ich sei zum Piraten geboren. An der Wasserkante neigt allerdings jeder Knabe dazu, sich dem merkwürdigen Ruhme Klaus Störtebekers und ähnlicher Außenseiter anzugleichen. Mich hat der Komplex Freibeuterei später mehrmals beschäftigt, wenn auch nur in friedlicher Forschung.

In meinem Entstehungsjahr surrte der erste Dieselmotor, ratterten und dunsteten die ersten Autos, spannte sich die erste Antenne, liefen die ersten brauchbaren Rotationsmaschinen; die Röntgenstrahlen wurden entdeckt und die Radioaktivität. Die Flugtechnik und die Funktechnik regten sich. In Hamburg wurde die Literarische Gesellschaft gegründet. Im Hafen gab es noch Rahsegler, Galionsfiguren und Shanties, und die Hapag buchte nach dem Rückschlag des furchtbaren Cholerajahres 1892 wieder enorme Zwischendecksgewinne, weil Polen, Russen und Ostdeutsche noch ungehindert reisen durften. An Büchern erschienen in jenem Jahre einige, die mich mitgesäugt haben, gab es doch schon immer noch andere Wellenlängen und Sendebereiche als über Kabel und Transistor: Tolstoj, Das Reich Gottes in uns. Pierre Loti, Matelot. Hamsun, Redakteur Lygne. Engels, Entwicklung des Sozialismus. Korolenko, In schlechter Gesellschaft. Dehmel, Aber die Liebe. Beatrice Harraden, Ships that pass in the night. Und Hofmannsthal, Der Tor und der Tod. Und Richard Strauss dirigierte die Uraufführung von Humperdincks »Hänsel und Gretel«.

Gewiß sind die Kulturbedrängnisse der heutigen Jugend gewaltiger als zu meiner Zeit. Als einzige Illustrierte unterhielt mich der erste Jahrgang des Simplicissimus. An Musik war es anfangs die Ziehharmonika meines großen Bruders, der auch nicht zur See durfte, sondern Lehrling war in der

Senatsdruckerei. Und dann das Tafelklavier meiner großen Schwester. Das waren ersprießlichere Töne als das Gekrächze des Trichtergrammophons, das seine Märsche freigiebig in die Straße verabreichte. Es gehörte Gipsermeister Zehle. Er war Vorsitzender eines Kriegervereins. Meine Absicht, Admiral zu werden, wurde dadurch früh beeinträchtigt. Und auch die rührend frommen Dorfschullieder meiner Mutter beschwichtigten manche bedrohliche Aufwallung. Zudem brachte sie mich in den Kirchenchor zu St. Georg. Dort wurde ich aufgeschlossen für die große Musik von Bach bis Reger. Und wenn wir auch den Schlußchoral »Laß mich dein sein und bleiben ...« in sowieso mangelhafter Aussprache zu »Leih mich dein Blei und Eisen ...« umformten und während der Predigt aus gestifteter Bücherei Cooper und Gerstäcker lasen, blieb doch manch gewichtiger Kanzelsatz im Ohre hängen wie der: Heilig, meine Lieben, ist das, was man weder mit Du noch mit Sie anredet, sondern in stiller Scheu von weitem ahnt, es sei vorhanden ... Es stammt von dem fortschrittlichen Pastor Kapesser, der mir zur Konfirmation den Spruch mitgab: Klopfet an, so wird euch aufgetan! – Das war mir lieber als die beiden zugehörigen Stellen: Bittet, so wird euch gegeben! Oder: Suchet, so werdet ihr finden!
Und hafenher immer über die ganze Stadt hin die Bässe der Ozeaner. Mein Vater war als Schauermann zu ihnen zurückgekehrt und an den Kais tätig bis an sein achtzigstes Lebensjahr. Sein Wochenlohn reichte nicht, dem Rat Wolgasts gemäß, für höhere Schule und Studium, aber mit schwesterlicher Beihilfe doch für die Universität des kleinen Mannes, das Lehrerseminar. Ich fügte mich dort schwer ein. Indes übten meine Lehrer Nachsicht und ließen mir oft freie Hand, Fastnachtsschwänke zu inszenieren, Plakate zu entwerfen und eigene Verse mit Melodien zu versehen. Als mich der Direktor nach mühsam bestandenem Examen entließ, meinte er väterlich: Werden Sie ein großer Künstler und ein guter Mensch!

Das bestürzte mich. Jäh erwachte ich aus einer Art Schlafwandel und erkannte, welche Verantwortung ich mir aufgeladen hatte. Ein halbes Jahr darauf war ich Gardefüsilier in Berlin und fühlte mich eine Weile erleichtert, jeder Besonderheit enthoben zu sein. Nur nebenbei strebte ich aufmerksam in die Galerien der Metropole, weil ich mit Kunstgeschichte zu liebäugeln begonnen hatte. Die Träume von der Seefahrt hatte ich begraben. Es war mir auch gleichgültig, daß bei der Marine schon alles besetzt gewesen war. Das Kommißheldentum, das ersah ich bald, war zu Wasser und zu Lande das gleiche. Mit einem ostfriesischen Schulmeister wohnte ich außerhalb der Chausseestraße, als wir zum Offizier gedrillt werden sollten. Als freie Küstensöhne steigerten wir uns gegenseitig in unserem Abscheu des Kasernengebrülls und der Abrichtung zum Massenmord. Und waren mehr für Liebknecht als für Wilhelm zwo.
Dann stürmte die Brandung der Epoche auf mich ein wie in meiner Kindheit der Schwell angesichts der Insel Neuwerk, der mich erschreckt und zugleich entzückt hatte. Damals fieberte ich vor Erschütterung und von der scharfen Seeluft und glaubte sterben zu müssen, genas aber. Und verfaßte dankbar mein erstes Gedicht. Es war auf den Jüngling zu Nain. Die Diakonin, die mich pflegte und in die ich verliebt war – ich war es immer –, fand es schön. Ich durfte dann sogar mit, als die Hamburger Senatoren übers Watt zur Inspektion nach Neuwerk fuhren.
Ich merkte, Gedichte machen konnte der Laufbahn, Senator zu werden, kaum dienlich sein. Trotzdem mochte ich es nie ganz lassen. Und ich bin ja auch kein Senator geworden. Runde zehn Jahre nach dem ersten Gereime war es wiederum die Annahme, es wäre ein Wunder, mit dem Leben davonzukommen. Und ich fand mich darein, ohne die Bibel nochmals heranzuziehen, befangen vom Mythos der Küste, dem der Wiedergänger kein bloßer Spuk ist. Die paar Verse verwehten weniger rasch. Bedauerlich nur ist, daß ein zweiter Weltkrieg

Selbstbildnis, 1919. Holzschnitt

Anlaß wurde, ihre privat verliebte sangbare Friedfertigkeit ins Allgemeine zu rücken. Während eine Verletzung aus dem ersten mich vor weiterer Feldberührung bewahrte, auch die Notwendigkeit ergab, dem Lehrberuf ade zu sagen.
Laufbahn? Drei Jahre lang schrieb ich Kunstkritiken für die angesehene Neue Hamburger Zeitung. Die frühen Begegnungen mit Alfred Lichtwark kamen mir zustatten. Der funkelnd darlegende Geist, die schöpferische Rede, die noble Haltung, die tiefgründigen Kenntnisse dieses Weltmannes und Lebemeisters blieben mir Wegweiser zu kaum Erreichbarem. Ungeachtet jedoch seines wohlwollenden Bedenkens: Maler? Oft kann man diese Vokabel leider nur wie Malör aussprechen... erwachte mein Ehrgeiz, ein rechter Pinsler und Graphiker zu werden. Ich stellte im Kunstsalon Maria Kunde aus, in den Hansawerkstätten und in Dresden, London und Altona. Gustav Pauli, Nachfolger Lichtwarks, erwarb sogar ein paar Blätter von mir für die Kunsthalle. In Paris und London, Kopenhagen und New York lernte ich dazu, soviel meine Versponnenheit aufzunehmen vermochte. Mir war nicht gegeben, mich Richtungen anzuschließen; ich werkelte immer abseits, empfindlich, eigenbrötlerisch, mir selber nicht wichtig, gegen Lob und Ablehnung gleich mißtrauisch. Den Künstlerfesten, die ganz unhamburgisch aufblühten, war ich eine Zeitlang zugetan und kargte nicht mit Beiträgen. Manch namhafter Besucher stieg zu dem »Atelier« hinauf, das mir der Juwelier und Kunstfreund Wilkens am Jungfernstieg überlassen hatte, und manch holde Besucherin. An spontanen Liedern war kein Mangel in den seltenen Festrunden, die ich meiner Arbeit abzwackte. Und ich schmückte meine Wände und die Kontorwände des Hausherrn mit lockerer Malerei. Es waren turbulente Jahre. In seinem Verlag Hammerich & Lesser veröffentlichte Hinrich Springer meine ersten bebilderten dünnen Bücher. Und der gestrenge Thomas Theodor Heine ließ zu, daß ich meine Kurzgeschichten für den Simplicissimus selbst illustrierte.

Damit schien mir eine gewisse Grenze und Glorie erreicht. Nun begann das Schriftstellerische zu überwiegen. Mich überschwoll ein Tumult von inneren Gestalten, Schauerlichkeiten, Liebreizen, Vorahnungen und Abläufen, hervorbrechend aus einem Zerrbild der Vaterstadt. So entstand mein erster Roman, Der Pfuhl. Der Verlag Albert Langen brachte ihn heraus. Aber den zweiten, der sich weit in die See und die Vergangenheit wagte, lehnte er ab. Er habe schon den ersten nicht verstanden. Ich schickte das Manuskript an Rowohlt. Er verlor es auf einer Skitour. Auch die Durchschrift schien verloren. Ich hatte sie auf Anraten eines Reporters an die Kölnische Zeitung geschickt, wo ein Wettbewerb ausgeschrieben war. Zu spät hörte ich, es seien mehrere Exemplare erforderlich. Meine Handnotizen waren fast unleserlich. Ich verzweifelte, die Arbeit, ein Piratenstoff, Godekes Knecht, hatte mich ausgewrungen und mir sozusagen die Haare ins Hirn gesogen. Meine Selbstmordstimmung löste sich durch ein erfreuliches Telegramm, eben vor Weihnachten.

Die angenehmen Zehntausend des ersten Preises waren bald verreist und vertan. Für den Rest erstand ich eine Lüneburger Bibel mit den Kupfern des Matthias Scheits. Und heiratete zum zweitenmal.

Der Hafen, die Segel, die Gärten, die See, die weite Welt. Ich sah viele Küsten, füllte meine Skizzenbücher, wo andere knipsten, und schrieb dies und das. War ein Jahr in der Schriftleitung einer Illustrierten und trat dort für Barlach und für Ringelnatz ein, als beide schon unbeliebt waren. Arbeitete bei der Ufa in Berlin an Drehbüchern, verfaßte Hörspiele, leitete eine kleine Zeitschrift, betitelt Der Fernblick, als es noch kein Fernsehen gab. Viel Gutes bei solch abhängigen Posten kam nicht heraus. Aber ich hatte für Familie zu sorgen und erwarb ein Haus in Blankenese, vorm Fenster Garten, Seefahrt und Weltweite, im Rücken das Vaterland. Mußte aber bald jene Schwelle überwinden, die als Klimax dem Schöpferischen selten erspart bleibt. Ich erkrankte ernstlich.

Es war die Zeit, da auch Deutschland erkrankt war. Ich hörte im Spital die ersten britischen Aufklärer über Strom und Stadt kreisen.
Soweit wieder munter, gedachte ich einen Abgesang zu schreiben, ein letztes gehöriges Buch, der innersten Anständigkeit und dem inneren Glück gewidmet, klüglich in Vergangenes getarnt, an der Schwelle zur Neuzeit, Schicksal und Vollendung einer Familie zwischen Nordseekante, Hamburg und weiter Welt. Der schwermütig einleitende Hornsatz aus Webers Oberon scholl mir im Gemüt, und so nannte ich den Roman Das Muschelhorn und achtete es als geklärte Sequenz zu Godekes Knecht.
Von da an wollte ich als Einsiedler leben, wählte den verborgen liegenden Föhrenfels bei der Süßenmühle am Überlinger Teil des Bodensees. Die emsig gescheite, akademisch hoch fundierte Lektorin des Cotta Verlags unterließ jedoch nicht, mein Nirwana zu bedauern und anzuzweifeln. Ich hätte Verpflichtungen, wenn nicht für, dann gegen die Ereignisse. Da denn reizte mich, dem Heldenglanz und Jammer einen satyrischen Spiegel zu bieten. Und gestaltete den bitteren Ulk der Helena-Affäre auf meine Weise neu. Der Amtsleiter der Abteilung Literatur war besagter Lektorin wohlgewogen. Er war ein Neffe des abgehalfterten Feldmarschalls Blomberg, was seinen insgeheimen Abstand erklärt, obschon er Adjutant von Goebbels gewesen war und dessen Vertrauen besaß und also frei mit den Papierbewilligungen schaltete. So hinderte er auch nicht die Uraufführung der Komödie »Idothea oder die ehrenwerte Täuschung« im Deutschen Theater unter Hilpert zu Berlin. Das freimütige Stück wurde wegen allzu durchsichtigen Publikumsbeifalls nach wenigen Wochen verboten. Und verboten wurde nach der Katastrophe Stalingrad für die Wehrmacht das Lied Lili Marleen (Belgrad sendete es trotzdem weiter). Und verboten wurde der Simplicissimus, nachdem er mein unverblümtes Lied im Schutt gedruckt. Ich hatte es nach den Bombenangriffen geschrie-

ben, als ich im Juli 43 nach Hamburg geeilt war. Mein Haus und meine kleine Familie waren unversehrt geblieben, nur meine Geschwister waren alle ausgebombt und verstreut.
Als ich nun den Anstifter des Weltunheils, kaum getarnt, anzugreifen gedachte in einem Stück, betitelt Tamerlan, lenkte mich die Doktorin auf ein weniger gefährliches Thema. So entwickelten sich die Eulenspiegel-Gesänge zu den Radierungen der Roswitha Bitterlich. (Eine Neuauflage nach dem Kriege versah ich selber mit Zeichnungen.)
Was lange geschlummert, die lyrische Neigung, fand sich geweckt und schien alsbald ins Uferlose zu gleiten. Darum suchte ich mir eine gebändigte und bändigende Form und kam auf den Aufbau der lyrischen Kadenz. Die Veröffentlichung dieser Gedichte gestattete Regierungsrat Schlecht ebenfalls, obschon einige Verse selbst von denen schon in der ersten Auflage standen, die er als verfänglich abgelehnt hatte, wenn auch mit dem zögernden Zusatz: Aber Verse lesen die sowieso nicht... Er hatte mir auch nahegelegt, die sogenannten Dichtertagungen zu Weimar nicht nochmals mit ähnlicher Ausrede wie das erstemal zu versäumen. Ich war nämlich zur Beerdigung Barlachs gewesen. Notgedrungen fuhr ich also zweimal nach Weimar, genoß aber mehr die klassischen Stätten und auch die fesselnden Erklärungen des abseits lebenden Professors Beißner zu seinen Hölderlin-Forschungen als die amtlichen Veranstaltungen, bei denen ich mit beklommener Befriedigung sah, daß mein Platz ganz hinten war zusammen mit einigen anderen »Verdächtigen« wie Wiechert und Bergengruen.
Es wurde Zeit für mich, möglichst außer Sicht zu gelangen. Emigrieren hatte ich nicht wollen, es schien auch nicht geboten, ich war und blieb parteilos, wollte aber dennoch dem Ablauf der Geschichte möglichst nahe bleiben. Nun ergab sich, daß der Cotta Verlag sein Goethe-Schiller-Archiv aus dem gefährdeten Stuttgart verlagerte. Mir wurde ein Teil anvertraut, damit ins Tiroler Gebirge auszuweichen. Dort

überlebte ich auf der einsamen Wurmegg-Alpe und im Galtenberghaus das letzte Kriegsjahr und auch die einrückenden Amerikaner und Franzosen. Schrieb das Oratorium Der Mitternachtsreigen. Holte meine Jüngste, zu Bayrisch-Zell geborene, herüber, und zu ihrem Spaß entstand das Bilderbuch Das Zauberschiff, gewidmet meinen vier Töchtern Grita, Lore, Hilke und Agathe. Im Alpbachtal erhielt ich auch den Auftrag von der Langenhorner Griffelkunst-Vereinigung für fünf große Umdruckzeichnungen. Das Papier war eigentlich für Fliegerkarten bestimmt, Januar 1945. Der Entzug ins Friedliche war zu begrüßen.

Als ich November 1945 nach neuntägiger Lastwagenfahrt Blankenese erreichte, ging es fröhlich her. Nicht meinetwegen. Man hatte gerade zum Tanztee gebeten. Rumba? – Ich saß ahnungslos daneben, und die Bomben, aber nicht die Wohnungsnot hatte mein Haus verschont. Mein Arbeitszimmer von Eingewiesenen frei zu bekommen, scheiterte. Nach drei Jahren verließ ich Hamburg. Versuchte, anderswo im Vaterland eine hinreichende Unterkunft zu finden oder zu errichten. Und über Chiemsee und Allgäu landete ich wieder am Bodensee-Ufer, jedoch jenseits der Grenze.

Gegen Ende des europäischen Irrsinnsgemetzels war ich fast ertaubt. Wenn man in rund zwanzig Meter über dem Meere aufwuchs, sind Höhen über 1000 Meter auf die Dauer unbekömmlich. Doch nahm ich mein Leiden symbolisch. Einigermaßen hergestellt, begann ich zu ordnen, was ich an Erinnerung, Erfahrung, Kenntnis und Einsicht angesammelt. So ergab sich aus der Chorjungenzeit der Roman Drachenkalb singe. Aus dem Erlebnis der Klimax der Roman Die Sonnenflöte. Aus den Begebenheiten um Albert Ballin die Wertung Des Kaisers Reeder. Aus der Beschäftigung mit dem Golfstrom Der große Fluß im Meer. Aus der Abrechnung mit piratischen Unterschwelligkeiten das Bordbuch des Satans. Und aus persönlichen Belangen zwischen 1919 und 1930 Die Taverne zum musischen Schellfisch.

Ab und an konnte ich nicht umhin, der Vaterstadt in Wort und Strich meine eingeborene Neigung zu bekunden. Spann auch das persiflierende Seemannsgarn Die Groggespräche des Admirals von und zu Rabums. Stellte mit Behagen eine umfängliche Meeresanthologie zusammen. Und bewegte zur Erholung immer noch Stift und Pinsel. Verlor mich auch gern in philosophiererische Anwandlungen, dafür bin ich Deutscher, behalte derlei aber für mich. Mein schriftstellerischer Grundsatz ist der von Joseph Conrad: Don't be silly!
Jemand schrieb: Sein Stil ist erweiterter oder zugespitzter Volksmund... Solch krumme Formulierung zielte sicher aufs Lächerliche. Ich aber finde es schmeichelhaft. Meine Sprache bildete sich in der klangvollen Nüchternheit des Plattdeutschen, wurde hellhörig in der sachlichen Aufrichtigkeit des Hafens, in den Arbeitsgesängen der Matrosen und den Kinderreigen der Hinterhöfe.
Und meine Weltanschauung? Da kann ich nur wiederholen und ergänzen, was ich auf eine international gestellte Frage: Woran glauben Sie? geantwortet habe. Ich glaube an die Wirkung der Kunst. Sie ist wirksamer als alle Moralgesetze. Je echter und anständiger sie in ihren Sparten schafft, desto aussichtsreicher vermag sie den Menschen besser zu machen. Und er hat es nötig. – Ich glaube, die größte Sünde ist, Leid mutwillig zu vermehren. Die allergrößte aber, jemandem einen Glauben aufzuzwingen. – Ich glaube, alle Kriege, ganz gleich, ob ein noch so hehrer Vorwand sie entfacht, sind seit eh und je nichts als Raub- und Mordbrenner-Verbrechen. – Ich glaube, jede Konfession, die Waffen segnet und Feldprediger stellt, ist reif für die Hölle, an die sie glaubt. – Kapitän und Mannschaft eines Seenotkreuzers oder Bergungsschiffes stellen sämtliche Flottenchefs und Kriegsmarinen der Welt in den Schatten. – Alle Militäreinrichtungen sind Vergeudung des Volksvermögens. – Jede Krankenschwester ist wertvoller als der gefeiertste Schlachtenheld. – Und ich glaube, man sollte alle Waffenfabriken und Arsenale rings um den Erdball

zutiefst in verlassenen Bergwerken ersäufen. Und alle Waffenhändler und Waffenlieferanten lebenslänglich zu nützlicher Tätigkeit einsperren. Denn so sehr ihre Rangbezeichnungen wie ätzende Ironie anmuten, ist doch die Heilsarmee die einzige Armee, die Daseinsberechtigung hat! Und ob ich an die Bedeutung von Vorbildern glaube? Ganz gewiß, und nicht erst, seit mich der Leipziger Schulmann Wilhelm Fuß im Lazarett mit Platons Gastmahl und Nietzsches Morgenröte gefüttert hat. Von Vorfahren her bin ich den Hirten, Bauern und Seefahrern verbunden, bin auch entsprechend abergläubisch und als geborener Hanseat dem Preußentum wenig geneigt. Aber oft waren, auf schwankem Kurs hilflos angepeilt, meine Leitsterne die beiden Preußen Alexander und Wilhelm v. Humboldt. In beiden ist die Golfstromüberhitzung Europas, die soviel Großes wie Verderbliches gezeugt, aufs vornehmste gebändigt und genutzt. In ihnen sammelt sich, was echte Kultur des Abendlandes heißt, zu ungewöhnlichem Bestand. Als Mahnung und Ansporn bleibt vorzüglich das, was einer von ihnen die geschichtliche Aufgabe der Deutschen genannt hat, nämlich, die Tugenden anderer Völker mit den eigenen zu einem idealistischen Weltbürgertum zu vereinen. Von der Erfüllung solch menschenwürdigen Auftrags sind wir, fürchte ich, nach kurzer Besinnung wieder weit entfernt, weiter jedenfalls als die nachbarliche Schweiz. Und man wird verstehen, daß ich glücklich bin, dort meine letzte Zuflucht gefunden zu haben.

Selbstbildnis Hans Leip 1968

Gedichte

... hebt mich wie im Traume dein verliebter Mund

Ruderlied

Tauch die Ruder leise ein,
laß uns nun verschwiegen sein,
hören wir doch, ich und du,
gerne kleinen Wellen zu.

Weißt du, was die Welle singt?
Was in deinem Herzen klingt,
lacht wie du und weint wie du,
lacht wie du nun. Hör nur zu!

Wenn ich eine Welle wär,
zög ich in das blaue Meer,
zög vorbei an manchem Land,
blieb an einem schönen Strand.

Macht die Sonne ihren Lauf,
schwebte ich zum Himmel auf,
flögen Wolken fort mit mir,
käm ich wieder her zu dir.

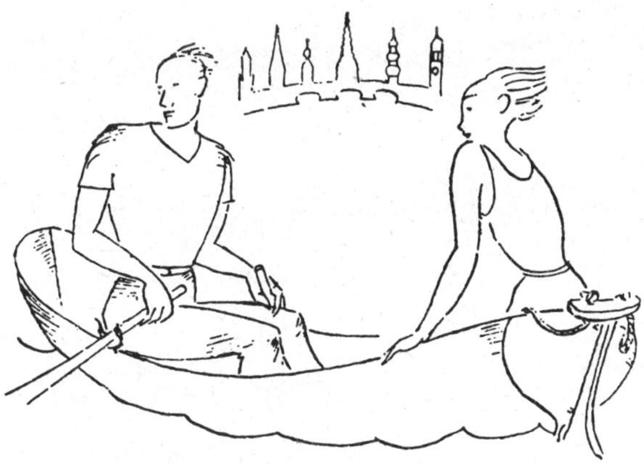

Muschemusch

Es sprach die Sonne
Muschemusch.
Da lagen wir im Sand.
Die Wellen sprachen
Muschemusch
und küßten dir die Hand.

Da sprach der Südwind
Muschemusch
und langte in dein Haar.
Ein Dampfer brummte
Muschemusch
und fuhr nach Zanzibar.

Die großen Dampfer,
Muschemusch,
und was es alles gibt,
das summt und säuselt
Muschemusch
und ist in dich verliebt.
Muschemusch!

Heimweh

Weißt du noch zu Haus,
wo der Flieder stand?
Und im Flieder sang der Star.
Übers Feld hinaus
in das grüne Land,
wo die See dahinter war.

Hinter Lizard Kap
liegt das Meer, das Meer,
und wir reisen unsre Zeit.
Brist ein Lüftchen knapp,
brist von Osten her,
und da liegt die Heimat weit.

Keine Blume blüht
und kein Vogel singt
auf der schattenlosen See.
Nur die Sonne glüht,
nur die Welle schwingt
und der Wind singt weh ade.

Der Muschelring

Und manches ist, was man besitzt,
das man nicht gern verliert.
Aus Meerschaum ward ein Ring geschnitzt,
mit Muscheln mild verziert.

Ein Mondstein ward hineingesetzt,
ein Tropfen wie von See.
Ein Tränlein hat ihn gleich genetzt,
das war von Abschiedsweh.

Es war ein Mondstein sondrer Art.
»In Treue« stand darin.
Er schmückte einen Finger zart.
Die Jahre gingen hin.

Bei Sturm und Trübsal war er blind,
doch blank bei Lied und Wein,
von jedem Wetter, Puls und Wind
gab er den Widerschein.

Und als das Mädchen still verblich
und starb und war nicht mehr,
da denn geschah: In Eile strich
ein Mann vom Hafen her.

Und fragte so von nebenbei,
so lässig, als es ging,
was es mit jenem Mädchen sei,
und auch was mit dem Ring.

Die Nachbarin sprach kummervoll:
Das war ihr letztes Wort:
Wenn ich nicht länger warten soll,
der Ring, er wartet fort.

Der mir ihn gab, wo mag er sein,
verschollen übers Meer.
Bewahrt mir gut das Ringelein
zu seiner Wiederkehr! –

Der Meerschaum war vergilbt und matt,
die Muscheln abgeschabt:
allein der Stein war hell und glatt
und nach wie vor begabt.

Er sah ihn an, als wär er sein,
küßt ihn in Überschwang.
Wie strahlte da der Mondenstein,
erglühte und zersprang.

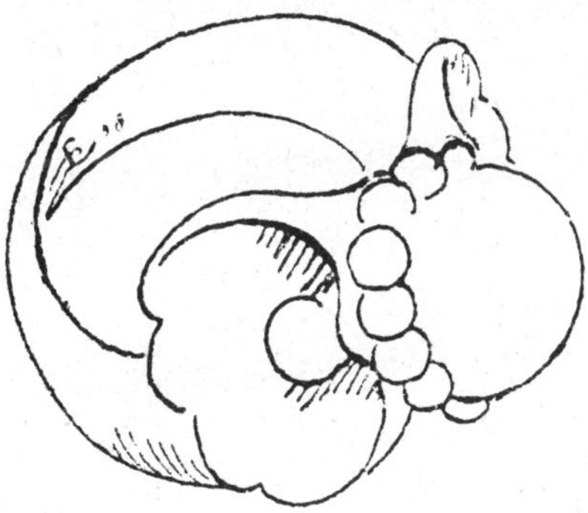

Der Meerwein

Nun hilft kein Klagen,
das Schiff ist zerschlagen,
da muß ich versinken,
den Meerwein trinken.

Davon schlaf ich lange
beim Wellensingsange
in Tiefe geborgen,
es dämmert kein Morgen.

Und droben gleiten
die glücklichen Zeiten,
die Schiffe, die Sterne,
die silberne Ferne.

Die Versuchung

In der Honolulubar
saß ein Mann aus Tarimar,
sog an seinem Pfeifenstiel,
trank sein Glas und sprach nicht viel.

Neben ihm ein Mädchen stand,
eine Nelke in der Hand,
damit strich sie ihm ums Kinn
und roch süßer als der Gin.

Er jedoch genoß es nicht,
goß den Gin ihr ins Gesicht,
zahlte und erhob sich schwer,
sie jedoch ging hinterher.

Aber nein, der harte Mann
nahm ihr gutes Herz nicht an,
dacht der fernen Braut indes
und verbat sich weiteres.

Doch sie sprach: Es tut mir leid.
Streifte ab ihr seidnes Kleid
in der nächtlichen Natur,
verhüllt von der Nelke nur.

Ach, da ward dem Armen schwül.
Bin ich denn ein Besenstiel?
schrie er. Aber sie entwand
sich ihm aufwärts und entschwand.

Hoch am Himmel steht ein Stern
nelkenschön, doch allzufern,
der rief durch die hohle Hand:
Hast du mich denn nicht erkannt?

Ja, gekrönet wird nur, wer
der Versuchung bleibet Herr
und sich nicht vergißt, vergißt,
selbst, wenn es verlockend ist!

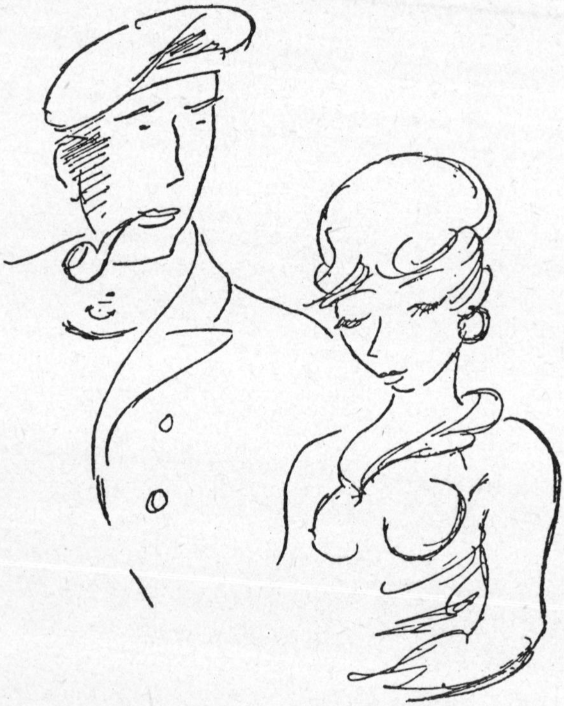

An meine Töchter
(als sie noch klein waren)

Da trippelt ihr so blond dahin
und lächelt in den Tag
und habt schon euern eignen Sinn
und kennt schon Kummer und Gewinn
und fragt nicht viel danach.

Und füttert eure Puppen frisch
und den Wauwaupapa
mit Puddingsand und Bausteinfisch
und ragt schon mählich übern Tisch
und sprecht wie die Mama.

Dornröschen schlummert im Gesträuch,
die Stadt ist rings behängt
mit Kuchen und mit Zauberzeug,
und jedermann ist nett zu euch,
weil ihr noch niemand kränkt.

Die großen Schiffe vorm Balkon,
Strand, Auto, Sonnenschein,
Milchsuppe, Rundfunk, Märchenthron
und lieber Gott und Telefon,
es geht euch prächtig ein.

Ein Dampfer kommt aus Morgenland,
und einer geht in See.
Die weite Welt dünkt euch bekannt,
ihr winkt ihr mit gelassener Hand
Willkommen und Ade.

Es knarrt ein harter Klang herauf.
Was wird das Großes sein?
Ihr kleinen Ohren, horcht nicht drauf!
Das ist der Zeitenmühle Lauf,
die mahlt das Große klein.

Und bäckt darauf das Kleine groß,
herb, süß, leicht oder schwer.
Ihr macht euch von der Hand mir los,
setzt euch nicht mehr auf meinen Schoß
und glaubt nicht alles mehr.

Und kramt nicht alles mehr heraus,
was euch das Herz bedrückt,
und lest und geht im Dunkeln aus
und findet anderswo nach Haus,
von fremdem Glück beglückt.

Und abseits stehn wir beide dann
und sehn es alt und klar,
und sehn des Lebens Ablauf an,
wie es begann, wie es verrann
und wie es lieblich war.

Nun, Kindlein, werdet stolz und gut
und küßt nicht jeden Hund
und richtet euern Lebensmut
nicht nach dem allerneusten Hut
und bleibt mir hübsch gesund!

Lied im Schutt

Und als ich über die Brücke kam,
Schutt, nichts als Schutt,
als ich über die tote Brücke kam,
da stand mein Vater und drohte mir,
als wollt er sagen: Das dank ich dir!
Und suchte und suchte, was er nicht fand,
und hob gegen mich die alte Hand,
der ich im Wege stand.

Und als ich über die Straße kam,
Schutt, nichts als Schutt,
als ich über die tote Straße kam,
da stand meine Mutter und sah mich an,
und sah mich aus den Trümmern an,
und huschte und wischte hin und her,
als wenns in den alten Stuben wär,
und weinte sehr.

Und als ich über den Torweg kam,
Schutt, nichts als Schutt,
als ich über den toten Torweg kam,
da stand mein Bruder und lachte mich aus
und war von den Flammen ganz klein und kraus
und sang von unserer Kindheit ein Lied,
von der Zeiten Glück und Unterschied
ein trauriges Lied.

Und als ich über den Garten kam,
Schutt, nichts als Schutt,
als ich über den toten Garten kam,
da standen meine Schwestern drei
und fragten, ob ich es wirklich sei
oder nur die Vergangenheit,
und trugen alle ein schwarzes Kleid
wegen der toten Vergangenheit.

Und als ich über den Schulhof kam,
Schutt, nichts als Schutt,
als ich über den toten Schulhof kam,
da stand mein alter Lehrer so grau
und wußte das Gute und Böse genau
und wies mit dem Finger nach hier und dort
in der Menschheit Irrsinn und Brand und Mord
und fand kein Wort.

Und als ich über den Kirchplatz kam,
Schutt, nichts als Schutt,
als ich über den toten Kirchplatz kam,
da stand am zerschmetterten Turme gebückt
meine Liebste und hatte ein Kränzlein gepflückt
aus verkohltem Gebälk und zerborstenem Stein
und lächelte selig und lud mich ein,
ihr Bräutigam zu sein.

Und als ich über das Ufer kam,
Schutt, nichts als Schutt;
als ich über das tote Ufer kam,
da sah ich mich selber am Wasser stehn
und sah mich selber von dannen gehn,
so leicht, so frei, so ohne Beschwer,
und glaubte es nicht und ging hinterher,
als ob es im Traume wär.

Und als ich über die Ferne kam,
Schutt, nichts als Schutt,
als ich über die tote Ferne kam,
da sah ich die tote Stadt von fern
und sah sie aufleuchten wie einen Stern
und sah ihre Not und Trübsal vergehn
und sah die Erschlagene auferstehn
schöner als je ich gesehn.

Welchen Ruhm und Preis
forderst du, unerforschliches Walten?
Wie weit
sind wir gekommen,
was hast du uns genommen,
Ungeheuerlichkeit!
Bist du noch das ewige Licht?
So mach uns wieder jung!
O schmales grünes Reis,
das unsere Hände halten,
welke nicht,
Hoffnung!

Etwas Seefahrt

Ring
der See
unverbaut
wandelnde Weite,
unersättlicher Horizont

Es
altern
seit Urzeit
Gebirg und Klippe;
immer verjüngt kobolzt das Meer.

Setzt
strammer
die Segel!
Der Wind will das Wort
Unendlichkeit hineinschreiben.

Gischt
zischelt
bedrohlich
am Bug, peitscht über,
entschwillt, melusinisch spielend.

Sturm
tobt in
den Riggen.
Der Teufel harft uns
ein Requiem, und Gott hört zu.

Blind
greift der
Fischersmann
in den Schoß der See
und entreißt ihr grausam die Brut.

Schont
alle
Delphine!
Die Toten der See
reiten auf ihnen zum Hades.

Die
Sonne
der Tropen
ist dem Weißen gram,
dörrt seine Seele zu Stockfisch.

Singt
jemand
noch Shanties?
Radioschlager
erschlugen die alten Lieder.

Heil,
Koloß
der Schiffswerft!
Wie hoch stieg der Mensch,
solch Schwimmpalast flottzukriegen.

See,
Seefahrt,
Seemannschaft
hat mit Romantik
soviel wie der Satan gemein.

Und
dennoch!
sagte Hood,
als nach langer Qual
er das sinkende Wrack verließ.

Er
liebt nur
die Windsbraut,
ihn süßt kein Lächeln;
sie hat ihm das Herz gesalzen.

Prost:
Palmen,
Korallen,
geheizter Strand und
braune, schön geschmückte Mädchen!

Riecht
jedes
Hafens Schwalch
nicht unterschiedlich?
Ihn würzt der Duft seiner Holden.

Laß
fallen
den Anker,
ruhloser Schweifer,
endlich entdeck das Verweilen!

Wo
ständig
kalkuliert
und Fracht gewälzt wird,
sind Musen höchstens Dienstboten.

Fremd
war mir
das Zuhaus,
weit mußt ich wandern.
Zur Heimat wurde mir die Welt.

Ich
träumte
mich weit weg
und ging von dannen
und war doch stolz, daher zu sein.

Heim?
Heimat?
Hier ist es,
wo dein Frieden wohnt
und nichts dein Gedenken bedrückt.

Anruf

Schwing auf,
liebes Gemüt,
daß nicht die Unbill,
von Menschen gemacht,
dich länger bedrücke!

Denn immer noch blüht
an Blumen viel und reift
der Früchte Köstlichkeit
in des Sommers Pracht.

Und es funkelt der See.
Und die Wälder glühen weit,
wenn der Herbstwind frei
durch die Wolken streift.

Und selbst des Winters Weh
birgt Tröstliches mancherlei,
und es dämmert still
dem innersten Glücke
der Frühling herauf.

Uferweg

Rauh
bricht der Wellenschlag
an meinen Weg die Nacht.
O Tag,
wie schwand dein liebliches Gesicht.

Mein Schritt klingt matt
im harten Wind, doch in der Einsamkeit
hallt er genau
vom Fels zurück.

Als ginge er zu zweit.
Glimmt nicht ein Licht
von Ruhestatt
auf sicherm Hofe?

Der Glühwurm
hat den kargen Schein entfacht.
Rausch lauter, Sturm,
sing mir die taumelnde Strophe
vom Glück!

Hafenstadt

Das Innige
gibt sich gelinde,
und selten
sind die Ohren,
die darauf achten.

Denn die Hafenstadt ist laut.
Auf schwankem Daseinskiel
wächst ihre Außenhaut
im Nietenschweiß.

Und es gelten
in den Toren
der Zonenwinde
die Zahlen viel.

Doch unter den Frachten
bespricht
das Hintersinnige
aller Dinge Geheimgewicht
und unzahlbaren Preis.

Schiffsglocke

Die alte Schiffsglocke
am Landungssteg
hat mehr erlebt,
als dem Sonntagsstrand
zur Abfahrt zu läuten.

Gewaltiges von vielen Windsbräuten
hat sich vor und hinter ihr zugetragen,
und sie war der gellende Becher
der Brecher.

Ihre schmucke Haut war ozeanisch bereift
von Salz, und des Jungen Hand
griff beklommen unter ihr Erz,
die Glasen zu schlagen.

So, wie im bauschenden Rocke
der Mädchen am Weg
der Wind aufgreift,
und das ehrbar pünktliche Herz
von Abenteuern erbebt.

Die Scheuer

Wann wär uns gegeben,
in engsten Grenzen
die Welt zu besitzen und tüchtig
zu sein, ohne das Leid
zu vermehren?

Es glänzen
die Völker von Ruhm und erheben
sich stolz in Getümmel, und teuer
sind ihnen die prahlenden Hüllen.

Doch wann verteilte sich Haus um Haus
der Überschwall irdischer Gaben
mit zornigen Speeren
je reichlicher als mit Güte und Klugheit?

Wie Knaben
brechen wir aus dem Friedlichen aus,
die hohle Scheuer
flüchtig
zu füllen.

Weltbrand

Menschheit trat gegen Menschheit an,
zu ihrer höchsten Güter Verteidigung,
die sich in Krieg oder Frieden
seit jeher glorreich in nichts unterschieden,
als Seelen so oder so zu knechten.

Und die Mäuler so oder so zu füttern
und zu stopfen
mit sinkenden Rechten
und steigenden Pflichten.

Auf, schleudert einander in Bann,
schämt euch nicht, auf Gottes Hilfe zu pochen,
der bereit ist, euch zu vernichten
gegenseitig gleich Ungeziefern.

Und sprecht anregend zu den Müttern,
benedeit und bekränzt ihre Wochen,
daß sie nicht aufhören, den Bombendung
zu liefern
für der Erde blutrauschigen Hopfen.

Sommer

Auf endlosem Band
rückt der Jahre Schrott
heim in die Sonnen-Esse.
Machtvoll, aus feurigem Guß
aufwölbt sich der Tag.

Verschwiegener da dunkeln die Pfade,
üppiger schieben
sich zärtliche Blenden
über das Moos.

Und groß
schreiten Göttin und Gott
mit freien Lenden
zum Strand.

O Finkenschlag,
wann denn vergesse
ich, daß wir den Sommer lieben
und den Glast
auf dem heißen Gestade?

Eines Tages

Bleibe,
besinnlicher Funke,
wenn wir alt sind,
daß sich die Asche
deiner wärme!

Wenn unsere Herzen verhüllt,
satt vom Lärme
abseits gehen
in die mönchische Zelle.

Wenn der Schlaf behutsam wird
und seine Flasche
zu letztem Trunke
dunkler füllt.

Dann bleibe, dann beginnt
aus dir das lauschende Sehen,
und des Fensters Scheibe
klirrt
von aufbrechender Helle.

Lili Marleen

Vor der Kaserne,
vor dem großen Tor
stand eine Laterne,
und steht sie noch davor,
so wolln wir uns da wiedersehn,
bei der Laterne wolln wir stehn
wie einst, Lili Marleen.

Unsre beiden Schatten
sahn wie einer aus;
daß wir so lieb uns hatten,
das sah man gleich daraus.
Und alle Leute solln es sehn,
wenn wir bei der Laterne stehn
wie einst, Lili Marleen.

Schon rief der Posten:
Sie blasen Zapfenstreich;
es kann drei Tage kosten! –
Kamerad, ich komm ja gleich.
Da sagten wir auf Wiedersehn.
Wie gerne wollt ich mit dir gehn,
mit dir, Lili Marleen!

Deine Schritte kennt sie,
deinen zieren Gang,
alle Abend brennt sie,
mich vergaß sie lang.
Und sollte mir ein Leids geschehn,
wer wird bei der Laterne stehn
mit dir, Lili Marleen?

Aus dem stillen Raume,
aus der Erde Grund
hebt mich wie im Traume
dein verliebter Mund.
Wenn sich die späten Nebel drehn,
werd ich bei der Laterne stehn
wie einst, Lili Marleen.

Richtigstellende Bemerkung zu Lili, zu Marleen und zum Lied Lili Marleen

Es war niemals ein Kriegslied, sondern nur ein Lied im Krieg, war nur ein Liebeslied und hat darum allen Krieg überdauert. Die Engländer spotteten, die deutsche Heeresleitung habe »General Lili Marleen« zur Schwächung der feindlichen Kampfkraft eingesetzt. Denn wenn der Belgrader Sender abends das »Lied eines jungen Wachtpostens« ausstrahlte, schwiegen die Waffen. Allerdings auf beiden Fronten. In Wahrheit hatte die Naziführung nichts für die »weiche Welle« übrig. Auch für den Verfasser nicht. Er galt als Defaitist, zumal nachdem er 1943 seine offenkundige Ballade »Lied im Schutt« dem Simplicissimus anvertraut.

Goebbels soll eigenhändig die Matrize der Platte Lili Marleen vernichtet haben. Aber es gab ein Duplikat, das wurde über die Schweiz nach London gerettet. Das Lied ließ sich weder vernichten noch verbieten, obschon die Hitlerjugend es gelegentlich mit dem Marsch »Es zittern die morschen Knochen« niederzubrüllen versuchte. Als die sprunghafte Verbreitung auch im Ausland nicht mehr aufzuhalten war, gedachte der Reichspropagandaminister einen Film daraus zu machen. Es wurde nichts. Mich daran zu beteiligen, hatte ich abgelehnt.

Überhaupt war mir nicht wohl, mein allerprivatestes kleines Gedicht in die Allgemeinheit gerissen zu sehen. Ich war mit einer Absturzverletzung aus der Karpathenhölle davongekommen, und ich zögerte rund zwei Jahrzehnte später, als schon die Ahnung neuer Massengräber über Europa heraufschwelte, das makabre Lied in meine erste Gedichtsammlung der »Hafenorgel« aufzunehmen. War es mir doch bei der Entstehung allzu sehr an die Kehle gegangen, April 1915, auf Wache vor der Kaserne der Gardefüsiliere zu Berlin, in der frostigen, von einer Straßenlaterne durchschimmerten Nacht

vorm Abmarsch zur Schlachtbank ins Feld. Und ich war verliebt in zwei höchst ehrbare Mädchen, die jung waren wie ich, kaum zwanzig. Die eine, Lili, war Helferin in einem Gemüseladen. Die andere, Marleen, Tochter eines Arztes, war Helferin in einem Lazarett.
Im BBC London hatte jemand zynisch behauptet, bei Lili Marleen handle es sich um ein Strichmädchen. (Der Teufel soll diesen Jemand holen!) Tommie Connor, ein gängiger Texter, wurde beauftragt, die Übersetzung auf Braut, Mutter, Freundin zu frisieren, was er dann nach einem Gebet auch glaubte, bewerkstelligt zu haben. Den ursprünglichen Hauch des Liedes vermochte er nicht zu zerstören.
Worin nun liegt das Geheimnis der weltweiten Verbreitung in über fünfzig Sprachen und dem Nachhall ein halbes Jahrhundert lang und mehr? Man könnte erwähnen, es entstand aus einem gepreßten Herzen und wirkte dadurch wie eine Fontäne. Was war denn der Anlaß gewesen? Verliebtheit, Lebenshunger und Todesfurcht, das zusammen ergab jene Bedrükkung, die eine empfindliche Seele zu einem Ausweg drängte, der seit Urzeit sich als ermunternder und beruhigender Singsang anbietet. So etwa zwischen Wiegenlied, Shanty und Choral, zwischen Belastung und Genuß, Genuß an der Belastung und Trauer über die Flüchtigkeit allen Genusses. Oder krasser: Zwischen Hochzeitsreigen und Totentanz.
Hinzu kam bei mir der Begriff des Wiedergängers, der an der Küste zu Haus ist. Wer auf See oder an Land wo immer hat verlöschen müssen, er kehrt gespenstisch heim zu ihr, die er geliebt. Das mochte mir ein gelinder Trost sein, indes im Summen meiner eigenen Melodie die Namen der beiden Holden in eins verschwammen und in einem neuen Weltkrieg ohne mein Zutun zum Sehnsuchtssymbol für viele wurden, getragen nun von den wehmütigen Drehorgelnoten Norbert Schultzes und der Stimme Lale Andersens, die, anders als das übliche Gegurre der Schlagersängerinnen, nach Seewind, Schwarzbrot und Katenrauch schmeckte. Merkwürdig, Sol-

datenworte durch Mädchenmund übermittelt, ohne der Phantasie Abbruch zu tun, aus der Darreichung den Geliebten oder die Geliebte herauszuhören.
Die seltene Übereinstimmung von echter Lyrik, Vertonung und Vortrag ergab, so sagte John Steinbeck, für ihn das schönste Liebeslied aller Zeiten. Und General Eisenhower, der 1945 in Tirol den Dichter kennenlernen wollte, der aber schon im Bett lag, als der Adjutant der Rainbow Division ihn holen wollte, sagte: Lassen wir ihn schlafen, ist er doch der einzige Deutsche, der während des Krieges der ganzen Welt Freude bereitet hat. – Und der geniale Psychologe und Schriftsteller Herbert Fritsche meinte: Dieses Lied erwies sich als grenzenlos und völkerverbindend. Es war schlicht menschlich verständlich für jedermann und atmete Frieden, Heimweh, Ergebung ins Schicksal, Liebe und Todesbangen, was alles seit alters und ewig geeignet ist, Herzen zu bewegen. Ein Volkslied? Ja, ein Völkerlied.

*

»Und Ihre eigene Melodie?« fragte mich eine Dame: »Verweht, verschollen und vergessen?« – Nur einmal wurde sie gesungen, zu viert auf dem Mietzimmer dritter Stock Chausseestraße, wo zwei von uns während des Offizierkursus wohnten. Wir feierten Abschied, wenige Stunden vorm Abtransport, und Lili holte Flaschenbier aus dem Gemüsekeller. Da gab ich es zum besten, als sei es ein alter Gassenhauer, und dann erscholl es gemeinsam und übertönte die Straßenbahnen, deren Geräusch wie Feuersalven heraufknatterte.
Und noch einmal hab ich mich überreden lassen, als nämlich fünfzig Jahre später ein Fernsehstreifen über die Geschichte des Liedes gedreht wurde. Norbert Schultze begleitete mei-

nen Baß auf unserm kleinen Spinett. Und lächelte dann: »Hätt ich das vorher gekannt ...« Das war höflich gemeint. »Und die beiden Mädchen Lili und Marleen?« fragte die Dame weiter: »Hat man sie nie interviewt?« – Man hat sie sogar durch Zeitungsanzeigen gesucht. Es sollen sich rund zwohundertfünfzig gemeldet haben. Ich selber aber habe dic beiden nie wiedergesehn.

Gedanken

Das ist das trunkene Stillesein

Gute und schlechte Freude

Wo ist der Unterschied, wo die Grenze zwischen guter und schlechter Freude? Frage deinen gesunden Menschenverstand! Er wird sich selten irren. Du magst an dem gesunden Menschenverstand in der Welt verzweifeln. In dir selber aber ist er noch vorhanden; sei nur nicht zu bequem, ihn zum Sachwalter zu ernennen, oder zu feige oder zu verdorben! Er besagt schlicht: Was du nicht willst, das man dir tu, das füg auch keinem andern zu! – Danach handle! Es ist die bescheidene Vorbedingung aller guten Freude. Freude an der Arbeit? Ausgezeichnet! Freude an deinem Besitz? Warum nicht. Aber sei dessen eingedenk, daß nur das Verlorene uns gewiß ist. Darum hab lieb, solange es bei dir ist, was du lieb haben solltest; so wird es dir unverloren sein als innerster Schatz auch dann, wenn es dir genommen würde. Hast du Erfolg gehabt? Freue dich! Ist jedoch dieser Erfolg mit anderer Elend und Leid erkauft, dann wäre es besser, dich selber zur Strecke zu bringen, ehe das Schicksal dich zur Strecke bringt. Derlei kann mir lange nachrennen, lachte schon mancher und vertraute auf seine Schliche, seine Frechheit und sein Glück. Wir haben an der jüngsten Weltgeschichte erlebt, was daraus werden kann. Es war vielen nicht wohl bei ihren Freuden; je lauter sie wurden, desto mehr schwand die innere, die friedliche, die erbauliche echte Freude. Wo ist sie geblieben? Rette sie! So rettet sie dich.

Das große Stillesein

Ist es ein Weltreich der Freude? Ja. Ein anderes kommt nicht in Betracht. Haben wir denn nötig, uns diese Erde, unser einziges Asyl, unsere unausweichliche, als einzige wirklich übersehbare Daseinsform mit Widerlichkeiten, Dummheiten und mutwilligem Kummer zur Hölle zu machen? Zum Teufel mit der Hölle, wo sie hingehört, in unseren eigensten urgründigsten Abgrund, und darüber gedeckt ein sanftes Herz, das hält besser als zehntausend Panzertüren! Es gibt einen Zustand, den man durch lange Erfahrung über einen Weg der Leiden und Freuden zu erringen vermag und der den Weisen aller Zeiten erstrebenswert gedeucht hat und noch höher steht als das mißtrauische Abwarten der Schwarzseher und schon ins Bejahende zurückgefunden hat; das ist jene schwebende Wappnung mit Geduld, darin das Zarteste zu erblühen Raum und Ruhe findet, das ist die »heitere Unbewegtheit«, die – wie bei den Gewässern – den Blick in die Tiefe ermöglicht, das ist das »trunkene Stillesein«, das keine Illusionen mehr braucht, um unerschreckbar, unverletzbar und voll unaufhörlicher Freude zu sein. Es ist das, was der Christ das »Befinden in Gott« nennt, das aber, wenn man mit sufistischer*) Duldsamkeit allen Gottgeneigtheiten der Menschheit nachgeht, überall als eine hohe Zuflucht und Warte aufragt und seiner Pilger harrt. So zieh auch du das heimliche Pilgerkleid der Stille an! Rette deine innigste Freude! Rette deine Freudigkeit, dein Dich-freuen-Können,

*) »Sufistisch«, nicht etwa »sophistisch«, obschon beider Wortwurzel indogermanisch dieselbe zu sein scheint und »weise sein« bedeutet und begründeter ist als die jüngere Herleitung des Stammes aus einem arabischen Wort für den Wollstoff, den die Anhänger der Sufi-Sekte trugen. Der Sufismus ist älter als der Islam. Seine Erneuerung aus altpersisch-indischem und abendländisch aufgeklärtem Geistesgute gelang 1910 dem Inder Inayat Khan in Amerika, hinstrebend auf die allmenschliche Bruderschaft des Guten unter gegenseitiger Achtung der großen Religionen, die nur als verschiedener Ausdruck ein und derselben Wahrheit gelten. In diesem Sinne sind nicht nur Hafis und Lessing und sogar Charles Melville, sondern in höchster Form auch Plato, Christus und Buddha Sufisten zu nennen; deren Jünger erst werden die

dein Freudemachen, deine innerste liebende Heiterkeit! Oho, sagst du: Liebend und heiter? Und das inmitten dieser Wüstenei voller Schiebung, Frierens, Hungerns, Schutz- und Hilflosigkeit? Inmitten dieser abgeholzten Wälder voller Unsicherheit, Knebelung, Schröpfung und Gottverlassenheit, unter diesen Grabhügeln aus Pamphleten und Formularen noch liebende Heiterkeit? Bestimmt! Liebende Heiterkeit! Sie ist das einzige Mittel, uns zu retten. Rette sie! Rette deine Freude!

einseitigen Eiferer. Der Sophismus hingegen, seit seinem antiken Philosophischen Führer Protagoras, behauptet, es gebe keine absolute Wahrheit und der einzelne Mensch jeweils sei das Maß aller Dinge. Diese bequeme Ansicht führt in ihren letzten Folgerungen zur schrankenlosen Herrschaft der Egozentrik, der Willkür und der Gewalt, weit weg von dem, was vorhin als »gesunder Menschenverstand« so hoch gewertet wurde. Die Welt hat wieder einmal erfahren, was das heißt. Dennoch steckt im Sufismus wie im Sophismus ein gleicher edler Kern, nämlich die Duldsamkeit. Gliche dieser Kern einem Lamm und wüchs es auf und ergäbe gute Wolle, so würde der Sufist eine Decke für die Armen daraus herstellen lassen, der Sophist einen Teppich für seinen Salon.

Horizont haben

Und sieh auch zu, daß du hin und wieder ein Stück echten Horizontes erblickst! Von einer Höhe her, durch die Lücken der Bauwerke hin, übers Wasser hin, dorthin, wo die Rundung des Erdkreises sichtbar wird, der deinem Standpunkt nachwandelnde Ring der Weite, in den du, so weit er ist, unentrinnbar eingeschlossen bist. Immerhin ist er größer als der Rand deiner Schnitte Brot, deines Bierglases, deines Suppentellers und als der Rauchkringel deiner Zigarette. Und dennoch laß deine Sehnsucht nicht wie einen seufzenden Stern in unerreichbaren Dunstkreisen weit weg von deinen nächstliegenden Aufgaben um dich herumfahren! Mancher hat einen sehr weiten Horizont und plaudert von abgelegensten Dingen. Besieht man aber die Landkarte seines Seins näher, so entdeckt man wie auf Polkarten viele weiße Stellen, und je näher dem Pol und ihm selber, desto mehr.
Sieh zu, daß du wenigstens einmal in deinem Leben erlebst und zutiefst erlebst, wie die Sonne am Horizont untergeht. Ermiß die ungeheure Kapsel des Himmels über dir! Neige das Haupt zur Seite, laß deinen Gesichtswinkel einmal ungewohnter sein, und du wirst erschauern vor der Kraft und Größe des Raumes und seiner Farbenspiele. Und atme tief der Sonne nach, wie sie nun untersinkt. Sieh, wie ihr Rand zuckt! Durchs Glas sieht sie aus wie ein glühendes Zahnrad. Und nun beginnt sich die Scheibe zu verzerren, nach oben zusammenzuziehen; sie sieht aus wie die geschwungene Kuppel der großelterlichen Petroleumlampe, und nun schnürt sich der obere Kragen ab, schwebt selbständig über dem schon halb untergetauchten wabernden Ball, sein linsenförmiges Spiegelbild in darüber liegenden Luftschichten. Es zieht sich zusammen, ändert die Farbe vom rot Feurigen ins glühend Braune, ins Grüne und – oh – herzstockender Augenblick – endet in einem letzten Funken jähen durchdringend klaren grünblauen Aufleuchtens, so, als habe sich für

eine Sekunde lang das Auge der Ewigkeit aufgetan und dich angeblickt.

Einen Sonnenaufgang zu erleben, ist fast noch schöner. Sollte man jemals sommers auf Hundewache gewesen sein, auf Posten zwischen Mitternacht und vier Uhr morgens, so weiß man, daß diese Wache eigentlich Gnadenwache heißen müßte, nämlich dann bestimmt, wenn man bei klarem Wetter das ganze große Vorspiel bis zum Sonnenauftritt erlebt, darin keine auch nur erdenkliche Farbe fehlt aus der Palette des Irdischen, und als letzter Herold über der Kimm der See oder über weiter Ebene oder über der Kette des Gebirges »erschallt« die stillste und schmetterndste aller Fanfaren, der »blaue Funke« oder – wie andere es erlebten – der »grüne Strahl« eben über dem goldenen Scheitel des Gestirns, unerwarteter und darum seltener beobachtet als beim Untergang.

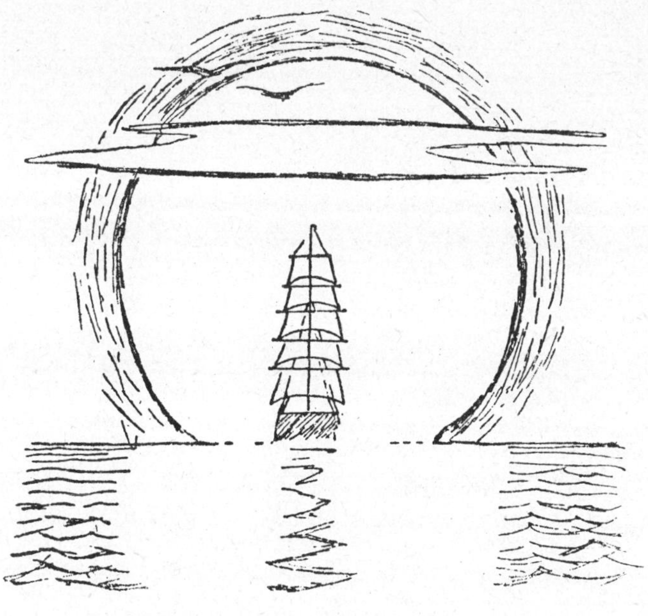

Frage und Antwort

Fragte ein Mädchen einen Mann, der ins Feld mußte: »Was soll ich tun, wenn du nicht wiederkehrst?« – Antwortete er: »Dich für mich mit deines Lebens freuen.«

Widersprüche?

So denn nimm die Welt! Sie ist dein in allen Sinnen, sofern du dich von der Begierde frei hältst, sie alsbald tatzend besitzen zu wollen. Diese Erzogenheit vom Kindlichen zum Erwachsenen fällt manchen sauer. Sie fällt sogar der Menschheit schwer. Ist es nicht ein ehrfurchtgebietendes Wunder, daß sich so handfeste Vokabeln wie »Begreifen« und »Erfassen« ins Geistige erhoben haben? Ergibt aber solches nicht innerste Spannungen und Widersprüche? Sogar sehr gewaltige und fruchtbare Widersprüche. Deren Pole heißen etwa: Das Ich und das Du. Der Einsiedler und die Gesellschaft. Geist und Stoff. Der Mensch und das All. Das Sein und das Nichts. Oder ganz privat: Sinnlichkeit und Askese. Zwischen beiden das unerschöpflich wandelbare Maß der Spannung und Entspannung zu finden, ist die eigentliche Sehnsucht des Menschen und ist seine Lebenskunst. Ihre Anwendung ist vielen von Natur gegeben, und deren Freuden versiegen nie. Wer will ihre Erwägungen nachwiegen? Wer fühlt sich noch ohne Rechnungen sicher? Dennoch, auf diesem Gebiet der großen Widersprüche machen Rechnungen und Berechnungen so unsicher, als wollte man beim Begehen einer landläufigen Treppe Stufe für Stufe anpeilen.

Zwischen Sein und Nichts

»Das Sein und das Nichts«, dieses Thema hängt über der modernen Philosophie. Es ist mehr als ein Schlagwort. Es bedeutet ein rücksichtsloses Aufräumen. Vorausgesetzt wird, daß alle bisherigen Systeme der Weltschau im Schutt dieses Krieges mit zerbrochen sind. Was erschreckt dich? Du hast erlebt, wie rasch sich das Sein in Nichts verwandeln kann. Dennoch ist das Sein als solches reizvoll geblieben. Denn jenseits steht nichts als das Nichts. Empört dich diese nüchterne Feststellung? Vielleicht ist sie nur eine Annahme. Sie scheint sehr einfach zu sein, so verzwickt sie sich auch vortragen läßt. Die Zeit der Träume ist vorbei. Romantik, Illusion, die Welt der Ideen, der kategorische Imperativ und einiges mehr, was uns angemessen schien, liegt am Wege wie überholte, unbrauchbare Vehikel. Man hofft, ohne sie weiterzukommen. Hast du übrigens auf einen Himmel gehofft nach deiner irdischen Mühsal? Hoffe auf nichts als das Nichts! Nenne es zu deiner Beruhigung »Ewige Ruhe«. Können wir mehr ersehnen? Es steht seit alters auf vielen Gräbern, dieses: Ruhe sanft! Endlich unendliche Ruhe. Die Vorfreude darauf ist die einzige, die vor Enttäuschung sicher ist. Der Himmel? Er ist in dir oder nirgends, genau wie die Hölle, so wichtig oder nichtig sich dein Sein anläßt. Du bist deines Himmels und deiner Hölle Wächter, Verkünder, Genießer und Erleider. In dir ist dein Fegefeuer, dein Paradies, deine Auferstehung, Verworfenheit, Erlösung oder Verdammnis. Dein Schicksal, deine »Befindlichkeit«, deine »Geworfenheit«, dein schlichtes Sein ist bedingt von den großen harmonischen Schwingungen oder gelegentlich höchst zufälligen Sprüngen des Seins, als deren Ergebnis du selber in einer vielleicht bedeutsamen, wahrscheinlich aber recht willkürlichen Minute des Kosmos aus dem Nichts in dieses Sein geworfen worden bist. Dem hast du dich anzupassen. Die Doppelbedeutung des deutschen Wortes »Geschick« fällt einhellig auf dich zurück. Dein Geschick, das heißt deine Geschicklichkeit, gestaltet dein Geschick, nämlich dein Schicksal. Es war bequemer, die Verantwortung weniger nahe bei sich zu wissen. Welch Knechte sind wir zumeist, daß wir Lenkung, Lohn und Strafe von anderswoher erwarten als von uns selber! Zwischen Sein und Nichts läuft unser Weg. Was ist der Mensch? Ein Spannungsgehalt? Ein bißchen Wie? Denn das bißchen Was, das er ist, versikkert mehr und mehr in der »grindigen Kruste«, mit der er den Erdball umgibt. Und doch, und doch: Die Fragen schweigen nicht. Überlaß sie denen, die Freude haben am Grübeln. Sie werden dir schon erzählen, was sie erbohrt haben. Du aber sei nach alten oder neuen Weltsichten so anständig, wie es geht, das heißt, sei dienlich denen, die dein bißchen Sein und Nichts zu ertragen haben! Und sei heiter! Trotz der zerbrochenen Gefährte. Der Zweifel ist der Motor aller Philosophie. Die letzte und schönste »Freundschaft zur Weisheit« aber wird errungen nur durch die innerste Heiterkeit.

N. d. P., meine Lieben – na, denn Prost!

Kurz und brüsk, Sie wissen selber, meine Herren, und Ihr nachsichtiges Lächeln begleitet die Hochflut der Presseartikel, die damals über uns hereintroff. Die Welt hatte sich während unserer Abwesenheit geeinigt. Statt ihrer fünfhundertsechsundsiebzig Staatsflaggen von einst führte sie nur noch eine einzige. Sie hatte es satt, sich noch länger über Konkurren- und Grenzen zu ärgern und über Kommißstiebel, Militäranwärter, Offiziersversorgungen und deren Folgen. Sie benutzte die Ersparnisse daraus zu kostenlosen Seereisen für jedermann und zur Annull- und Pensionierung sämtlicher Finanz- und Zollämter sowie der wenigen lebenden Überreste aus Heer und Marine, also auch meiner Wenigkeit. Mein Lechzen nach neuem Schlachtendonner wurde geflissentlich überhört. Es stellte sich übrigens heraus, daß wir runde fünfundzwanzig Jahre unterwegs gewesen waren. Wir wurden bestaunt wie ein Fossil der Würmeiszeit. Mein Supergroßkampfschiff wurde dem Weltmuseum einverleibt zu ewiger Erinnerung an die Lächerlichkeit einer vergangenen Menschheit. Es sollte auch zeigen, wie weit angebliche Männer fähig sind, ihre Zeit und die Steuergelder derer zu vergeuden, die dumm genug tun, anständig zu arbeiten. Aber die Besucher wurden bald weniger. Zu fremd und blöd erschien ihnen die Epoche, der wir angehört. Nur ein paar brotlose Waffenhändler kamen täglich, schmerzhaft an verwehten Illusionen und leeren Bankkonten kauend, bis auch sie ausstarben.

Und da sitzen wir nun, Garn spinnend wie die Parze der Imponderabilitas, erquickt vom vollen Horizont des Glases. Mögen andere mit anderen Gläsern andere Horizonte absuchen nach dem Glück, das der Menschheit zukömmt! Wir verschanzen uns hinter die Welle, die uns den Gaumen spült. Aus Wellen stieg er hoch, der leidige Herr der Kreatur, und nichts als Welle ist es, was er gezeitigt hat, und sie trägt und belustigt, quält und durchweicht ihn und zieht ihn wieder hinab, so, wie man's auf See gewahr wird. In jedem Geheuer schlummert ein Un, in jedem Kompaß lungert die Mißweisung, in jeder Würdigkeit das Nichts.

Potz Plusquamperfektibi- und Horribelismus! Wie putzig ist doch diese Erde, sagte mein Kater Mux, zuviel Menschen und zuwenig Mäuse! So ist jedem etwas anderes grün, jeder Mensch für sich allein ein Wunder, zu zweit ein schwacher Trost, zu dritt ein Komplott, zu viert eine Plage, zu fünft bis acht eine Bande, zu neunt ein Musenhof, zu zehnt eine Tafelrunde und darüber hinaus ein allseitiger Vormarsch zur Selbstausrottung. Alas und ay ay, wie erleichtert wird dieser Ball eines Tages dahintanzen, ohne uns!

Also? – Sodann! Lassen Sie uns einander rechtzeitig nachtrauern! Denn nichts Vergnügteres gibt es auf der Welt, als selber noch da zu sein.

N.d.P., meine Lieben – na, denn Prost!

Erzählungen

Wie ein verhaltener, von ganz weit hergewehter Seufzer

Ein Leuchtturm wird frisch gestrichen

Als der Holunder zu blühen begann, roch der ganze Deich nach Schnaps und Brot. Es war Juni, und die Mädchen, die gegen die untergehende Sonne lustwandelten, waren trunken von der blühenden Luft. Sie alberten mit den weidenden Lämmern und winkten übermütig den großen Dampfern nach, die in der Breite des Stromes nach Westen in die Welt verschwinden, und auch den weißen Jachtseglern, die sonntags fernab kreuzen und selten auf den Gedanken kommen, bei dem abseitigen Deichdorfe anzulegen.
Da geschah es eines Abends, daß ein sonderbares Boot über das Fahrwasser auf den einsamen Ort zuhielt, von einem winzigen Schlepper gezogen. Als es dem Ufer näher kam, wo es flacher wird, warf der Schlepper los und überließ das merkwürdige Fahrzeug seinem Schicksal. Es sah aus wie die Arche Noah, mit der die Kinder spielen. Die Strömung schob es sachte an die Steinböschung heran, doch keine Tiere traten heraus, sondern fünf schweigsame Männer, die mit Stangen nachhalfen. Der Deich ist hier mächtig hoch und beschreibt viele Buchten, und in die größte, wo oben die Mühle steht, bugsierten sie es hinein.
Die Dorfmädchen standen mit wehenden Röcken auf der Deichkrone. Die Männer schielten hinauf, aber vorerst ertönte noch kein Hallo; denn die nördlichen Herzen sind schweigsam und mißtrauisch von Natur. Erst als der Wirt zum »Schönen Blick« ihnen den besten Liegeplatz hinunterrief, da erfuhr man, daß diese Männer den Leuchtturm frisch zu streichen hatten und vom Staate kamen.
Der Leuchtturm steht nicht weit von der Mühle, hinterm Deich. Er ist hoch wie der Großmast eines Vollschiffes, weit höher als der Kirchturm. Seine einst weiße Farbe war in Wind und Wetter ergraut. Manche Leute erinnerten sich daran, wie vor vielen Jahren ein ähnliches Boot und ähnliche Männer gelandet waren, um den Leuchtturm zu streichen, und daß es

den Sommer unruhig gewesen war im Orte, nämlich zum Schluß hatte ein Mädchen namens Berta ein Kind gekriegt, man wußte nicht von wem, auch war eine Frau nicht weitab in der Marsch geschieden worden, und eine andere war nach Hamburg gezogen. Ottel Reem hatte ein Auge verloren, und Pümpel, der mit dem Brotwagen, hatte einen ausgerenkten Daumen seitdem.

Die Männer verankerten das ungefüge Boot nach allen Seiten. Man sah, sie gedachten, ihre Zeit zu bleiben. Eine schmale lange Planke wurde vom Bordrand auf die unteren Deichsteine gelegt, und das war die Verbindung bei Flut und bei Ebbe. Wie ein ordentliches Haus, so groß war das Boot. Das obere Stockwerk erwies sich, als das Persenning weggezogen wurde, aus aufgepackten Leitern bestehend. Die Männer gingen daran, packten ab und trugen ohne Hast eine nach der andern über die Planke, die sich jedesmal wie eine Hängematte bog unter der Last, schleppten Leitern, Tauwerk, Latten und Eimer den Deich hinauf, auf der andern Seite wieder hinab über den Wiesenweg an die Chaussee bis zum Leuchtturm. Der Leuchtturm ist um die Zeit des Jugendstils errichtet, eben nach dem Eiffelturm, doch nicht vier, sondern sechs Eisenstreben ragen in den Himmel und haben den Schwung eines Kleides unserer Mütter, als sie jung waren, und die mittlere Säule, darin eine Treppe emporführt, ist schlank wie eine Tänzerin vom Montmartre, und das mitten in der norddeutschen Tiefebene, und, wie um die Weltweite seebefahrener Gesinnung recht anzuzeigen, und wenn man schon sich in Vergleichen zu ergehen gedenkt, sieht hoch oben die sogenannte Laterne wie ein Kopf aus mit einem chinesischen Hut, und die Galerie darunter gleicht der Halskrause eines italienischen Harlekins. Eine etwas fremde, aber lustige Angelegenheit, solch ein Leuchtturm in dieser platten Landschaft, sollte man meinen. Aber die Männer rankten einen unlustig verkniffenen Blick daran hoch und senkten ihn wieder, spien saftig ins grüne Gras und fluchten über die große Arbeit, die

ihnen bevorstand, obwohl sie hinterrücks im Gemüte froh waren, daß sie noch Arbeit hatten, wo andere schon längst nichts als trockenen Karo schoben.
Somit stiegen zwei im Innern hinauf und nahmen die längste und stärkste Leine mit, ließen sie von der Galerie herab und hievten eine Leiter empor, und der eine kletterte dort oben in schwindelnder Höhe unangeseilt übers Geländer und hielt sich mit einer Hand und befestigte die Leiter mit der andern unterm Boden der Galerie, wo extra Haken dafür sind, und schwang sich auf die Sprossen, sprang sozusagen in die freie Luft, stieg bis zum unteren Ende der Leiter und pendelte damit hin und her, bis sie richtig hing, und band sie fest. Dann kletterte er wieder hoch und tat mit der nächsten Leiter das gleiche und so fort an allen sechs Streben rundherum unter der Galerie. Vielleicht hätte man auch vom Turmfuß aus beginnen können, aber der Meister hielt es für richtig, seinen Leuten von Anfang an ein Vorbild zu sein und die Nerven abzuhärten wegen des Schwindelgefühls, jetzt, da sie noch nüchtern von zu Haus und aus dem Winter kamen; denn es war der erste Leuchtturm, den sie dieses Jahr zu streichen hatten. Und er tat es auch, um den Dorfbewohnern, die unten mit Herzklopfen zusahen, wahren Mannesmut zu zeigen.
Als der Leuchtturm nun ganz eingekleidet war in Leitern und Manneshöhe über Manneshöhe dünne Sondergalerien aus Latten und Bohlen in die Sprossen gehängt waren, da zogen vier der Männer schneeweiße Kittel an, setzten grüne Schutzbrillen auf, rührten ungeheuer viel Bleiweiß an und begannen zu streichen. Früh um sechs stiegen sie, den Pinsel zwischen den Zähnen, den schmalen schwanken Leiterweg gen Himmel, an fünfzig Meter hoch, links und rechts weiter nichts als Luft, und in der Entfernung von unten schrumpften die Sprossen zusammen, als sei es nur ein Strick. Der fünfte Mann blieb an Bord. Er war der Schiffer und sorgte auch fürs Essen.
Nachdem nun die oberen zehn Meter, also der Chinesenhut,

der Laternenkopf und die Galerie-Halskrause in leuchtendstem Weiß prangten, wurde ein Kübel kräftiges Mennig-Rot angesetzt. Denn diesmal sollte der Leuchtturm, der besseren Kennung bei diesigem Wetter wegen, nicht wie früher in eins weiß herunter gestrichen werden, sondern rot und weiß gestreift, alle vier Meter abwechselnd, was zugleich aber auch der Würde der großen Hafenstadt Hamburg Genüge tat, hatte sie doch die Aufsicht über die Befeuerung des Fahrwassers bis zur Mündung hin und das mitten in preußischem Gebiet, wo die Farben anders, nämlich Schwarz und Weiß im Wappen stehen. Die Maler, wenn sie in ihren Kitteln daherkamen, sahen nun wie Chirurgen aus, die gefährliche Amputationen vollführt hatten; läßt sich doch hin und wieder ein Spritzer schlecht vermeiden, wenn die Sache flutschen soll. Und die Mädchen gruselten sich.

Solange die Arbeit nun noch so hoch war am Leuchtturm, ging alles friedlich zu im Dorfe. Punkt zwölf und Punkt achtzehn schritten die vier bekittelten Männer, die grünen Brillen in die Stirn geschoben, im Gänsemarsch zu ihrem Hausboot zurück. Dort rauchte der Schornstein, und der Koch brachte kräftige Sachen auf den Tisch, doch mit dem Gewürz war er sparsam, um den Durst und die Laune nicht zu reizen. Am Sonnabend kam der kleine Schleppdampfer und brachte die, welche verheiratet waren, in die Stadt, und der Meister, der unverheiratet war, besuchte seine Mutter auf der anderen Seite des Stromes. Nur einer blieb immer als Wache an Bord zurück und saß auf der beschränkten Plattform bei dem kleinen Anbau, obschon es dort nicht am lieblichsten roch, und las alte Zeitungen und die Bücher, die der Pastor des Ortes zur Ablenkung aufs Boot geliehen hatte, gähnte und stopfte seine Socken, und die Blicke, die sich von und zu den Mädchen spannen, die in rosa und blaßlila Sonntagskleidern auf dem Deich hin und her gingen, wurden allgemach geneigter.

»Das sind andere Leute als damals!« sagte der Wirt zum

»Schönen Blick« und sah seine Frau aus tiefen Augenwinkeln an, weil sie Berta hieß und das Kind jetzt seine Tochter war und abends auf dem Deich spazierenging und neugierig war auf die Männer, die den Leuchtturm strichen, genau wie ihre Mutter es gewesen vor achtzehn Jahren.
»Warten wir ab!« antwortete die Wirtin, und ihr Doppelkinn lächelte böse aus der Erinnerung hervor. »Die sind noch nicht fertig, die Kerls! Aber an Meta kommen sie mir nicht 'ran!«
Meta, das war die Tochter. Der Alte muschelte, da wäre denn ja auch wohl nicht soviel Mitgift bei den dreckigen Zeiten wie dunnemals, um jemand Unschuldigen damit zu angeln und ihm ein Lokal zu kaufen.
Vielleicht würde es für einen Brotladen reichen, meinte Meta da spöttisch; denn sie war ein schon selbständiges Kind, wie die heutige Jugend ist, und riskierte ein offenes Wort. Damit war der Punkt vorerst erledigt, und die Eltern sprachen davon, daß man das Lamm, das den Deich abgraste, bald schneiden müsse, damit es ruhiger werde und fetter im Fleisch.
Die Witterung hielt sich einigermaßen den Sommer. Wenn es regnete, blieben die Maler anfangs an Bord und hauten sich in die blaugewürfelten Betten. Das sah wirklich nicht nach Störenfrieden aus. Die Wirtin zum »Schönen Blick« atmete einesteils auf, andernteils jedoch hatte sie schon mit einigem Verdienst an diesen Brüdern kalkuliert, wo alles zurückging im Geschäftsleben. »Wart man ab«, sagte ihr Mann, »sie kommen noch.«
Und richtig. Als die Männer über die Mitte herunter waren und nicht mehr so lerchenhoch saßen, wurden sie kühner. Der Holunder hatte ausgeblüht, die Beeren waren grün, und auf den Bänken, die schief vom Wind auf der Deichkuppe in die Büsche gedrückt stehen, saßen abends bei Mondschein die Mädchen und sangen zweistimmig. Die vier, fünf Leute aus dem dicken Malerboot wandelten auf dem Deiche einher, und sie hatten einen leichten Schritt, fast wie die vornehmen

Segler der Jachten, die nur notgedrungen bei schlechtem Sturm den Ort anlaufen. Sie blieben bei dem angepflockten Bockslamm stehen, das war ganz in der Nähe der Mädchen, und die Mädchen schwiegen plötzlich. Aber nach einer Weile, da die Männer sich mit dem Tierlein herumbalgten und sich komisch machten, kicherten sie allesamt, und eine ließ eine Bemerkung entschlüpfen über große und kleine Böcke; das war Meta, die Tochter zum »Schönen Blick«. Nunmehr war bald Unterhaltung genug im Gange. Jedoch als es dunkel wurde und der Leuchtturm sein Licht anzündete, gingen die Männer die Deichtreppe hinunter in die Wirtschaft. Sie hatten in den soliden Wochen viel Geld gespart, es wurde allmählich langweilig, und die Arbeit war jetzt leicht, und es war kein Grund mehr, nicht tüchtig einen zu heben. Und je mehr der Leuchtturm seiner Vollendung entgegengedieh, desto mehr kitzelte sie das Geld in der Tasche. Im »Schönen Blick« spielte jeden Abend das Grammophon und im Gasthaus »Zur Fähre« das Radio, und in letzterem war nun sonnabends und sonntags Tanzkränzchen, den Leuchtturmmalern zu Ehren, und diese ließen den wöchentlichen Schlepper zumeist leer wieder wegfahren. Von weither kamen die Mädchen und jungen Leute, und um Mitternacht, wenn Polizeistunde war, johlte es noch lange auf der sonst so stillen Landstraße, und hinter jedem Diestelbusch am Deich lagen die flüsternden Paare. Auf den Bänken aber beim Holunder saßen die Alten noch spät, wenn es die Luft erlaubte, und sprachen von den früheren Zeiten und was da alles passiert sei, als der Leuchtturm gestrichen wurde. Weiß und rot blitzte das Leuchtfeuer über den Strom und die weite Marsch. Und der Brotmann Pümpel reckte den steifen Daumen in den Mond und verschwor sich, sein Sohn solle sich nicht dazwischenmischen.

Sein Sohn steckte morgens die Rundstücke in die Beutel, welche zu dem Zweck an den Hausklinken des Dorfes hingen. Abends saß er im »Schönen Blick«. Er hatte es auf

Meta, die Wirtstochter, abgesehen. Aber die Maler schienen das Grammophon auch mehr zu lieben als das Radio und die Tanzkränzchen; denn Meta hatte eine bestechende Art, ihnen die schäumenden Kugeln Helles hinzuschwenken, sie hatte stramme Beine und eine schlagfertige Zunge, und das Licht schien durch ihr dünnes Kleid. Dazu waren da seit kurzem drei Damen in »Penschon«, Damen aus der Stadt, wo sie in der Fabrik, die eine bei Puddingpulver, die andere bei Wollsplint, die dritte bei Kautschuk, tätig waren, sie hatten alle zugleich Ferien und waren befreundet und aus Gründen der Billigkeit in das gottverlassene Deichdorf geraten, wo es nicht einmal einen Badestrand gab. Dennoch liefen sie den ganzen Tag im Badeanzug umher, und die Maler kamen ihnen gerade recht und sie den Malern, so daß die weiteren Schönen des Ortes und das Gasthaus »Zur Fähre« ins Hintertreffen gerieten. Bezüglich der Tochter Meta jedoch war es der Meister selber, der gewogen blieb. Die Wirtin sah es wohl, jedoch sie beschwichtigte ihr Bedenken, denn es war ja der Meister, der auch ein Motorrad besaß und fast aussah wie ein Kunstmaler und staatlich fest angestellt war. Damals war es der Meister ja nicht gerade gewesen. Sie betrachtete ihn abschätzend auf Schwiegersohn hin und setzte ihm in der Küche manch kaltes Huhn ohne Anrechnung vor; er war sanftmütig und spielte mit dem Wirte und mit Brotmann Pümpels Sohn Schafskopf bis spät in manche Nacht. Meta saß dabei und tat, als ahne sie nichts, und holte Bier aus dem Keller und goß Steinhäger ein und war freundlich zu jedem, der da kam. O, es war ein Leben und Treiben im Dorfe, und der Koch brachte dem Pastor die ablenkenden Schriften mit Dank zurück.

Die Fliederbeeren, wie man die vom Holunder nennt, wurden schwarz und reif. »Die geben gute Hitze!« sagte die Wirtin und lud den Meister zur Suppe ein. Aber auch die übrigen kamen mit; denn es war August geworden. Und Pümpels Sohn kam auch und auch Heinrich von der Mühle und etliche andere. Die »Penschonärinnen« jedoch waren schon wieder abgereist, ihre Ferien waren nicht wie etwa bei Lehrerinnen so groß.

Diesen letzten Abend war es anfangs recht still im »Schönen Blick«, doch späterhin machte der gläserne Stiefel die Runde und wurde oft geleert nach Handwerksbrauch, und Pümpels Sohn holte seine Harmonika, und man sang das Lied vom Pfannenflicker und tanzte mit Meta und untereinander, ja sogar die dicke Wirtin mußte für einen Walzer herhalten; der Meister selber forderte sie auf, wie durfte sie da wohl abschlagen, und sie pummelte sich kurzluftig und zuversichtlich nach Kräften. Dann sagte Heinrich von der Mühle und hob den mehlweißen Zeigefinger bedeutungsvoll, die Damen aus der Stadt hätten es wohl auch nicht übel gekonnt, nun sei er an der Tour und das mit Meta. Der Koch erwiderte, er habe auf »Friedrich dem Großen« gedient im Skagerrak und brauche sich das nicht bieten zu lassen, und Pümpels Sohn sagte, Meta würde sich mit keinem Kletteraffen einlassen, und die Wirtin sagte, ihr Haus sei ein reinliches Haus, und der eine der Maler, der von den Maurern herkam und das Händeklatschen vorführen wollte, wie es zünftig ist, hieb jemandem versehentlich in die Fresse, und das war Pümpels Sohn, der die Quetschkommode weggelegt hatte und tapfer für Metas Ehre stritt, und ein wenig später alarmierte der Wirt den Gendarm, und manches war nachdem blau, zerbeult, zerbrochen, eingeknickt und ausgerenkt, und nicht nur die Handharmonika. Der junge Arzt aus Wewelsfleth mußte noch so spät in der Nacht seinen Wagen anlassen und kam angebraust und tat, was er konnte. Und dann wurde weiter Abschied gefeiert.

Der Meister und Meta waren dem Krakeel entronnen und saßen auf der Holunderbank, und sie weinte, sie habe sich schon drei Morgende übergeben. Da standen sie auf. Der Schafbock, der so munter gewesen war vor zwei Monaten, kaute träge im abnehmenden Mond und war den Tag ein

Hammel geworden. »Dja«, sagte der Meister trübe, und weiter sagte er nichts und verzog sich auf sein Boot, das schon wieder bepackt war mit den Haufen der Leitern, und seine Leute kamen um die Frühdämmerung ebenfalls, mitgenommen, sternhagelvoll, doch vergnügt. Hinter ihnen, verbunden und geschient, humpelten einige vom Dorfe und hofften giftig, daß die verfluchten Maler allesamt in den Bach kippen würden.

Aber sicher wie die Engel glitten sie über den dünnen Plankensteg an Bord, obwohl er sich wie eine Sense krümmte. Um sieben Uhr kam der Schlepper und holte die Arche wieder ab, um sie nach Bützfleth zu bringen oder zum Hungrigen Wolf oder wo sonst ein Leuchtturm zu streichen ist.

Der tote Matrose

Es war um die Zeit, da ich etwas später die Mieke von Teerstickens Hof kennenlernte. Öllrich, Leuchtturmwächter zu Neuwerk, sagte, sie sei nicht normal. Der Himmel verzeih mir, wenn ich das Ganze ein wenig anders ansehe.
Die Inselbauern fuhren nach jener Sturmnacht, da sie der Bark, die abends auf Scharhörnriff aufgelaufen war, nicht hatten helfen können, eilends hinüber, sobald es die Ebbe erlaubte. Sie fuhren mit ihren hochrädrigen Wagen über das Watt, wie sie es seit altersher zu tun pflegen, um von den Trümmern zu stranden, was möglich ist. Denn es ist ihr gutes Recht, zu nehmen, was das Meer ihnen zuwirft. Aber, wie Öllrich gleich sagte, der vom Turm im ersten Taggrau ausgelugt hatte, das Wrack war schon bis auf die Mastspitzen im Triebsand versackt. Und Rose, der Wirt des Hotels »Zur Meereswoge«, des einzigen auf der Insel, hatte die ganzen zwei Stunden ärgerliche Vermutungen ausgestoßen, ehe wir da waren. Dadurch hatte er mich, der neben ihm auf dem Kutschbock saß, in meinem Genuß der Landschaft gestört, weswegen ich ihm gönnte, daß er recht habe, obwohl ich keinen trefflicheren Menschen als ihn kenne. Ich war damals noch sehr jung, romantisch und unerfahren.
Wir gingen durch den knisternden Sand gleich auf die Baake, die ungeheuerlich in den Tag ragte, denn sie ist das größte Seezeichen Deutschlands. Wir stiegen mit dem Gemeindevorsteher hinauf, dessen Pflicht es ist, weil sich dort hoch im Gebälk eine kleine Hütte für Schiffbrüchige befindet. Jedoch Zwieback, Decken und Wasserkessel waren unberührt, und es gab für Rose keine Gäste zu begrüßen. Somit kletterten wir denn wieder zu den Wagen hinunter. Rose ließ seinen vierschrötigen Blick noch einmal über die endlose Sandwüste gleiten, die gerillt ist vom ewigen Wind. Fern am Westsaum stand der Gischt wie eine atmende Mauer. Die hochbeinigen Wattwagen bewegten sich spinneklein in der Weite umher.

Rose schüttelte verächtlich den Kopf und schnalzte seinen Pferden zu, die ohne weiteres die Richtung gegen den Neuwerker Turm nahmen. Aber auf einmal steckte er die Nase höher und lenkte wieder den Sand hinauf, auf eine Stelle zuhaltend, wo ein paar Möwen sich über der Kimmung balgten. Wir hörten auch bald die Brandung, und als wir über die Düne waren, sahen wir etwas Dunkles, und wir fanden da eine angespülte Leiche. Es war ein Matrose, der wohl in der Nacht ertrunken war. Mir zitterte das Herz, als wir zu ihm traten. Er lag mit entblößten Zähnen da, gleichsam ein verzweifeltes Gelächter verbeißend. Die Möwen und Fische hatten schon ihr Teil von ihm genommen, und seine leeren Augenhöhlen standen voll Salzschaum. Rose sah ihm die Taschen nach und nahm an sich, was er hatte, eine Brieftasche, einige Münzen, einen Ring. »Ein armer Teufel, es ist Glas!« sagte Rose, den Stein beäugend. »Und dazu ein Engelsmann.« Dann luden wir ihn auf den Wagen und fuhren davon, denn außer ihm schien keiner mehr da zu sein. Ich wandte voll Grausen meinen Blick über ihn hin, wie er so dalag und vom Wagen ein wenig gerüttelt wurde. Über ihm leuchtete das Meer, und auf dem unbewegten Horizont glitten viele Dampfer dahin. Ich sah es wohl, wie sich der Sand heimtückisch bis an die Fahrrinne der Welt schiebt, gierig mahlend und scharrend, ein Horn und ein Schlund zugleich. Scharhörnriff. »Nichts für ungut, wenn's ein bißchen pumpelt!« sagte Rose, und er meinte den Matrosen. Wir schlugen ein gutes Tempo ein, um den Luftzug hinter uns zu lassen. Rose war weit vergnügter als auf der Herfahrt. Er hat ein gutes Herz, dachte ich. Er bemerkte aber gleich darauf, daß sich eine Leichenbergung mehr lohne als das Suchen nach ein paar verrotteten Stengen, denn der Staat bezahle fünfundzwanzig Mark dafür.
Wir holten nunmehr den Wagen des Gemeindevorstehers ein, der auch auf die Wrackbeute verzichtet hatte, aber mehr aus Standesbewußtsein. Rose lieferte ihm richtig alles ab, was er bei dem Toten gefunden hatte. Wir hielten mitten im Watt,

Deichsel an Deichsel. Nie sah ich die Muschelbänke ringsum so gelb im kobaltblauen Wasser. Der alte Seebauer entfaltete die Brieftasche mit seinen knotigen Fingern. Etwas Geld war darin und ein Brief, das war alles.
»Schlecht zu lesen!« sagte er nach geraumer Zeit und reichte das feuchte Papier an Rose.
»Wahrhaftigen Gottes!« bestätigte Rose und reichte es mir. Es war klar und deutlich geschrieben und unverwischt.
»Von einem Mädchen!« sagte ich und kramte meine englischen Brocken im Gehirn zusammen. Sie war anscheinend irgendwo in Australien. Es war ein Liebesbrief, und sie schrieb, wie es üblich ist, sie würde ins Wasser gehen, wenn er nicht wiederkäme. Aber dahinter stand, Gott würde ihr den Weg schon zeigen, bis sie ihn fände in der See.
Ich sagte den beiden Männern, was da also stand, und wir sahen eine Weile stumm auf den toten Liebsten.
»Er hat mal gute Zähne!« kaute der Gemeindevorsteher schließlich aus seiner alten Mundfalte heraus.
Im unendlichen Watt tauchten nun auch schon die Wagen der Nachbarn auf, und wir fuhren weiter.
Auf Neuwerk angekommen, hielten wir gleich vor dem kleinen Leichenhaus, in dem immer ein frischer Sarg bereitsteht für die Heimatlosen. Rose und der Gemeindevorsteher wollten sich nunmehr daran begeben, den Toten abzuladen, aber der Alte hält plötzlich inne und befragt mich noch einmal nach dem Inhalt des Briefes.
»Ne«, sagte er dann zu Rose, »sodann fahr ihn man wieder zurück!«
»Und das Geld?« entgegnete Rose.
»Steck ihm wieder bei!« sagte der Alte und schob die armen Habseligkeiten auf Roses Kutschbock.
»Dunnerslag, den Bergelohn, sag' ich!« knurrte Rose hoch.
»Er muß in der See bleiben, du hörst es doch!« erwiderte der Alte. »Wo soll sie ihn sonst finden!« Und er sagte dies eigentümlich aus seinem gebeugten Haupte hervor.

Andere Leute waren herzugekommen und beredeten die Sache und den Brief. Rose schrie wütend: »Er schwimmt ja oben!«
Aber man bedeutete ihm, es liege noch ein verrosteter Anker im Vorland, oder einige Steine würden es auch tun. Währenddes lag der tote Matrose auf dem Wagen dabei; er grinste schaurig in den Himmel, und das Wasser tropfte von den Rädern. Schließlich gingen sie alle davon, und keiner wollte etwas mit der Sache zu tun haben. Rose stand allein da mit seinem Leichnam. Er verbat sich jede Handreichung von mir, wagte auch, wie ich wohl merkte, an meinen Englischkenntnissen zu zweifeln, weswegen ich es begrüßte, daß Öllrich, der Leuchtturmwächter, kam, da er gerade ausgeschlafen hatte, und Rose versprach ihm zehn Mark.
»Ich tu' es«, wandte sich Öllrich an mich, wohl um sich vor einem einwandfreien Zeugen reinzuwaschen, »denn man soll immer gegen den Aberglauben angehn!« Er sei vierzehn Jahre

auf Segelschiffen gefahren, sein Sohn sei auch draußen, und er würde ebensowenig wegen einer lächerlichen Deern –, hingegen, was er an diesem tue, das möge jemand, solle es so sein, auch an jenem tun.
Damit hoben sie den toten Matrosen herunter und trugen ihn hinein. Sie wagten aber denn doch nicht, ihn in den Sarg zu legen, sondern legten ihn auf die bloße Erde.
An dem Abend kam kein Mensch in die Wirtschaft, die sich »Hotel zur Meereswoge« nennt. Rose hatte gleich nachmittags die Habseligkeiten des Toten in ein Paket gepackt, denn er könne es so gut wie der Gemeindevorsteher, und er schickte seinen Knecht bei der zweiten Ebbe damit los, nach Duhnen auf die Post, an den Cuxhavener Amtmann, so unsinnig es zu der späten Stunde war. Der Knecht kam denn auch triefend mit triefenden Pferden lange vor der Zeit zurück, und der Priel habe sich geändert, und er sei bis an den Hals im Wasser gewesen.
»Und das Paket?«
Das Paket sei weg!
»Es ist nicht wegen der fünfundzwanzig Mark, sondern wegen der Albernheit!« erklärte mir Rose, als es wieder still war. Und er täte nicht gern etwas umsonst, aber dieser Grog, der solle heute nichts kosten, denn er werde das Geld schon kriegen, schrie er und schlug mit der Faust auf den Tisch.
»Und das Paket«, sagte ich sinnend, »das wird seine Braut bei günstiger Strömung vielleicht eines Tages erhalten; wir hätten es allerdings wasserdicht einpacken sollen.«
»Nein«, knurrte Rose böse, »das schluckt ein Walfisch, und denn spuckt er es in Australien wieder aus, direktemang vor ihre Fußspitzen.«
Danach denn tranken wir bis Mitternacht. Kein Laut war außer uns in der Welt. Und wir sprachen dies und das und redeten mit großer Stimme von sozusagen philosophischen Dingen.
Auf einmal klopft es ans Fenster. Rose erbleicht, steht

schweigend auf, geht an die Tonbank, nimmt eine volle Flasche und schwankt hinaus.
Nun geht er dahin! dachte ich, und ich mußte laut auflachen, als er weg war. Er war nicht mehr nüchtern, und mir deuchte, er habe mächtig komisch von hinten ausgesehen, so breit wie kurz, und hatte den Kopf eingezogen wie eine Schildkröte, und die Flasche hatte fast auf dem Boden nachgeschleift, so tief hingen seine Arme. Danach fiel mir der tote Matrose ein, von dem wir den ganzen Abend nicht mehr geredet hatten; ach, das traurige Lied stieg mir im Sinn auf, das sie an der Hafenseite singen:

»Glori–, glori–, glori–, gloria,
Schön sind die Mädchen in Batavia!«

Doch war es nur der Kehrreim, denn es handelt von einem gestorbenen Seemann, und mir kamen die Tränen in die Augen, wenngleich ich nicht auf die anderen Worte kommen

konnte. Da dachte ich auch wieder an sein Mädchen, das nun in die See gehen würde, ihren Liebsten zu suchen. Ja, ich betete heimlich, da niemand zugegen war, Gott möge gnädig mit ihr sein und mit seinem Finger die Wellen lenken, sie hinzuführen bis Scharhörnriff, und ich wollte Öllrich auch zehn Mark geben, damit er Tag und Nacht nicht das Fernglas von seinen Augen nehmen solle. Und wir würden sie auch begraben auf dem Heimatlosenfriedhof, neben ihrem Herzallerliebsten. Diese tröstliche Erleuchtung überströmte mich, und ich ging hinaus auf den Deich, um den Kleingläubigen, denen man das schlechte Gewissen sogar von hinten ansah, zuzusprechen: »Fürchtet euch nicht!«
Als ich gegen den Wind an die Stelle kam, wo der Grabenring unten liegt, der den kleinen, kreisrunden Friedhof umschließt, da sah ich in der Dunkelheit die beiden schon daherschwanken, unten am Deich, und sie trugen den Sarg auf ihren Schultern. Die Turmlaterne stand wie ein böses Auge hoch darüber. Ich hörte die Kiebitze jammern, und Rose trug in der freien Hand die Flasche und ein Tau, während der Leuchtturmwächter die beiden Spaten hatte. Es geht ein kleiner Steg über den Graben auf den Friedhof. Wie nun die beiden mit dem Sarg auf den Steg kommen, da knurrt Rose plötzlich dumpf auf, und sie halten an. Ich starre auf die Stelle hin, ich kann mich nicht rühren, so schaurig ist es. Vor dem Steg auf der anderen Seite, da steht eine Frau, und sie hebt die Hand und weist die beiden Männer mit dem Sarg zurück. Ich sehe, wie der Sarg schief auf den beiden Schultern steht; denn Rose ist etwas kleiner, und ich sehe, wie sich Öllrichs Bart vorsträubt; denn er hebt sich vom Grabenwasser ab, in welchem sich das Leuchtfeuer spiegelt. Und sie gehen keinen Schritt, sie stehen auf dem schmalen Steg, der über den Graben führt, und der Sarg schwankt hin und her.
Eine unsinnige Angst erfaßt mich, er könne in den Graben stürzen, oder die von mir so schön erdachte göttliche Fügung

könne anderweitig zunichte werden. Ich will hinunter, aber meine Füße sind wie Schlick, ich breche in die Knie, ich würge an meiner Kehle, es kommt kein Laut heraus, und dennoch schrei' ich wie verrückt.
»Scharhörnriff!« schrei' ich und schrei' es ihr zu. Mein Gesicht schlägt ins Gras.
Als ich wieder aufblicke, da standen die beiden Männer mitten auf der Friedhofskuppe, die so gewölbt ist von dem Gebein der Namenlosen die vielen Jahrhunderte lang. Sie schaufelten, daß die Spaten klirrten.
Es ist vom Grog! sagte ich mir, nahm mich zusammen und stieg den Deich hinab. Ohne Zögern ging ich über den Steg zu den beiden und half ihnen das Seil halten.
»Sie ist wohl wieder 'runter«, sagte Öllrich, »die Mieke stand nämlich vorhin da, die ist nicht ganz normal.«
»Und wir dachten erst, es wär' seine Braut!« lachte Rose, aber sein Lachen klang man dürftig, und er nahm den letzten Zug aus der Flasche; man sah ihm an, daß es kalt war die Nacht. Ich aber schwieg, denn es hat keinen Sinn, zu deutlich zu zeigen, wenn man einen romantischen Gedanken gehabt hat. Somit war der Hügel bald gemacht, und er sah aus wie eine kleine helle Sandinsel auf dem dunklen Friedhof, und dieser war wieder eine Insel auf einer Insel, und diese lag mitten auf der runden Erde, die wiederum eine Insel ist in der großen Himmelssee. Wir nahmen alle die Mützen ab, und da mir gerade in dem Augenblick der letzte Vers des Liedes einfiel, an dem ich die ganze Zeit herumgegrübelt hatte, so nahm ich die Gelegenheit wahr und sagte ihn auf:

»Ach, nicht Stein noch Blumen sprießen
auf dem Seemannsgrab im Meer,
Nur der Liebsten Tränen fließen
als ein Regen drüber her.«

Aber das Gloria ließ ich weg.

Gelächter hinterm Horizont

Es gibt da an der Rampe eine kleine Bar Huddl di Nuddl, welch Name aus Hotel de Nelson entstanden ist und an frühere schönere Zeiten gemahnt. Man sieht auf den Hafen, den Qualm, die Schlote der Überseer, die Werften und die Docks und hört den markigen Lärm bis in die Funkmusik. Freitags abends ist da was los, dann wird viel Abschied gefeiert, und die guten Jungen aus der weiten Welt, Amerikaner, Engländer, Norweger und Deutsche durcheinander, betrinken sich an Grogs und an den Abenteuern, von denen sie nicht reden, aber von denen sie wissen und daran sie mit wenigen Worten rühren, worauf der andere im Bilde ist.
Saß da auch ein kleiner Kapitän vom Bugsierdienst, ein Mann, der sein Lebtag nichts als seinen Hafenschlepper gefahren und die Nase über Brunsbüttelkoog nicht hinausgekriegt hatte. Der saß da oft und hörte die fremden Namen der weiten Welt aussprechen, als sei es für fünf Pfennig in die Suppe. Er hatte ein ordentliches Zuhause, eine biedere Frau, Kinder, Anverwandte bis zum vierten Grad, sein geregeltes Auskommen und einen würdigen Bart, hell wie Sauerkraut. Aber wenn er aufstand und mit ziemlicher Schlagseite das Lokal verließ, blieb er auf der Treppe stehen. Drinnen sang man, und die Kellnerinnen und Landfeinladies waren denen, die so gut englisch sangen, mehr zugeneigt als jemandem, der die richtigen Seeleute mit ihren dicken Kästen nur ein wenig hin und her zieht von und zu den Liegeplätzen. Und er hörte das kitzlige Gelächter, und das klang wie weit her von Indien, Hawaii und Tamatave, von allerlei lustigen Küsten her, die nie über seinen Horizont emporgetaucht waren. Er strich seinen Bart wie eine Harfe, und die Stimmen der Ferne klangen ihm daraus hervor.
Er hätte es ja längst haben können. Als er jung war, gab es noch Heuerbüros, und der paritätische Arbeitsnachweis und das Überangebot waren im Seemannsgewerbe unbekannte

Begriffe gewesen. Aber damals hatte es ihn gar nicht gelockt, zwei seiner Brüder waren nicht wieder von See nach Hause gekommen, seinen Vater hatte er gar nicht erst kennengelernt. Er hatte es schlauer angefangen, war im Lande geblieben, dem Wasser dennoch verbunden, hatte die Prüfung für Schiffer auf kleiner Fahrt bestanden, seinen Schleppdampfer wie eine Wespe hin und her summen lassen zwischen den Kolossen der Meere, die draußen zwar prächtig und mächtig sein mochten, im Hafen aber schwerfällig sich nicht allein zu helfen wissen, und hatte den bescheidenen Honig in eine bescheidene Wohnung am Stubbenhuk getragen und galt bei Nachbarinnen, Krämer, Grünhöker und Schlachter als wakkerer Familienvater, bis auf die gelegentlichen Freitagabende. Nie trank er auch dann scharfe Sachen. Er trank nur Flaschenbier, Lagerbier, das er für »ratschoneller wegen die Verdunstung« hielt, indem man es nach Belieben einschenken und zustöpseln kann. Daher hatte er seinen Namen »Buddel«. Einen anderen Namen kannte nur die Lohnliste seiner Bugsierreederei.

Eines schönen Freitags, wenn die Abende schon länger werden und nach Vergänglichkeit riechen und der Qualm niederschlägt und die Sterne spärlich werden und man gewisse Zuneigung zu der Sonne bekommt, seinen Ofen vorahnend ansieht und die Flanellgarnitur ab Sonntag einen Strich dicker von hausfraulicher Hand auf den Stuhl vors Bett gelegt wird, dann klingt es verderblich, wenn sie in den großen und kleinen Bars Johannis-Bollwerk hinab, Hafenstraße und Pinnasberg und da von der Mondbai zu Jamaika singen und von den Palmen und Mädchen auf der warmen Strecke hinter Surabaja.

Und das Gelächter der Hafenschwalben im Huddl di Nuddl wurde süß wie das Weißnichtwo, das hinter dem kleinen lackierten Blumenfächer lauerte zu Haus am Spiegel, der von einem seiner verschollenen Brüder stammte, und der verdammte Zigarettendunst roch nach diesem Fächer und war

blau und silbern, wie die Nebel sein sollen morgens vor Jaluit nach der Regenzeit. Es wurde Frühling auf der anderen Seite der Erde. Käptn Buddel war ein gesunder und einfacher Mann, pflichtbewußt, kam niemals zu spät an Bord seiner Hafenbeschäftigung und las weder aufreizende Bücher, noch sammelte er Postkarten, die seine Frau nicht sehen durfte. Aber diesen Abend durchbrach er seine Gewohnheit und Einsicht durch Grog. Und darum wurde alles noch verderblicher. Und wo eins gebrochen, kommt das nächste schon gekrochen. Er besann sich, daß er ab vier morgens Dienst habe, denn dann war Hochwasser, und sie hatten einen mäßigen Frachtdampfer 'rauszuschleppen, der frisch aus dem Dock kam. Käptn Buddel ging in jener bemerkenswerten Nacht auch richtig zum Steinhöft, enterte seinen Kahn und hatte keine schlechte Haltung. Der Rum hatte die Steuerbordschlagseite des Lagerbiers mit einer nach Backbord aufgehoben. Er war wie eine Kerze. Maschinist und Junge waren schon da, der Kessel stand schon unterm ersten Druck, die Trosse lag klar. Es war drei Uhr.
»Ich will euch was sagen, Leute!« äußerte Buddel und strich seinen prachtvollen Bart. »Wir haben noch'n Berg Zeit. Geht man noch'ne Stunde an Land. In Huddl di Nuddl ist es heute fein. Ich hab' nämlich heute Geburtstag, verdimmichen Donnerstag noch mal zu, haut euch einen durch die Kiemen und kommt in 'ne Stunde wieder, aber stickennüchtern! Und daß du kein Weibsbild an Kludas 'ranläßt!«
Damit schenkte er einem jeden fünf Mark, und obwohl sie furchtbar erstaunt waren über die lange Rede und den Urlaub und das Geld, verdunsteten sie doch ohne Widerrede.
Die fürsorgliche Mahnung wegen des Schiffsjungen war das letzte gute Werk, das Käptn Buddel zu Hamburg tat. Denn nun beginnen seine bösen Werke. Er hatte auch zum letztenmal über seinen Bart gestrichen. Denn mit seinem rasierklingenscharfen Taschenmesser schnitt er unbarmherzig die ganze majestätische Sauerkrautharfe ab. Er bettete das Ungetüm

an die Stelle einer der Reederei gehörigen Matratze nebst Wolldecke, was beides er aufrollte, wie Matrosen es tun, die ein neues Schiffslogis beziehen wollen. Hinein wickelte er eine Arbeitshose des Maschinisten. Das in Zeitungspapier vertäute Frühstücksbrot des Jungen steckte er in die Tasche, sodann machte er den Schlepper eigenhändig flott, was auch verboten ist, stellte die Maschine auf halbe Kraft, warf los und ging ans Ruder. Er hatte bedeutende Angst, daß jemand es spitz kriegen und ihn anpreien würde. Aber wie es oft ist, wenn Verbrechen geschehen, niemand achtete darauf. Buddel querte den Strom und rutschte sachte zum Reiherstieg hinüber, wo der Dampfer in dem großen U des Docks wie eine Gurke im Einmachglas saß. Er legte hübsch an den Ponton, sachte, sachte gegen die Flut, gab dem Ruder noch eine sanfte Drehung zum Stron, nahm sein Bündel und stieg aus. – Nun ist es im allgemeinen nicht sehr leicht, auf einen im Dock liegenden Dampfer zu gelangen wegen des unbequemen Zugangs und weil da gewöhnlich allerhand Leute herumstehen. Aber sicher wie ein Schlafwandler überwandt Käptn Buddel alle Fährnisse, er ging nach vorn in die Roof, rollte seine Matratze in eines der eisernen Gestelle, das noch leer war, und sich darüber in die Decke und schlief mit jener unstörbaren Befriedigung, die da spricht: Ich hab' so lange gezogen, nun könnt ihr mich auch mal ziehen!
Das Dock flutete, das Schiff wurde herausgelassen, ein Schlepper war davor, ein zweiter wurde herzugewinkt, aber beide waren nicht Käptn Buddels Schlepper. Käptn Buddels Schlepper gondelte eine Zeitlang im Fahrwasser, wich nicht aus, als ein Engelsmann noch eben mit der Tide aufkam, wurde erschnappt und unter den Bug gedrückt. Ein Taucher kam noch im Laufe des Tages, legte Hebetrossen unter den gesunkenen Schlepper. Käptn Buddels Leiche wurde nicht gefunden.
Käptn Buddels Leiche fuhr als Matrose. Mochte einer der Mannschaft nicht rechtzeitig dem Lager seiner Holden ent-

ronnen sein, bei einer Schlägerei das Zeitliche gesegnet haben oder im Hafenkrankenhaus in der Gummiabteilung seinen Rausch ausschlafen, die Musterrolle erwies sich als vollzählig; Käptn Buddel hatte in irgendeiner Lücke hier gerufen und hieß nun ganz anders. Er hatte allerdings kein Seefahrtsbuch. Aber verlorene Seefahrtsbücher kommen immer mal vor.

Somit also war Käptn Buddel spät noch auf große Fahrt geraten. Es war weder ein Vergnügen, noch war das, was hinterm Horizont lag, so unverschämt munter, wie sich manche denken. Dennoch, es wurde Weihnachten. Er kam nicht wieder. Von Rio ging das Schiff in fremde Rechnung. Er blieb an Bord und kam nach Durban und dann nach Bombay und dann nach Sidney und dann nach Dairen und blieb hängen auf dem Australien-Asien-Tramp und brachte es zum Bootsmann, ein später Abenteurer. Und da er zufällig hörte, daß seine Frau sich getröstet und wieder verheiratet habe, und da er hin und wieder von einem höchstwahrscheinlichen Gelächter träumt, weit, weit hinterm Horizont, dort zu Hamburg, die kleinen Bars zwischen Vorsetzen und Pinnasberg auf und ab, so wird er wohl dabeibleiben, bis ihn eines Tages der Teufel holt wie seine Brüder.

Das Mädchen auf dem Teller

Damals, als seine Stimme noch dünn und hoch war, wurde er Pieps genannt. Sein Vater hatte am Hafen zu tun, wo alles laut und groß ist. Und sein Vater war es gewesen, der zuerst – und sichtlich nicht ganz zufrieden mit ihm – Pieps zu ihm gesagt. Da war nichts zu machen. Es mußte ertragen werden.

Gelegentlich, wenn der Hafenbetrieb behindert war – wegen Nebels oder wegen Streiks –, half Piepsens Vater bei der Firma Davenport. Das war eine feine Firma am Neuen Wall; sie handelte mit Porzellan, mit englischem Porzellangeschirr, und das a in ihrem Namen wurde wie e ausgesprochen, Devenport, das wußte jedes Hamburger Kind. Die Schaufenster Davenports gehörten nicht zu den geringsten in der an sich schon bevorzugten Geschäftsstraße. Hanseatische Kaufleute hielten seit je auf erstklassiges Tafelservice, und das fand man bei Davenport. Gewählt und geschmackvoll war es ausgestellt mit einem Blumenstrauß in der Ecke je nach Jahreszeit. Schlicht und solide war die Tür des Eingangs, schweres Mahagoni, die Klinke Messing mit kleiner britischer Krone. Mit einem Worte: Vornehm! Die Rückseite des Hauses jedoch war nichts als praktisch, ähnlich wie bei einer Weste. Denn hinten lag das Fleet, das trübe enge Wasser, das geradewegs zum Hafen führt. Und so scheußlich es dort manchmal von all dem Abfall roch, den unachtsame Leute hineinschütteten und der niemals restlos mit ablaufender Tide entschwand, Pieps hatte das Fleet gern. Es stellte unzweifelhaft die direkte Verbindung in die weite Welt dar. Sumatra mußte da irgendwo liegen. Eben hatte sein Vater eine Kiste für Sumatra gepackt. »Die ist für Ostern«, sagte der Hausknecht, und hievte sie in die Schute hinunter. »Zu Weihnachten können die wie bisher von Palmblättern schmausen.«

»Sumatra?« Pieps schmeckte den Klang nach. »Ist das weit?«

Bükopp, der Hausknecht, ergriff ihn mit den Schaufeln von Händen und hielt ihn aus der Luke. »Wenn ich dich jetzt loslasse und du Luft und Murr genug hast, kannst du bis Ostern hinschwimmen. Soll ich?«

Pieps hatte Angst, so gefährlich über dem schmutzigen Spalt Wasser zu schweben, der sich da zwischen der feuchten Mauer und dem Schutenrand auftat. Aber er muckste sich nicht. Und da sein Vater kam, stellte Bükopp ihn wieder auf die Beine und pfiff, als sei nichts los: »Ist denn kein Stuhl da für meine Hulda.« Der Vater ging an eine der Kisten aus frischem weißem Holz, die vordem aus der Schute nach oben gelangt waren. London cif Hamburg stand darauf. Pieps las es. »Was heißt cif?« fragte er. Bükopp unterbrach seinen Schlager und grinste: »Kuß im voraus«, aber dann entfernte er sich. Pieps Vater war nicht für solche Witze. »Es bedeutet auf englisch Kosten, Versicherung und Fracht, und das ist's, was im voraus bezahlt wurde von drüben«, sagte er und begann, die Kiste auszupacken. Und er fügte hinzu: »Es eilt mal wieder. Senator Muckedeiers wollen es schon in einer Stunde haben.«

Pieps war eigentlich nur mal so mitgegangen, nur des Fleetes wegen, weil das hier viel näher lag als etwa von der Brücke aus. Der Packraum bei Davenports lag im Keller; von der Luke war es nicht weit bis zu den Zubringerschuten, und diese holten die Fracht von den Seeschiffen oder beförderten sie dorthin. Man hörte das Wasser schmatzen, so nahebei war es, wenigstens zur Flutzeit. Darum auch wohl hatte Bükopp ihm vorhin zugeflüstert: nächstens halt ich dich aus der Dachluke raus!« Ihm war sicher darum zu tun, Angst zu machen. Aber Pieps hatte es ihm nicht gegönnt und hatte weder gezappelt noch geschrien.

»Faß mit an, wo du schon dastehst!« sagte der Vater. Und so packten sie zusammen das teure Service von der Kiste in einen großen Korb, holten Stück für Stück aus der Holzwolle hervor, Terrinen und Schüsseln für Suppe, Gemüse und Kartoffeln, und den ulkigen kahnförmigen Soßenbehälter, den man in Hamburg Schüguß nennt, dann die gewaltigen

Bratenplatten und die für Geflügel und die für Fisch und die kleinen Schüsseln für Salate, Kompott, Pudding oder Dessert, und dann die tiefen und die flachen Teller, und dann die handlicheren für die Beigaben, fürs Brötchen zur Suppe oder für ein bißchen Kresse oder Chicorée oder derlei, auch für die Ablage der Gräten von Steinbutt und Kabeljau und was von Hummern und Geflügel nicht eßbar war. Das alles erklärte der Vater, und Pieps fühlte die Genüsse mißtrauisch nach und all die Umstände mit den vielen Sachen. Zu Hause gingen die Mahlzeiten entschieden bequemer vor sich. Hier nun war vorerst alles in rosa Papier gewickelt, und das duftete besser als das schlammige Fleet. Es duftete geradezu nach den eleganten Salons, wo es so viel zu essen gab und man so mächtig etepetete – so nannte es der Vater – sich dabei benehmen mußte.

»O wie hübsch!« sagte Pieps bei jedem Stück, das da zum Vorschein kam. Denn es war alles bemalt mit den Hafenstädten der Welt. »Und alles verschieden, das ganze Dutzend!« nickte der Vater und prüfte Stück für Stück, indem er mit dem oberen Knöchel des Ringfingers leicht dagegenschlug, ob es heil und ohne geheimen Sprung sei. Man muß den Ringfinger nehmen, und oft genügt schon, eben mit dem Fingernagel daran zu klopfen. Der Zeigefinger wäre viel zu robust, um zart genug aufzutreffen, namentlich bei der harten Hafenhand von Pieps' Vater. Und es gab den matten klaren Klang, wie ihn das englische Porzellan hergibt, diese Mischung sozusagen aus Steingut und feinstem China. »Es ist Knochenasche darin«, sagte der Vater voller Kenntnis.

»Von was für Knochen?« fragte Pieps erschauernd. »Vom Kirchhof?«

»Wer will das schon wissen!« lächelte der Vater. »Jedenfalls sind es sehr zarte Knochen.«

»Vielleicht vom Ganges, wo sich die jungen Witwen mitverbrennen«, warf da Hausknecht Bükopp ins Gespräch. Er war immer zur Stelle, wenn etwas zu bemerken war, hatte auch nicht gezögert, den Ewerführern in die Schute hinab zu verpassen, daß sie elende Streikbrecher seien. Nun aber ging er nach oben, weil für ihn die Stunde schlug, die Schaufensterscheiben zu putzen.

Der Vater hielt einen Teller gegen das Licht, das von der Luke hereinströmte, und es schimmerte hindurch, und nun sah man erst richtig, was daraufgemalt war. Fremdartige Gebäude und Segelschiffe und am Kai ein kleines braunes Mädchen in weißem Gewande. Dazu auch Buchstaben am Rande der Malerei, »Sin-ga-po-re«, las Pieps. Obwohl er erst ein Jahr zur Schule ging, konnte er doch schon soviel lesen . . .

»Man sagt Singapur. Es ist Englisch«, erklärte der Vater.

»Singapur!« wiederholte Pieps und fragte dann begierig: »Ist das bei Sumatra?«

»Ungefähr bald nebenan«, nickte der Vater. »Und das da ist eine kleine Malaiin.« »Aber doch keine Witwe?« Piepsens Stimme war noch höher als sonst.

»Was für ein Unsinn!« knurrte der Vater. Und die beiden packten weiter. Da waren dann Ansichten von Neuyork und von Bombay, Yokohama und Port Said, Sidney, Lissabon und selbst von Hamburg, auch von Bremen mit dem Roland. Aber Pieps blickte kaum darauf hin, nicht einmal auf die Freiheitsstatue oder den chinesischen Kaiser. Er dachte an die kleine Malaiin. Mittendrin polterten Bükopps grobe Schuhe auf der Treppe. »Du sollst mal zum Chef!« sagte er zu Piepsens Vater. »Na und?« erwiderte der Vater und ging mit ihm hinauf. Pieps war allein. Er stand da ganz atemlos von der weiten Weltreise, die er auf dem Porzellan mitgemacht. Es lag nun schon fast alles im Korb. Pieps tastete hinein in den Duft aus Holzwolle und sanft parfümiertem Papier. Ja, das mußte er sein, der Teller. Behutsam zog er ihn hervor, wickelte ihn wieder aus, hob ihn gegen das Licht. O, welch rührendes Gesicht die kleine Malaiin hatte! Und so traurige große Augen wie die Gazelle im Zoologischen Garten hinterm Gitter.

1959

»Ksss!« zischte es von der Treppe. Pieps zuckte zusammen und – o je! – der Teller glitt ihm aus der Hand und schlug auf die Steinfliesen des Kellers. »Hähähä!« lachte der Hausknecht. So leise konnte der trotz der groben Schuhsohlen schleichen, und nun war es ihm also doch gelungen, Pieps zu erschrecken. Man sah noch eben sein breites, graues, grinsendes Gesicht weit übers Geländer herabgebeugt, ehe er sich wieder verzog. Denn gerade kam der Vater zurück. Und sah gleich die Bescherung und langte aus, besann sich jedoch, vielleicht, weil der Junge ihn so merkwürdig flehend anblickte und dann auch noch piepste: »Sie ist aber heil geblieben.«
Der Vater nahm schweigend die beiden Stücke, in die der Teller zerknallt war, paßte die Bruchflächen aneinander, wickelte sorgfältig das Papier um den Invaliden und steckte das Päckchen sachte zwischen das Übrige in den Korb. Als dann nach einer Weile alles fertig umgepackt war, sagte er finster: »Du fährst mit. Muckedeiers werden schön Krach machen.«
Mit Pferd und Wagen fuhren sie nach Pöseldorf, wo Senator Muckedeier eine Villa besaß. Autos, nein, die gab es damals erst wenige. Auch hielt die Firma Pferd und Wagen für vornehmer, schon weil es leiser war und besser roch. Hausknecht Bükopp brauchte nicht mit; der Vater verstand sich selber aufs Kutschieren, und Muckedeiers Dienstmädchen war kräftig genug, den schweren Korb in die Küche tragen zu helfen. Das war's, was der Chef dem Vater hatte vordem mitteilen wollen. Sonst wäre das mit dem Teller wohl auch kaum passiert.
Schließlich stand fast alles endgültig gelandet und ausgepackt auf dem großen Küchentisch bei Senators, tadellos und schön. Eben kam auch Frau Muckedeier, um persönlich einen Blick auf das neue Service zu werfen. »Sehr, sehr ordentlich!« sagte sie. »Und die Zahl? Stimmt ja denn wohl auch. Es muß ja noch alles aufgewaschen werden, all die vielen Dutzend.«

»Und dann wird den Abend Puter davon gespeist«, fügte Anna, das Dienstmädchen, hinzu.
Es half nichts, nun mußte auch das letzte rosa Papier abgewickelt werden. Der Vater hatte bis dahin den besagten Teller immer noch etwas beiseite geschoben. Dem armen Pieps klopfte das Herz bis unter die Haare. Gern wäre er davongerannt. Aber der Vater hatte einen Blick auf ihn, und das hält ja mehr als zehn Teertaue.
»Huch!« schrie Anna auf. »Also doch einer kaputt!«
»Welch ein Pech!« sagte der Vater und tat ungeheuer erstaunt.
»Pech? Aber nein doch!« wehrte Frau Muckedeier ab: »Scherben bringen Glück. Wir haben außerdem sowieso niemals Gäste über die Zahl der Musen hinaus, haben wir wohl nicht.« Sie blickte auf den kleinen Jungen, der so betreten dastand. »Und das sind?« fragte sie lächelnd.
Der Vater drückte ein bißchen nach: »Ist doch ganz einfach, wie beim Kegeln. Na?«
»Alle neune!« stotterte Pieps. Beim Kegeln hatte er schon mal zusehen dürfen. Was Musen sind allerdings, das lernt sich in Hamburg nicht so leicht. Aber von da an liebte Pieps die Musen fast so sehr wie das kleine Malaienfräulein auf dem zerbrochenen Teller. Der Riß war durch die Paläste und Segel gegangen, aber das braune Mädchen war verschont geblieben. Und Pieps auch. Er durfte sogar die Scherben mitnehmen. Anna riet ihm, Kökschenkitt sei das beste zum Kleben. Und wirklich, das hielt.
So fein klingen jedoch, wie es sich eigentlich gehört, das konnte der gekittete Teller natürlich nicht, und wenn man noch so zart mit dem Nagel des Ringfingers daran klopfte. Es klang dann mehr wie ein verhaltener, von ganz weit hergewehter Seufzer. Und das paßte gut zu allem, was an der nördlichen Küste bedrängend ist, paßte zu der insgeheimen Sehnsucht in die Ferne, nach Übersee, nach tropischen Paradiesen, zumal, wenn sich das Wetter neblig und schudde-

rig anläßt. Selbst als Pieps schon größer war und niemand mehr daran dachte, ihn Pieps zu nennen, er auch längst in manchem fremden Hafen weitherum in der Welt gewesen, schien ihm dieser hilflos halbverschluckte Porzellanseufzer und Fernwehklang genau das Richtige zu sein für diesen Teller. Überdies ist zu erwähnen, daß in den Bombennächten, als zum Beispiel von Muckedeiers Hausrat und Geschirr nicht ein Stück gerettet wurde, sich im Schutt dort, wo Pieps gewohnt, der Teller mit dem Malaienmädchen, geflickt wie je, doch sonst unversehrt, anfand.

Nicht immer ist's der volle Klang,
worauf das Glück beruht;
oft hält, was ungewollt zersprang,
geheilt noch mal so gut.

Aller Anfang ist Wagnis

Mehr neugierig als aufgerührt von dem Liebchenbetrieb des Hafenviertels, wollte ich nicht länger hinter den angeblichen Erfahrungen einiger Schulkameraden zurückstehen. Begab mich also eines dürren Nachmittags über die Hamburger Grenze. Gleich dahinter ohne Übergang begann Altona. Und dort nicht weit war es, was gemeint war. Die Straße, in die man einbiegt, heißt Große Freiheit, rechter Hand, und die Kleine Freiheit schließt sich an. Die Namen erinnern daran, daß hier Handwerk und Gewerbe vormals sich ohne hanseatischen Zunftzwang betätigen durften. Es war hier nach dem ersten europäischen Selbstmordversuch, dem Dreißigjährigen Kriege, auch die geistige Freiheit gemeint gewesen. Eine Barockkirche indes, üppig wirkend in der armseligen Gegend und selbst dem strahlenden Effekt der Tingeltangelnächte standhaltend, unterließ nicht, die Verbindung zum Himmel als am sichersten über Rom zu empfehlen. Die abzweigenden Gassen waren überdies auf die göttliche Jungfrau und deren Schlüsselhalter getauft. Das war so geblieben, obschon niemand mehr wußte, warum. Der Begriff Freiheit hatte sich einzig dem irdischen Vergnügen zugewandt.
Es waren düstere, lauernde, niedrige Schlüfte, diese beiden berüchtigten Gassen. Ihre Ereignisse waren nach innen verwiesen. Eine Außenreklame war hier nicht gestattet. Man gelangte aus den Fluten von Neonlicht, das die Eingänge der beiden »Freiheiten« umbrandete – und das schon nachmittags – und aus dem Gedränge der Seeleute mancher Nationen und schaugieriger Binnenländer in eine geradezu trübe Unheimlichkeit. Ich zögerte an der Ecke wie als Kind vor der Dachbodentür, hinter der Gespenster warteten, und man war allein. Ich vertiefte mich in die ausgehängten Vorlagen des Tätowierers Fincke. Hinter halb erblindeten Fensterscheiben gab es da mancherlei durchstochene oder umkränzte Herzen, gab Drachen und Schlangen, Segelschiffe, Glaube, Liebe,

Hoffnung und Das Seemannsgrab, dazu allerlei Damen in vielen Zuständen der Bekleidung. Schön war keine. Wie würde es in natura sein? Schon gedachte ich, umzukehren und gewaltige Lügen aufzutischen. Da sah ich ein mageres Ladenschild an der anderen Ecke und las eifrig die verwaschenen Buchstaben: »Des Australischen Professor Woinke sein Museum«. Aha, ich hatte munkeln hören, dort gäbe es ein Geheimkabinett gegen Sondereintritt, die sogenannten »Katakomben«. Mir war, als sollte ich mir dort ein bißchen Aufklärung und Anregung holen. Jedenfalls war es dienlich, ein Aufschub vielleicht nur wie vor der Guillotine.

Es stand da auch etwas von »Ausschank nur gegen bar«, und so beschloß ich, mir zugleich etwas Mut anzuduseln.

Es war im Keller, muffig, ungastlich, richtig katakombisch. Die Beleuchtung sparsam, die Schatten gruselig, die Wirtin abschreckend verhutzelt, zahnlos, bucklig, hinkend. Ich hätte die Hexe Hänsels und Gretels nicht trefflicher zeichnen können. Auch war sie so freundlich wie im Märchen. Der durchaus ungewohnte Schnaps brannte mir gräßlich im Schlunde. Aber ich nahm mir nun vor, ein Mann zu sein und durchzustehen, was da kommen mochte. Erst also mal das Geheimkabinett. »Sachte, sachte, mein Jung!« kicherte die Alte und zeigte mir das Museum. Da denn erblickte ich schaudernd die zahlreichen ausgestopften oder in Sprit eingelegten zoologischen Abnormitäten, Hunde mit Doppelkopf, Kälber mit fünf Beinen, einen mühlsteingroßen Rattenkönig, alkoholisch erblichen, wert, die Träume eines verfolgten Mörders zu würzen. Dann war da auch ein meterhoher Eiffelturm. Meine Ciceronin schlug die rotgeränderten grünen Augen zum feuchten niedrigen Kellerhimmel empor und sprach bebend vor Mitempfinden: »Hergestellt in jahrzehntelangem Fleiße aus den Brotüberresten eines begnadeten Insassen der Irrenanstalt Friedrichsberg! Seien wir bedankt, gestattet zu sein, uns normal des Lebens durchzubringen!« Endlich gelangten wir an eine Tür, darauf zu lesen stand

»Extra-Entree«. Ich entrichtete dieses. Die Tür wurde feierlich geöffnet. Ein Schalter geknipst. Von nackter Glühbirne bestrahlt, erhob sich ein Altar mit stuhlhohem Kreuz und papierenem Blumenschmuck. Davor standen sieben Kindersärge aus grauer Pappe. Die Führerin klappte nacheinander alle Deckel auf und leierte die Geschichte jeder der darunterliegenden »Totgeburten« her. In einem der Behältnisse lagen auf modriger Holzwolle sogar drei der gekrümmten winzigen, bräunlich verschrumpften Leichname. Ich stand wie gelähmt und war verurteilt, die heisere Moritatenstimme bis zu Ende anzuhören. Hilf Samiel! Ich hatte mir die Anregung anders gedacht.

Nun erst recht! knirschte ich mir zu. Benommen schwenkte ich in die Marienstraße ein. Alte Kupfer bekunden, daß sie vormals mit Fachwerk und Baumbestand recht malerisch gewesen sein muß. Nunmehr war nichts als öder dreistöckiger Zement, lieblos, lückenlos, skrupellos als Mietequelle hingeklotzt und zum behördlich genehmigten Bordell Haus um Haus abgesunken. Die graue Gegend stand wie zwei geballte Fäuste gegen mich, links und rechts der graue Mauerblock. Ich war keine siebzehn. Mein Vorhaben mir unklar. Aber ein Zurück kam nicht mehr in Frage. Der Schnaps tat seine ermutigende Schuldigkeit. Halte dich in der Mitte der Straße! hatte mir der dicke Uli geraten: damit die Nutten dir den Hut nicht klauen und du alsdann nicht mehr aussuchen kannst! – Er hatte selbst unserm prüden Klassenlehrer nicht verschwiegen, daß er die Gefilde und ihr Undsoweiter genau kenne. Und ihm schütte keine dort den Nachttopf übern Schädel. – Das will ich nicht gehört haben! war alles, was unser schwäbischer Professor darauf mit entgeistert überschlagender Stimme hervorgebracht. Ich aber hatte mir's gemerkt. Hielt mich also gut ab von den Fassaden, beiderseits indes sowieso abgestoßen von den mehlig bepuderten weiblichen Körperzierden, die sich über die Halbtüren reckten, legten, hängten. O je, waren das die ungebackenen Brote des

Lebens? Ich spürte das Kopfsteinpflaster unter meinen Sohlen, als ginge ich über lauter dergleichen Unziemlichkeiten. Und hatte ich mich in den lauten Straßen nebenan vor den athletischen goldlitzenstrotzenden Portiers gefürchtet, hier schienen mir fürchterlicher die geschminkten Gesichter und die getürmten Frisuren, die nackten Schultern, die schwarzen Florhemden, aus denen die Brüste quollen. Ich wollte nichts sehen und sah alles, die formlosen Arme, die ordinären Gesichter, das Glitzern von Talmischmuck. Und ich hörte die Anerbietungen, die zu begreifen ich mich wehrte und dennoch mich krampfhaft lächelnd bemüht fand, ihre Saftigkeit zu genießen, so sterbensübel mir war.
Die Gasse war ohne Passanten. Außer mir. Ich fand mich einer allgemeinen spöttisch gierigen Aufmerksamkeit ausgeliefert. Aber ich tat, als sei dieser fleischerne Markt, dieser zweiseitige Bilderbogen rüde besetzter Fenster- und Türöffnungen ein armer Hühnerstall gegen großartigere Gelände zu Bombay, Rio oder Funchal und als wisse ich solches nicht nur aus Matrosenberichten. Der schreckliche Bazar begann sich mir zum Karussell zu wandeln. Halt suchend starrte ich geradeaus, als habe ein Fenster da hinten meine Sonderneigung und sei mein Ziel. (Die Gasse krümmt sich dort gen Nord.) Eine – wie ich später erfuhr, behördlich vorgeschriebene – Jalousie war heruntergelassen, die Trallen waren ein wenig aufgestellt, die rote Beleuchtung dahinter und die dürftig mit netzartigem Tüll bedeckten Bewohnerinnen waren wie in blutige Streifen geschnitten. War dies das Leuchtturmlicht ungegorener Sehnsüchte? Die Farbe zeigte drohende Untiefen an. Ich zwang meinen Schritt ins Seebefahrene. Ich schwalkte männlich näher, die Biegung zu gewinnen. Da drinnen entstand Bewegung, sichtlich bestrebt, den Gast zu bewillkommnen. Mein Mut verpuffte wie der letzte Knallfrosch am Sedanstag. Wir hatten ihn als Kinder der Freien und Hansestadt immer hochpreußisch gefeiert. Scharf steuerbord! dachte ich nun: Um die Ecke und weg!

In diesen braven Entschluß erklinkte eine Haustür. Sozusagen in meinem Nacken. Das Geräusch gemahnte mich an etwas Freundliches, an eine Gartenpforte. Sie hatte sich zur Kinderzeit bei Bekannten meiner großen Schwester zu paradiesischen Nachmittagen geöffnet. Nun erblickte ich ein Mädchen in Bluse und Rock und schlichtem Haar. Darüber am Gesims der Tür, die es aufgesperrt, schwebte eine große, grellgelbe Hausnummer. Mir erschien sie in diesem Augenblick wie eine Krone. Betroffen wollte ich dennoch vorbei. Da hörte ich sanft zu mir sprechen – ich wollte es nicht hören und hörte es doch –: »Komm herein, Hans!«
Man wird verzeihlich finden, daß ich annahm, das Schicksal selber habe mich gerufen. Ich zähle nicht zur Phalanx der Hartgesottenen. Ich tat einen verlorenen Schritt. Ein einfaches bäuerliches Gesicht lächelte mich an, nicht gerade jung und nicht schöner als an der Küste üblich, blaßblond, blaßäugig, die Nase stupsig, der Mund nicht klein, doch nur wenig betüncht.
Das alles sah ich, als müsse ich's abschätzen. Hier war nichts Aufdringliches, nichts Erregendes und nichts, was abstieß, es war wie eine Zuflucht in der offenen Darbietung, mit der die übrige Straße sich herumbog; es war womöglich der einzige Weg, glimpflich davonzugelangen.
Sie stieg vor mir eine Treppe hinauf. Ihr kurzer Rock aus rosa Seide pendelte über bloßen strammen Beinen. Ihre Schuhe, brüchiger Lack, hatten schiefe Absätze. Ach, ich hatte vernommen, daß der Ertrag der Liebe den Wirten und Wirtinnen der Freudenhäuser fast restlos zufließt. »Irma«, sagte sie, als hätte ich trotz meiner verschnürten Kehle gefragt. Wir betraten ein kleines Zimmer. Sie zog einen Vorhang zu, er war nur dünn, das graue Tageslicht filterte sich nebelnd herein. Was war draußen? Die weite Welt? Bombay, Rio, Rotterdam, die See und kleine Kindheitsgärten? Das Mädchen beobachtete mich aus den Augenwinkeln. »Nun?«, sagte es leise. Ich fühlte mich hilflos, tat aber gelassen, so, als

sei es meinerseits ratsam, erstmal die Umgebung zu prüfen, und betrachtete das ungemachte Bett und darüber die Wand, wo auf handtuchgroßem Stück Stramin ein mit himbeerfarbenem Garn gestickter Spruch zu lesen war: Gute Nacht, Gott wacht.

Die barocke Schnörkelung der beiden G war von nelkenartigen Rosen durchflochten. Gebannt hing mein Blick daran; es mochten auch rosenartige Nelken sein, ein rührendes Unterfangen, sich auf gitterigem Kanevas schöpferisch zu betätigen. Unterdes begann, nach einer aufmunternden Bemerkung, die Gefällige an mir herumzuknöpfen, äußerte auch mild eine leichte Enttäuschung über meine Unbereitschaft. Sicher, das fühlte ich, durfte von mir nun erwartet werden, etwas zur Förderung der Sachlage beizutragen. Somit brachte ich, als sei es eine Erklärung für mein Zögern, stotternd den Wunsch vor, die Gute möge sich entkleiden.

Da denn also gewahrte ich zum ersten Male die lebendige, völlige Nacktheit des anderen Geschlechts; es bestürzte mich mehr, als daß es mich erbaute oder gar überwältigte, zumal die Willfährige kaum der Vorstellung entsprach, die sich mir aus älteren und neueren Kunstwerken gebildet hatte. Damals besaßen noch keine Gemälde, keine Plastiken kraft expressiver Maßnahmen die Fähigkeit, neben sich alles Lebendige als angenehm erscheinen zu lassen, selbst wenn es nur mangelhaft ausgestattet ist. Überdies war ich noch zu unreif, um die sonderlich sich mengenden Tinten aus Grau und Rot in dieser Kammer zu erfassen. Die Vorahnung unsäglicher Seligkeiten, der ich mich noch auf der Treppe zu befleißigen versucht, zerging in dem faden Geruch des erkalteten Bettes, den ein billiges Parfüm so geringfügig wie den der Entblößung zu überdecken vermochte. Soeben wehten die Stimmen des Hafens gegen die Fensterscheiben, grollend, lockend, höhnisch blökend; dann gnickerte eine Grammophonpolka unterm Fußboden, brach schrill ab, als sei die Platte geborsten. Keifen, Gelächter, Gerede, nahebei oder meilenfern, alles

schien greifbarer als das, wo ich mich befand. Ich hatte mich auf den Rand des Lagers gesetzt, die Knie waren mir matt, ich zuckte die Schultern wie einer, der alles einkalkuliert hat. Meine Gastgeberin nahm schweigend einige ordentlich gelegte Wäschestücke aus einer Kommode und kleidete sich wieder an. Vielleicht war sie dem Empfinden des Peinlichen noch zugänglich, aber sie war geschickt genug, die ausgebliebene Wirkung ihres Entgegenkommens mit dem Hinweis zu bemänteln, sie habe sich ohnehin umziehen wollen. Indes mußte ich an den Altar und die Kindersärge denken.
Auf der Kommode stak in einer fischgrünen, wellig geriffelten Kelchvase eine Hutfeder, deren Linie und Tönung an die Bäuche dockender Schiffe erinnerte. Daneben stand schräg ein silbrig bronzierter Jugendstil-Rahmen mit dem Foto eines Vollbärtigen. Er trug die Uniform der Eisenbahner. Und mochte der Vater sein. Doch fragte ich nicht danach. Es war nun überall still. Ich hörte meine Konfirmationsuhr aus der Weste ticken, so lautlos legten sich die dürftigen Hüllen zurück um das vergeblich gelüftete Geheimnis. Und das alles ging vor sich in Anwesenheit des Mannes auf der Kommode. Zwar ließ sein Ausdruck auf Behäbigkeit schließen, jedoch die Strenge, die den Uniformen anhaftet und Haltung verleiht, selbst wenn sie unkriegerisch sind, war zu bedenken, und nicht minder die weiträumig technische Verkehrseinrichtung, die zu Lande so verbindend und so pünktlich ist und doch mit eigenen Gefahrenmomenten, darin sich dieser scharfrandig Bemützte sicher bewährt hatte oder noch bewährte. Zwei der Totgeburten waren übrigens durch ein Zugunglück . . .
»Nun?«, sagte das Mädchen zum zweitenmal und strich glättend über den seidenen Rock. Damals wußte ich noch nicht, wie wundersam Frauen sich jeden Zweifels an der Richtigkeit jeweiliger Daseinszustände entheben können. Bestimmt auch muß man mehr unverdorben als abgebrüht sein, um zwischen einem frommen Spruch und dem Bildnis

eines Nahestehenden einem Gewerbe obzuliegen, welches, allgemeiner Ansicht nach, das Wohlwollen himmlischer wie irdischer Väter schwerlich voraussetzen darf.
Irma, die Unaufdringliche, wandte sich halb listig, halb verschämt wieder zu mir. Sie wippte leicht mit der Zungenspitze an ihrer Oberlippe entlang. Und flüsterte dann etwas, was ich damals nicht erfaßte. Mir stieg eine gänzlich abwegige Beziehung zur pfingstlichen Apostelgeschichte auf. In dieser bescheidenen Stube der Lust war mir, als sei jäh ein Auftrag angedeutet, der mit körperlichen Vorgängen nichts gemein habe. Als sei an meine heimliche Neigung zum Schreiben gerührt. Ja, als stehe das öffentliche Mädchen als Abgesandter der Öffentlichkeit vor mir, mir das Zutrauen auszusprechen. Kein Engel der Verkündung hätte bestürzender und erhebender wirken können. Es war vertrauensvoll wie der Spruch an der Wand und zugleich voll unbequemer Verpflichtung. Derweil mich niederdrückte, daß ich noch nicht befugt sei, den Tempel der Erotik zu betreten, schien mir ein anderer aufgetan, darin ich mit feuriger Zunge würde Zeugnis abzulegen haben. Zeugnis abzulegen. Pathetischer und genauer läßt sich nicht ausdrücken, wie mir zumute war. Es war eine merkwürdige, flüchtig aufschießende Verzückung inmitten eines Versagens. Nüchterner gesehen, war es eine vernünftige Notwehr. Eine ärgerliche Zerknirschung lief nebenbei. Sie wollte sogar wieder Oberhand gewinnen. Und während die Zimmerdecke drohte, sich zermalmend über mich zu senken, entdeckte ich erst jetzt den Seestern. Er baumelte an der gußeisernen Hängelampe, das Andenken wohl eines befahrenen Besuchers, vertrocknet, verstaubt, ein tropisches, schön regelmäßiges Exemplar. Obgleich dieses harmlos aussehende Meerestier zu Lebzeiten keineswegs friedlich ist, war mir der Anblick doch tröstlich und schien dem frommen Namen der »Come and kiss me«-Straße gemäß begütigend und entsühnend, so wenig er für den Protestanten zuständig sein mochte.

Es ist aber einzufügen, daß ich als Kind die Sonntagsschule einer Kapellengemeinde eifrig genossen, allwo konfessionelle Abweichungen weitherzig ineinanderschwankten.
Hierorts aber war kein Verweilen mehr. Ich legte ein Zweimarkstück neben die Vase. Es war der Preis, den Kundige mir verraten. Und sagte höflich »Adjö«! und ging von dannen. Ging die Gasse der Spießrutenblicke und unflätigen Mäuler entlang und aus dem Bumms und Rummel der »Freiheiten« St. Paulis zurück ins Bürgerliche, vorerst ungeletzt, aber innerst beschämt und gewappnet von anmaßender, kaum faßbarer Verheißung.

Das kleine Bonnet

Wir saßen bei von Appen in Blankenese, hinten in der gemütlichen Ecke, ähnlich wie hier im Fröhlichen Haifisch, nur, daß es an der Elbe war. Da fragte einer, ob jemand ein Schifferklavier zu bändigen verstehe? – »Julus von Dalben!« – »Der? Seit wann?« – »Ich hab es selber gehört«, sagte ich. Julus stand auf, weiß im Gesicht. Er war aus Blankenese, begütert und nicht alt. »Schweig von dem kleinen Bonnet, verflucht, du und sie!« lachte er unsicher und ging davon. Also gut. Ich erzählte nichts, und wir tanzten nach den unpersönlichen Platten. Aber nun, da er sich anderweitig verheiratet hat, ist es besser, alles klarzustellen.

Julus hatte sich nämlich damals verknallt in eine der Gondefros. Die Gondefroschen Töchter sind, nehmen wir an, alle blond wie Manilahanf und schlank wie Schilf. Und wie Schilf ist auch, daß man sich manchmal fürchterlich dabei schneidet. Sie sind große Familie, uralte Segelreederei, Salpeter, Zement, vormals Tee- und Sklavenhandel, die Gondefros. Julus war nur Mitbesitzer einer netten Fischräucherei. Aber er pochte auf sein »von«. Alle Blankeneser heißen mehr oder weniger »von«. Es ist ein gewöhnliches Bauern- und Fischer-Von. Doch Herr von Dalben hielt seines für ungewöhnlicher. Er ließ ein Wappen in seine Briefbogen pressen (nicht auf die Umschläge, um sich nicht bei der Post zu blamieren). Und danach lud er »sie« schriftlich zum Segeln ein.

Man muß es ihm lassen, er ist ein ausgeluvter Segler, der gute Julus, und seine Sloop ist eine der gelecktesten zwischen Hamburg und Helgoland. Aber eines hätte er wissen müssen, man tauft sein Boot nicht von einem Tag zum andern um; es bringt kein Glück. »Nasser Kater« ist ein annehmbarer Name für ein Boot. Aber als die schneeigen Schuhe der Gondefro übers Schanddeck ins Cockpit schritten, da stand am Spiegel mit frischer Farbe »Agnes«. Und so hieß sie. Sie haben sonderbare Namen, die Gondefros. Ihr Bruder beispielswei-

se hieß Dimi. Sie hatte ihn kurzerhand mitgebracht. Er war zwölf Jahre. Mir war er gleich.
Was ich dabei sollte? Ich sollte die Fock bedienen und so, damit er sich ausgiebiger ihrem Anblick widmen könne; denn von Unterhaltung kann bei Julus nicht viel die Rede sein, was er wohl wußte; darum gedachte er, mich als Spaßmacher zu verbrauchen. Auch sollte ich, er sagte es mir hinter der Hand, und hinter der Hand sag ich es wieder, ich sollte bei Gelegenheit eine kleine Empfehlung seiner Person mit einfließen lassen.
Es war ein hübscher, heißer Tag, es briste sanft achterlich, und wir rutschten mit der letzten Ebbe elbabwärts und kamen nach Glückstadt, als der Wind schralte und von Nord uns anhustete. Da zeigten wir, was wir konnten, hüpften über den Schwell und kratzten mit drei Schlägen in den Hafen. Aber als Julus auf den Streckbug über Stag ging, da klang mir sein »Ree!« weiß der Teufel zu schnauzig, und ich sah, wie sich Fräulein Agnes' angenehmer Mund leicht spöttisch gegen mich hob. Somit fierte ich die Fockschot ein wenig spät, und wir schrapten um Fingerbreite an der Mole längs und nahmen ein dickes Stück Wasser über. Nun, an Julus schwappte es leider vorbei, der Knabe Dimi hatte sowieso nichts an, da er für ein zu erwartendes Indianerfest »röten« wollte, aber Agnes Gondefros herrliche Beine, die traf es.
Julus war sehr in Kragen, Schlips und Jacke. Sie zog die Schuhe über die bloßen Beine. Auf halbem Wege zum Essen meinte er, ob ich nicht lieber den ganzen Lunch ins Boot besorgen könne. Und man sah ihm an, daß er aus seiner puren Auffassung von Vornehmheit ihre mangelnden Strümpfe bedachte. Ich sagte ruhig und plump genug, wir sollten uns freuen, daß alle Leute uns mit einer Gondefro in bloßen Beinen zu sehen kriegten, die hübscher seien als der teuerste Strumpf.
Er wollte mich übertrumpfen und verglich sie mit der Fortuna, die oben auf der goldenen Kirchtumskugel statt des

Gockels steht, und ich beneidete ihn schon, da aber entgegnete sie kühl, er verwechsele es hoffentlich nicht mit seinem Wappen. (Auf demselben war nämlich eine Duckdalbe, ein Anlegepfahl, und eine Möwe darauf sitzend.) Und die Dame dort oben habe eine zu unmoderne Figur, obwohl sie gerade Tennis mit dem Morgenstern zu spielen scheine, und überdies hießen nach Morgenstern alle Möwen höchstens Emma.
Nach soviel Geist und Schnippigkeit verstummten wir ein bißchen. Und nur der gute Junge Dimi half uns beim Essen darüber hinweg, indem wir uns in ein nachhaltiges Gespräch verwickelten über die in Indianerreservaten bevorzugten Automobilmarken.
Julus war in sich gekehrt. Ich sagte, um Luft zu schaffen, wir würden, wenngleich schmerzlich, so doch es begreifen, wenn Fräulein Gondefro mit der Bahn anstatt mit unserer schmutzigen Kuff nach Hause fahren werde.
Julus sprang wie ein harpunierter Schweinsfisch in die Höhe. Aber die unendlich kühle und schöne Agnes winkte lässig ab. Sie denke gar nicht daran, wir und das süße Boot, das mache ihr wirklich Spaß.
Somit eilten wir elbauf zurück, und Julus überließ mir gnädig die Pinne, um dem ungerührten Segelweiß der Angebeteten die Grundlagen seiner Existenz zu unterbreiten. Ihre Hautschatten waren bronzen wie die Tönung kantonesischer Glocken, ihre Augen weit und silbergrau wie die Nordseekimm bei Westenwind. Die Sonne durchleuchtete ihre Gobbymütze und ihre dicken Schläfenhaare. Es war ein milder Tag voll Ausflugdampfermusik und voll der großmächtigen Bässe abgesalzener Überseer aus aller Welt.
Aber unser Wind wurde flauer, und knups, schlief er ein. Dimi, der unverblümte Knabe, ritt auf der Großbaumnock seiner Vollendung als Rothaut entgegen, klimperte an der Dirk und flötete nach Taifun und Hurrikan.
Noch schob uns die Flut. Ich sah abwechselnd auf das verschämt killende Achterliek und auf Agnes, die verträumt

dasaß, während Julus still und vergeblich nach Worten rang. Auf einmal schrie er: »Wir wollen Wein trinken, Wein, ich weiß ein molliges Lokal. Höher an den Wind, mein Gott, wir kriechen ja wie im Sirup!« Damit war sein erkünstelter Überschwang auch schon verpufft, und er kratzte belämmert am Mast, mein Segeltalent in Zweifel ziehend.
»Hissen Sie ein kleines Bonnet!« lächelte Agnes. »Die Gondefroschen Kapitäne auf den Teeklippern Anno dazumal haben gute Erfahrungen mit kleinen Bonnets gemacht.«
»Hiß ein kleines Bonnet!« grunzte Julus mich an, seine Verständnislosigkeit mit dem Brustton eines Hapagkommodores verdeckend.
»Ay, ay!« erwiderte ich, ergriff, um etwas zu ergreifen – denn ich hatte auch keine Ahnung –, die seidenen Strümpfe, die noch immer auf dem Kajütsdach lagen, obwohl längst trokken, und schor sie an die Flaggleine.
Die Wirkung war, daß wir uns allesamt mit Julus verkrachten; denn er versteht betreffs korrekter Haltung keinen Scherz. Indessen machten wir wieder Fahrt, obgleich achteraus, da der Strom gekentert hatte. Und im Nu saßen wir fest auf Meiers Sand, das nette Hochgebirge Blankeneses vor der Nase.
Wir hatten rund zehn Stunden Zeit. Es wurde Nacht. Agnes Gondefro wollte nicht im Boot bleiben. Sie ruderte mit ihrem Bruder auf die grasbüschlige Sandhöhe. (Nein, nach Hause fuhr sie nicht.) Sie nahm alle unsere Decken und Kissen mit und wollte baden.
»Fahr' hinüber und sprich mit ihr!« sagte Julus endlich.
»Dir ist wohl flau!« entgegnete ich. »Und du willst mich wohl als ein kleines Bonnet für dein Lebensschiff mißbrauchen!« Aber dann pfiff ich Dimi, und das Beiboot blieb danach drüben.
Wir lagen still auf dem Rücken, nicht weit voneinander, sie und ich, und blickten in die Sterne und die Stromlichter. Dimi schlief. Aber Julus schlief nicht. Was er nie im Beisein anderer

fertiggebracht hätte, er hatte eine Ziehharmonika hervorgezogen und spielte herzzerreißend die ganze Nacht. Daher weiß ich es.

Eine Handharmonika in einer lauen Nacht überm Wasser bei Schiffslichtern, die vorüber in die unbekannte Ferne gleiten, das ist nicht ungefährlich für ein junges Mädchen. Ich hörte es wohl, wie Agnes schwerer zu atmen begann. Oho, Julus war doch ein raffinierter Hund.

Ob ich sie fragte? Natürlich! Jedoch der Mensch ist ein böses Tier von Jugend auf. Ich fragte sie, wie es sei mit ihr und – mir. Und daß ich, an der Flaggleine meines Daseins ihre kleinen seidenen Sachen in Ewigkeit als Nationale zu führen, als mein Ziel ansehe und verrückt sei wie ein entseelter Hering . . .

Sie weinte ein wenig an meinem Halse, das schöne Kind. Es sei dies der Abschied von uns allen, sagte sie. Denn die andere Woche, da fahre sie nach Makassar. Und ich solle es auch Herrn von Dalben mitteilen, daß nämlich die Gondefros nicht gern in Hamburg-Altona und Blankenese heiraten, sondern lieber in der weiten Welt.

Die Bergung

I

Die Leistung

Eine Frau sollte die Liebe eines Mannes nicht dahin ausnutzen, ihn von seinem innersten Berufe abzubringen. Je schwerer der Beruf ist und je wichtiger für die Allgemeinheit, desto tapferer muß sie es ertragen.
Es gibt eine Menge solcher Berufe, die der Liebe feindlich sind. Und leicht ist ein Satz von so himmlischer Pflicht hingeschrieben, von so unirdisch schwerer Aufgabe. Es wäre womöglich besser, nicht davon zu reden, sondern glatt zu raten: Laßt solche Männer allein! Das aber wäre noch aussichtsloser, denn das Herz ist geneigt, sich den Dingen zuzuwenden, die es bewundert, und es bedenkt nicht den Kummer, der daraus entstehen kann. Es glaubt bei jedem Anbeginn, der es beglückt, daß es stärker sei als alle Engel und Teufel, die hinter den Wundern lauern, und es ist auch stärker, solange es nicht mürbe wird.
Ich höre einen der Weisen aus langem Barte murmeln: Liebe, verliert euch nicht zu sehr an solche Männer, die auf den Außenposten des Lebens stehen, an die lauten oder stillen Helden des Körpers, der Technik oder des Geistes. Sie, die sicher wenig Lust haben, falls sie darüber nachdenken, zur Einsamkeit verurteilt zu sein, bedürfen einer anderen Liebe als der der guten Hausfrauen und Ehegesponse, sie müssen mitsamt ihrem Beruf geliebt werden, der sie dem Hause, der Liebe und der Sicherheit sooft entführt...
Leicht gesagt!
Liebe und Sicherheit, das ist nebenbei – würde Herr Bottwender einwenden – auch zweierlei.
Jawohl, leicht gesagt!
Rings um die Sonne lauert die Finsternis überall und reicht an uns heran bis in den hellsten Tag. Wir wollen die arme

Laterne der Pflicht in uns anzünden, daß sie uns unser Stück des Wegs geleite, der von Dunkelheit her zu Dunkelheit geht.

Alvel Hörn, ein junges Mädchen in Södehaven, liebte den Kapitän eines Bergungsdampfers. Dieser Kapitän hieß Kai Tralssen und war sehr erfolgreich in seinem Beruf.
Wo die Schiffahrtswege der Welt sich den Küsten zufädeln und Barren, Riffe und Sände das schmaler werdende Fahrwasser gefährlich machen, vor den großen Strommündungen, an den seichten oder harten Ecken der nassen Handelsstraßen, da lauern die Bergungsdampfer. Sie sind Privatunternehmungen und machen ihr Geschäft, wenn es andern schlecht geht. Aber zugleich könnte man sie als rettende eiserne Engel bezeichnen. Gerät ein Schiff in Seenot und ist es noch nicht reif für die Rettungsboote, besteht noch Aussicht, Schiff und Ladung dem Verderben zu entreißen, dann jagen die Bergungsdampfer herbei. Sie sind klein, aber wendig und stark und sind bemannt mit Leuten, die den Teufel nicht fürchten. Denn wenn die Bergungsdampfer ausfahren, dann ist auf See meistens die Hölle los. Wenn andere sich in die Häfen flüchten, dann ist ihre Zeit gekommen. Sie suchen, koste es, was es wolle, das hilfsbedürftige Schiff zu erreichen, um es in Schlepp zu nehmen und in Sicherheit zu bringen.
Der Bergungsdampfer »Tiger«, den Kapitän Tralssen fuhr, lag am Seebollwerk zu Södehaven auf Station. Tralssen kannte Fräulein Hörn vom Büro der Reederei her, für das sie größere schriftliche Arbeiten, zumindest die Bergungsberichte, mit einigen Durchschlägen in die Maschine schrieb. Er hatte auch einmal auf dem letzten Seefahrtsball mit ihr getanzt. Es war, eben bevor er wieder an Bord ging, um seinen ersten Steuermann abzulösen. Und sein erster Steuermann, der allgemein als schneidig und forsch bekannte, sportliche Anzüge und einen hellen Hut bevorzugende Herr Bottwender, hatte danach auch mit Fräulein Hörn getanzt.
Alvel Hörn war um die Zeit nahe an sechsundzwanzig. Sie

betreute den kleinen Haushalt ihres Großvaters, ja, sie war die Enkelin des alten Knurrbarts Fischer Hörn. Ihre Eltern waren tot, und sie besorgte sich ihr Taschengeld selber. Der alte Hörn hatte ihr eine Schreibmaschine geschenkt. Er nahm oft Gelegenheit, dies Symbol des Kaufmannsstandes mit der Hoffnung zu verknüpfen, daß seine Enkelin eines Tages keinen Seemann heiraten möge. Ihr Vater war auf See geblieben, es war eine trübe Geschichte. Ihre Mutter hatte es schlecht verwinden können und war widerstandslos, ohne eigentlich krank zu sein, nach wenigen Monaten dem Toten nachgefolgt.
Hafen ist Hafen und Küste Küste. Was Alvel auch zum Abschreiben oder im Diktat übernahm, es stand in Beziehung zur Seefahrt. Von der knarrend hadernden Stimme des Alten beschworen, wuchs anfangs aus jedem eingespannten Bogen das ertrunken bleiche Antlitz ihres Vaters, und hinter jedem Zeilenende, wenn sie den Wagen zurückschob, seufzte der Kummer ihrer Mutter. Nach jenem Seefahrtsball aber wurde es anders. Alvel hatte nicht viel erlebt, und es war die erste Tanzmusik nach der langen Zeit der Trauer. Die gespenstische Anwesenheit ihrer Eltern verdämmerte, zog sich zurück, lauernd anfangs, späterhin zustimmend, so war es ihr, oder sie wollte, daß es ihr so sei. Nach diesem Ball war ein harter, lebendiger, heißer Glanz überall versammelt, auf Tasten und Bögen und Hebeln, auf Geschirr, Fenster und Laken, auf ihren Händen selber, doch war kein Gesicht dabei und im Geräusch der Maschine keine unmittelbare, derb gutmütige tiefe Stimme, es hatte vielmehr alles seine gewöhnliche Ordnung. Geräusch war Geräusch, Papier Papier, ungespenstisch, ohne verwandelnde beschlagnehmende, nach Trauer lüsterne Schatten. Der Glanz war schattenlos, war im Ganzen eine durchsichtige pulsende Kapsel, darunter alles taktvoll und ohne Forderung in sich selber beruhte. Sie begriff mit Gedanken schlecht, wie solche Strahlung sich in ihrer Stube versammeln konnte und auszugehen vermochte

von dem derben Stück Mensch, von dem ungeschlacht gutmütigen Aufbau, der Kai Tralssen hieß, von der starken, knochigen Nase mit den unbewegten Flügeln, von dem breiten Munde, der sich beim Sprechen nur ungern zu öffnen schien und die Zähne als mißtrauisches Gatter beließ, so daß die Worte sehen mochten, wie sie nach außen kamen. Wie deutlich sah sie das alles, die starren Wangen, von der ewigen Windpritsche zu Kupfer gehämmert, den sturen vorgestemmten Nacken, den gleichsam ausgelaugt blonden Haarschopf, die blaß gebeizten Augen, das blankgeschrapte, porige Bollwerk des Kinns, und darunter den groben Adamsapfel, der von Evas Zeiten im Halse steckenblieb, dort immer noch voll Überredungskunst lauernd und zur Rache bereit, geneigt zu verführen, zu knechten und mit Donnergewalt immer einmal wieder das Paradies zu verlieren. Dieser mager sehnige Gurgelknoten war während des Tanzes das einzige gewesen, was sich an Kai Tralssen außer den Füßen bewegt hatte, ein paarmal, da er anscheinend der Höflichkeit halber zu einer Bemerkung ansetzen wollte.

Den Gedanken nach schien Alvel das glattere Wesen des Herrn Bottwender angenehmer, das mit plätschernder Unterhaltung, smartem Lächeln, metallischer Stimme, mit Schneid, Manier und geölter Bewegung von unendlichen Parketts zu ihr herreichte und gleichsam den Arbeitstisch anhob und in Schwingung versetzte, das die Schmächtigkeit streichelte und das Frösteln erwärmte, das die laue Einsamkeit durchtönte der leeren Stube, als die Alvel sich sah und in der inmitten nichts hauste, so war ihr, als ein unklar brennendes Verlangen, das wie ein Blick aufschlug, den heimlichen Besucher scheu und zärtlich zu begrüßen. Doch vor diesem Aufblick der Empfindung wandelte sich allemal die Gestalt des hellgekleideten Steuermanns in das sachliche Dunkelblau, in das gröblichere Gewicht Tralssens, von dem aus sich alles mit jenem harten, heißen, lebendigen und durchsichtigen Glanze füllte. Sie betrachtete es nicht mit Jauchzen, sie fühlte

sogar Abneigung gegen die großen Hände des Kapitäns, die auf edlem Gerüst gebaut waren, aber gedunsen waren von der Rauheit seines Berufes, prall von Blutspannung in ungastlichem Klima, in der Saalwärme blaurot, als wollten sie platzen.
Auch seine Augen taten ihr weniger wohl, obschon sie gutmütig zu schlafen schienen, weißliche Lichter hinter verkniffenen Lidern, hinter Tankschlitzen, die gerötet glommen von der Ätzung des Salzwindes.
Wir sind hinter Panzern, dachte sie. Sie lebte in einer kriegerisch flackernden Zeit. Die illustrierten Blätter waren voll Stahl und Beton. So kam sie auf den Vergleich.
Lange Wochen wurde kein äußeres Wort zwischen Tralssen und ihr gewechselt, das über einen Gruß hinausging, und vorerst brachten die zufälligen Begegnungen im Büro oder am Bollwerk den Schritt kaum bis an die Tür jener Panzerung, Ja, die Straße des Alltags schien von da ab nur mit wandelnden Panzertürmen bedeckt: Fischer Hörn, der Inspektor, die Seeleute und die Wirtin, Tante Butt, ja selbst Tine Möller, deren Kinder und Mutter Neels einbegriffen.
Die Öltanks und die Glocken sehen ähnlich aus, haben aber keine Türen. Der Direktor der Bergungsreederei gehörte entschieden zu den türlosen Öltanks, der Pastor entschieden zu den Glocken, bei denen niemand lange lebendig neben der schwingenden Zunge wohnt. Tralssen jedoch hatte die Tür zu sich selber sicherlich nur allzu lange zugeschlagen, um ungestörter das zu tun, was ihm beliebte, nämlich auf Beute zu schießen, gewalttätig der See zu Leibe zu gehn, seine Mannschaft zu beherrschen und, drei siegreiche Lampen übereinander im Vormast, einträgliche Erfolge in den Hafen zu schleifen.
Tralssen war ein Mann von sechsunddreißig Jahren, auf der Kante des Lebens, da es sich entscheidet, ob man Junggeselle bleibt oder nicht.

Immerhin hatten seine Tankschlitze schärfer als die braunen hübschen Mandeln seines Steuermanns ein Bild Alvels, des Büromädchens sowohl als der Tänzerin, aufgenommen. Und es war das seiner flüchtigen Tänzerin, das sich ungefragt in ihm aufstellte neben Seekarten und Peilkompaß, Bergungsberichten und Besatzungssorgen, das zwischen Sachlichem, Gewohntem, Handlichem und Seefestem sich blumenhaft eingefunden hatte, aus seefremden Gärten das schmale Etwas in wenig mehr als einem Hemd von sandgelbem Abendkleid, ihrer Haarfarbe ähnlich, dies Wesen dennoch Fleisch und Blut, die zarten Gewölbe, die den Sinnen zur Freude sind und so unvergleichlich wesenloser blühten als die Erinnerung vergorener Matrosenjahre, als das nasenbrechende Parfüm, das prasselnde Licht, das Gold und Knallrot und der billige lila Tüll, als die marksaugende, dampfige überdrüssige Üppigkeit hinter den Spielbudenplätzen der Häfen. Nach dem Tango hatte sie von dem Stuhl, dahin er sie zurückführte, einen blaßgraugestreiften Seidenschal genommen und sich um die Schultern gelegt. Die anmutige Bewegung, mit der sie diese Verhüllung vollzog, war Tralssen besonders klar im Gedächtnis geblieben. Er fand später, daß der Seehorizont oftmals die gleiche Farbtönung aufwies wie Alvels Schal, und an solchen Tagen fand die Mannschaft den Kapitän in trefflicher Laune.

Tralssen dachte also oft an Alvel.

Aber deswegen die Panzertür aufmachen? Er sah immer das Nächstliegende. Er war wie viele Leute seines Schlages ein naturhafter Rechner, der das Gegebene ohne Umschweife einsetzt und um die Lösung nicht bange ist, der die Logarithmen benutzt, ohne nach ihrer Herleitung zu fragen, dem die Unbekannten sich ohne große Mathematik zu Bekannten wandeln, wenn es die Gnade so will. Alvel schien ihm sehr unbekannt. Und die Gnade ließ auf sich warten.

Die Wandlung geschah erst nach der Bergung des Tankdampfers »Pontos«.

Eine Bergung, die ihn zugleich berühmt machte und sein Fallstrick wurde.

*

Es war wildester April. Da geriet jener norwegische Walöltanker »Pontos« vor der Insel Sylt in Höhe Hörnum auf Grund. Er rief um Bergungshilfe, und im Verlauf von sechs Stunden waren drei tüchtige Seeschlepper zur Stelle, aber zwei gaben während der Nacht den Kampf mit der schweren See auf. Nur Tralssen hielt aus. Es gelang ihm gegen vier Uhr morgens, als die Flut unerwartet hoch stieg, durch Brecher und Brandung hindurch an den gestrandeten Tanker so weit heranzukommen, daß vom »Tiger« eine Leine hinübergeschossen werden konnte.
An der Leine wird das Wier befestigt, der Schleppdraht, und von den Leuten auf dem Havarierten eingeholt und auf dem Vorschiff um Ankerspill und Mastfuß oder wie es geeignet scheint, belegt, fest und dreifach gesichert und an den Scheuerstellen mit Schmattings umwickelt, mit irgendwelchem Plünnenzeug, damit es um Gottes willen halte, das gesegnete stählerne Rettungstau, das zum Bergungsdampfer hinübergeht, und die kostbare schenkeldicke, wundervoll federnde Manilatrosse, die am Schlepphaken hängt.
Alles ging soweit gut. Aber was war mit der Manila?
Die Leute des »Tiger« arbeiteten auf dem Achterschiff bis an die Brust im tosenden Wasser. Die Manila, immer so sauber an Deck aufgeschossen, war in den wilden Erschütterungen unklar geworden, war ein verkinkter riesiger Schlangenknäuel, daran die harten, triefenden Fäuste verzweifelt rissen. Tralssen stand hoch darüber auf dem Laufsteg, der um den Schornstein herum nach achtern führt. Unter ihm die wühlende Masse kochte gleichsam im Scheinwerferlicht; zum erstenmal in seinem nüchternen Gehirn stieß ihm eine Bemerkung, die er in einem Buche über eine ähnliche Sachlage gelesen, als treffend auf, ja, der Trossenballen kochte wie ein

Riesenknödel im Gischt, und nun sah er eine neue steile Brecherwand wie eine ungeheure Schaumkelle heranfegen. Und indes er schon dem Manne, der am gelegensten stand, zubrüllte, er solle den Schlepphaken wahrnehmen, sah er, wie die heranstürmende Woge, den Scheinwerferkegel erreichend, gelb aufleuchtete, und das erinnerte ihn in diesem Augenblick, der seine Gedanken weiß Gott zu anderem als zu Erinnerungen brauchte, an ein gewisses mattgelbes seidenes Abendkleid. Die Schaumkelle indes, groß wie ein Kuppeldach, kämmte schon krachend über das Achterschiff hin, und es mutete ihn fast lächerlich an, als sie das verklammerte Riesenbündel aus gedrehtem Hanf und Ölzeuggestalten wie einen Suppenkloß abfischen wollte. Wie Tralssen vorausgesehen, slippte der Schwung die Trosse vom Haken oder hätte es vielmehr getan, wenn nicht Bootsmann Möller, rechtzeitig durch die unmenschlich brüllende Stimme seines Kapitäns aufmerksam gemacht, sich mit jäher Wucht auf die Trossenschlinge geworfen und sie tatsächlich über die armdicke Eisenzinke zurückgebracht hätte.
Dann aber wurde Möller von dem abschießenden Strudel gefaßt, und der prellte ihn rücklings über eine der Gleitschienen, die wie die Rippen eines Verdecks das halbe Achterschiff überspannen. Der gewaltige Sog packte auch das Trossenknäuel und klemmte es hinter die Trommel der Trossenwinde. Das freie Stück bis zum Haken zog sich steif, das dicke Tau quetschte sich über die Brust des unglücklichen Bootsmannes. Zwei Leute würgten sich heran, packten Möllers Beine, aber die Trosse hielt ihn fest, zumal das Achterdeck wie eine Schaukel aus dem Getobe hochkippte. Man hörte in dem Aufruhr Möllers Stimme nicht, aber man sah in dem unbarmherzigen Scheinwerferlicht, wie gräßlich er litt. Bottwender war es, der plötzlich ein Beil zur Hand hatte und Miene machte, die Trosse zu kappen, doch nicht ohne vorher, befehlsgewohnt, einen Blick zum Kapitän hinaufzuschicken. Und Tralssens kurze Gebärde, mehr als sein schar-

fer, vom Sturm zerhauener Zuruf, stoppte Bottwenders Versuch, den Armen zu befreien. Wie durch ein Wunder allerdings begann gerade jetzt der verklemmte Trossenklumpen sich zu entwirren. Die Trosse lief aus, als sei nichts gewesen, sie hob sich von der Winde, und Möller rutschte leblos aufs Deck. Sein Rückgrat war gebrochen, sein Brustkorb eingedrückt, dennoch atmete er noch. Man brachte ihn in die Messe, eben bevor das Licht auf dem »Tiger« erlosch und Scheinwerfer, Peildeck und die halbe Funkbude über Seite gingen.

Die gleiche zertrümmernde Grundsee rollte, kaum geschwächt, mit furchtbarer Gewalt sodann gegen den Tanker, der fünfzig Faden weiter quer auf der Schlickbank saß. Auch seinen Aufbauten spielte sie übel mit, schob ihn aber zugleich schräg über die Bank hinweg auf eine Rinne zu, die quer dahinter läuft und bei der hohen Flut genügend Wasser führte, so daß er plötzlich flott kam.

Tralssen hatte sich in dem Höllensturz gehalten. Die Laufstegnock in Lee, seiner naturhaften Mathematik ohne viel Überlegung der richtige Standpunkt, war im Schutz des dicken Schornsteins unversehrt geblieben. Er erkannte sofort, als der »Tiger« sich bebend aufrichtete, daß der Kampf nicht verloren, sondern, falls Maschine, Ruder und Trosse hielten, gewonnen sei. Ohne Gewalt der Brecher hätte sein Schlepper allein den Neuntausendtonnendampfer schwerlich vom Sand heruntergekriegt. Wie in ähnlichen Lagen früherer Erfolge erstand in ihm eine jähe Erleuchtung, die er halb erstickt, halb sonderbar verzückt in sich brennen fühlte. Ihm war, indes er sich durch den Wirrwarr nach vorn tastete, als habe er das ahnungsweise alles so eingerechnet.

Die beiden Funker des »Tiger« wrangen sich halbtot, abgeschunden, aber nicht ernstlich verletzt aus den Trümmern ihres Bereichs. Die letzte Meldung, die sie von der »Pontos« durchs Funktelephon ergattert hatten, besagte, daß dort ein Bodenschaden nicht festgestellt sei.

»Los!« knurrte Tralssen. Er hatte die Sekunde vorher das abgedeckte Ruderhaus erreicht und das Maschinensprachrohr und hatte das Ruder selber übernommen. Sein Gesicht war eisig hart, und Fräulein Hörn hätte sich erschrocken vor solch entschlossenem, ja brutalem Ausdruck, fremd von unten her geschattet durch die helle Scheibe des Kompasses, dessen Sonderbatterie eine Zeitlang das einzige Licht auf dem »Tiger« hergab, das die hereinfegende Schneebö auch noch auszulöschen suchte.

Tralssen wußte wohl, was er getan hatte. Er hatte einen seiner besten Leute und Kameraden geopfert, weil ein zweites Mal die Leine nicht mehr rechtzeitig zu dem Tanker hätte hinüberbefördert werden können. Nun liefen die beiden Dieselmotoren des »Tiger« voll voraus ihre höchste Umdrehungszahl, sie waren in Ordnung, er fühlte in den Fußsohlen ihr gleichmäßiges Surren, das jeweils geschickt abgedrosselt wurde, wenn das Heck frei überm Wellental schwang. Es war der genaue unwiederbringliche Zeitpunkt, wo die Trosse sich zu straffen hatte, um den hilflos treibenden Koloß abzufangen, der zweiunddreißig Männer an Bord hatte, die ihre letzte dumpfe Hoffnung auf den »Tiger« setzten und die mit ihrem Schiff bei nochmaliger Strandung wahrscheinlich verloren sein mußten. Denn jenseits der Rinne begann, anders als die harte Schlickbank, eine Stelle gnadenlosen Mahlsandes.

Jetzt kam es auf sichere Beobachtungen und Erfühlungen an, auf ein erfahrenes, ja seherisches Auge, das die lichtlose Dunkelheit zu durchdringen hatte, abschätzend in überwacher Geistesgegenwart am Lauf der gischtigen Kämme, wo die noch mögliche Tiefe sei und wo der günstige Durchlaß in die offene See. Es kam an auf das unterbewußte Empfinden für den Standort des Schiffes, der anders in der völligen Nacht nicht auszumachen war, so wie hier, wo es galt, durch Planken hindurch zu erfühlen, wie der Tanker im Schlepp sich gebärde, ob er folge und wie er ausschor und ob die Trosse sich nicht sirrend überspanne. Es war keine Verbin-

dung mehr zur »Pontos« als nur die Trosse, oder vielmehr das Gefühl der Trosse, man sah das große Schiff vorerst nicht mehr, die Trosse verschwand nach dreißig Faden wie aufgesogen in der heulenden Nacht voll gepeitschten Flockenschnees. Aber Tralssen fühlte, der Tanker folgte. Sicher war man dort so schlau, falls möglich, langsam die Maschinen in Gang zu bringen, um den Seedruck zu vermindern, der auf die riesige Bordwand stürmte, und es somit dem kleinen trotzigen Haufen Eisen, der sich »Tiger« nannte, etwas zu erleichtern, mit der Beute ins Freie zu kommen.
Vergebens spähten die Steuerleute Bottwender und Wolters nach dem Hörnumfeuer aus, das während der Nacht zwischen den Schneeregenflagen ein paarmal als matter Pritschenschlag in Südost sich gezeigt hatte. Tralssen aber starrte wie gebannt voraus durch die zerborstenen Fenster des Ruderhauses. Man konnte glauben, er habe die Augen geschlossen und klammere sich ans Steuerrad nur, um nicht umgeworfen zu werden. Sie aber wußten von ihm, daß er in dieser schwierigen, fast aussichtslosen Lage in unbändiger, starrer Anspannung das besaß, was man im besten Sinne Führertum nennt. An ihm bewies sich, daß Seemannschaft mehr ist als grobe Arbeit, daß die See für den, der sie beherrschen will, letzte Anforderungen an die feinsten Schwingungen der Sinne stellen kann, ja, daß etwas Urhaftes dazu gehört, etwas, das dem Namen des Bootes gemäßer war, als der Reederei beim Taufakt grob bildlich und beuteverheißend vorgeschwebt haben mochte. Das tierhaft Naturverbundene, jene für den Europäer seltene Verfassung, war bei Gefahr groß in Tralssen. Man könnte es in seiner Art Genie nennen. Andere nennen es Glück.
Schlafwandlerisch überwach war Tralssen eins mit dreierlei, mit seinem Schiff, mit dem geschleppten Schiff und mit der tobenden See. In ihm verschmolz sich, ohne Lästerung gesagt, als bittere, nüchterne, sorgenvolle Offenbarung das Gleichnis der Dreifaltigkeit, das der hohe Ausdruck ist für die

innersten Beziehungen alles Lebendigen. Das war ganz ungeistig klar und bieder in ihm, zugleich aber schien er betäubt vom gepeitschten Kreischen der Elemente, schien wie zwischen starren Eisenblöcken nichts als ein unbewußter, unheimlicher Kampf ohne jede Mißweisung.

Daß aber hinter diesem Kompaß, der er selber war, etwas am Ruder stand, gereckt und vorgebogen wie die Schaumkelle der Sturzsee, seidig sandfarben leuchtend wie ein gewisses Abendkleid, das grau überdeckt wurde und dunkel verwandelt wurde und auf einmal dumpf drohend Bootsmann Möller hieß, diese merkwürdige Vorstellung, gemischt aus bedrängter und liebender Erinnerung, die treulich steuernd in die Ruderspeichen griff, bedurfte seiner ganzen sturen Verbissenheit, damit sie ihn nicht ablenke.

2

Das Erbarmen

Alvel Hörn saß auf dem Bettrand. Sie saß in ihrem dünnen Nachthemd vorgebeugt, die Hände unter der Brust gefaltet. Ihre Augen starrten auf den matten Schimmer des Fenstervierecks, das sich im Vorhang abzeichnete. Der Vorhang bewegte sich. Draußen tobte der Sturm. Es war ein Gepolter wie von stürzenden Balkenstapeln, von Tonnen, die gegeneinanderprallen. Es klimperte auf den Dachziegeln, klapperte im Hof, ballerte gegen die Wand und rieb mit Riesendaumen über die Scheiben. Es orgelte, fluchte, knirschte und jammerte von See herüber. Das ungeheure Heer der Ertrunkenen war heut in den Lüften zugange und brüllte und weinte seine unverbrauchte Lebenslust gegen die Küsten.
Alvel erschauerte. Sie hörte die Stimme ihres Vaters heraus, wie er murrend ums Haus strich. Sie hörte, wie in der Dachkammer ihr Großvater böse und abweisend hustete, den Unruhigen in Zaum zu halten, der gegen seinen Willen auf See gegangen. Es half. Eine neue Bö trug nichts als einen Haufen fremden Gewinsels herauf. Aber in einer erschreckten Windlücke hörte sie plötzlich Tralssen etwas Verbissenes sagen. Es klang deutlich in ihren Ohren, so dumpf es auch durch die Straße schwang: »Das muß gehn ... muß gehn!« Es klang auf Plattdeutsch dunkler und voller im Wind: »Dat mutt gohn ... mutt gohn! ...«
Sie erhob sich wie emporgesogen und ging zum Fenster. Die Kälte der bloßen Diele, da sie die Insel des Bettvorlegers verlassen, war so, als ginge sie bis zu den Knien im Wasser. Sie griff, haltsuchend, in den Vorhang, schob ihn zurück. Der Mond segelte schief in zerfetzten Wolken. Es klirrte etwas zu Boden, zerbrach, sie zog einen Fuß zurück, als sei eisiger Gischt darübergesprüht. Sie bückte sich, sah in dem fahlen

Licht, daß es das Flaschenschiff sei, das Bootsmann Möller, Tines Mann, ihr geschenkt, weil sie immer so nett mit seinen Kindern gewesen. Eine alte klare Rumflasche, in die er mit seinen groben Fingern voll Geduld und Kunst und auf eine jedem Unkundigen geheimnisvolle Weise ein Abbild des Bergungsdampfers »Tiger« hineingebaut hatte.

Der Vorhang hatte das Kunstwerk zum Kentern gebracht, das auf zartgeschnitzten Klampen auf der Fensterbank zwischen den Geranientöpfen gestanden; Alvels Finger tasteten nach den Scherben, fischten den kleinen Dampfer heraus. Sie fühlte, daß er nicht heil geblieben war. Große Angst preßte ihr Herz zusammen. Sie verkroch sich ins Bett, lag starr und wach, dem Sturm lauschend und ihrer Angst.

Den anderen Morgen suchte sie das Büro auf, das die Bergungsreederei in dem kleinen Seehafen unterhält. Sie fragte, ob etwas zum Abschreiben vorläge. Das Büro war nicht groß genug, um dort eine Schreibhilfe gebührend unterzubringen, und der Inspektor war froh, in Alvel Hörn eine zureichende Kraft zu haben, die ihre Arbeit zu Haus auf eigener Maschine erledigte. Der Inspektor, kurzatmig und bäuchig, in den Jahren, da der Seemann vorzieht, einen ruhigen Posten zu bekleiden, war ein untersetzter kahlköpfiger Mann mit großem Gesicht von polsterhafter vertrauenerweckender Rundlichkeit, darin die Augen wie blaue Knöpfe und der Mund als eine harmlose Falte wirkten. Nur der kleine Bart unter der Nase störte etwas. Er sah aus, als trete die Füllung grau und borstig zutage. Und diese Borsten stachen auch durch seine überhastete, abgehackte Sprechweise hindurch, die er sich angewöhnt hatte im Büroverkehr. Er war vordem Kapitän bei seiner Reederei gewesen und von Natur wortkarg. Es war, als wolle er jedesmal, wenn er sich zum Reden gezwungen sah, möglichst rasch damit fertig werden. Sein gutmütiges Gesicht wirkte dabei mildernd. Es wirkte heute sogar bekümmert, als er Alvel kurz angebunden erklärte, es gäbe nichts zu schreiben, ehe nicht der »Tiger« zurück sei.

»Sie haben Nachricht?« sagte Alvel so gleichmütig, wie es ihr eben möglich war.

»Nichts!« entgegnete der Inspektor barsch. Alvels Augen konnten das Entsetzen nicht verbergen. Aber Herr Brand, der Inspektor, bemerkte es nicht. Er hatte den Blick gesenkt. Er saß da wie ein großer Mond, trüb leuchtend über der geordneten Papierbrandung des Schreibtisches, inmitten der ein kleines Steuerrad aus Messing, das einen Zigarrenabschneider darstellte, wie der Überrest eines Wracks hervorragte. Alvels Blick hing an dem kurzen, rötlichen Inspektorfinger, der das Ruder nervös herumwirbelte. Ihr Blick irrte zu den säuberlichen Wänden. Manierlich gerahmte Photos zeigten die lohnende Ernte seit Beginn der Reederei, havarierte Schiffe aller Formen, sinkende, gesunkene, gestrandete, zerborstene Schiffe. Und auch das Flaschenschiff war dahin. Vor den hohen Fenstern rummelte der Sturm, noch immer der Sturm. Er zerschlug den Himmel zu Flaschenscherben, drehte ihn ins Zimmer, füllte es an mit einem schneidenden grauen Strudel, darin Schreibtisch und Mond und Schiffe und Bewußtsein jäh hineingerissen wurden. Alvel hielt sich an der Schreibtischkante, die borstig seufzend auftönende Stimme des Inspektors rettete sie vorm Versinken. Seit vier Uhr morgens fehlte die Verbindung. Auch der Tanker hatte sich nicht mehr gemeldet. Und weder die beiden Schlepper der Konkurrenz noch das Hörnumer Rettungsboot hätten bei Hellwerden das geringste entdecken können. Wie weggewischt! Unser bestes Boot. Unser bester Kapitän. Und das mir.

Bei dieser Bemerkung erhob sich Inspektor Brand wie zu Totenehrung und Abschied zugleich. Ja, es war bekannt, daß er nach Hamburg zur Direktion versetzt werde, er erwähnte es betrübt. Ja, sein Stolz war gedämpft, es war ärgerlich, daß er seinen Posten mit einer hohlen Hand verlassen müsse, wo es zehn Jahre so vollauf gut gegangen war. Und so gänzlich mit seiner Person beschäftigt, entging ihm Alvels tiefe Betroffenheit. Ihre geflüsterte Bemerkung: »Keine Hoffnung« traf ihn schon vor der großen Seekarte, die einen Teil der Rückwand bedeckte. Er fuhr mit möhrenhaftem Daumen steil drüber hin, ließ die Hand durch die Luft fallen, daß sie knallend gegen seinen Schenkel schlug, wiegte den Schädel wie eine Boje im Schwell, erwähnte die Marineflieger auf List und daß man irgendwann ja Nachricht haben werde, so oder so.

So oder so, das ist eine andere Deutung des berühmten SOS, des verzweifeltsten aller Signale. –

»So oder so«, sagte auch der alte Hörn, und sein Kranzbart war wie eine Bugwelle Gischt vor ihm, da er ducknackig in der Stube auf und ab wandelte, seinem Enkelkind Trost zuzusprechen: »So oder so hätte das Schicksal zu deinen Ungunsten entschieden, mein klein guten Alvel. Ich weiß ja nicht, wer von diesen Bergungstigern es ist, um den du da trauerst, mögen sie sanft ruhn, aber als Frau Kapitän oder Frau Steuermann wärst du nie zur Ruhe gekommen, bei gerade dem Beruf. Und eines allzu frühen Tages Witwe. Es sind gierige Leute, die von der Bergung, allzu gierig und Tollköpfe allesamt und zu nichts anderem gut. Und wenn du einwendest, sie haben manches Schiff gerettet, so sag ich meinerseits: Was absaufen will, soll der Mensch nicht hindern.«

Das klang grausam und heiser aus der alten zahnlosen Höhle. Wie schmächtig fern und zerknüllt saß das Mädchen vor der Maschine, daraus die Finger bessere Worte zaubern konnten. Es war grausig in der Stube. Die Plüschmöbel, rot, mit Häkelschonern über den knaufigen Lehnen, spielten blutige Wracktrümmer unter Gischtkronen, dazwischen schwamm der alte hilflose Fischer-Großvater. Alvel fühlte einen würgenden Ekel. Sie wollte keinen gern gehabt haben. Sie wollte nicht traurig sein müssen. Sie wollte jeden Tag, der möglich war, zu irgendwelchem Tanz gehen und nach jemandem suchen, der nicht zu ertrinken brauchte, nach einem Krämerkommis, nach einem Autoschlosser, nach einem Gutsbesitzer. Großvater Hörn brauchte gar nicht so übel von Tralssen und dessen Art zu reden. Sie wehrte sich sowieso, es so elend unbequem zu haben, zerschmettert dazuliegen und zu weinen und sterben zu wollen. Sie wehrte sich vergebens und betete krampfhaft, daß Gott ihr die Besinnung rauben möge, da sie es nicht ertragen könne, schon wieder zu leiden, ohne glücklich gewesen zu sein.

Die Marineflieger hatten auch nichts gefunden.

Das Leben ist kurz, tönte des Alten röchelnde Stimme zwischen dem Schaumgekräusel der Häkeldeckchen. Man merkte, ihm waren vierundsiebzig Jahre noch lange nicht genug. Und dann hoben sich die Worte zahnlos weich gegen die Decke und sanken ungewohnt zärtlich über die arme Alvel, und sie hörte es immer noch alles, und sie hörte ihre verzweifelte Vermutung bestätigt, daß der Mensch das Recht habe, glücklich zu sein, und selber Schuld habe, wenn er solches nicht erreiche.

In Alvels entsetzliche begehrliche Trübnis schimmerte eine Ahnung von der Fragwürdigkeit allen bequemen Trostes. Die Gärten des Glücks lagen vereist. Wo war die Sonne, die den Frühling zauberte? Die Sonne lag ungeboren in ihr. Sie ahnte es. Sie müßte die Zaubersonne wie ein Kind zur Welt bringen. Es war unbequem, unglücklich zu sein, aber es war leicht gegen die Unbequemlichkeit, glücklich zu werden. Nicht, daß Alvel diese Überlegungen klar an die Worte des auf und ab schlurfenden Fischermannes hängte, dessen Pampuschen ein Geräusch auf den gescheuerten Dielen machten wie Brandungswellen, wenn sie vom Sand zurücklaufen. Aber diese ablaufenden Wellen schienen die traurige Sachlage allzu gnadenlos bloßzulegen, den ganzen kahlen Strand ihres Daseins.

Alvel war durch den Vater von den Wikingern her der Küste verbunden, anders als ihre binnenländische Mutter.

Es ist das Los der Frauen an den Küsten der ganzen Welt von

Urzeit her, sich mit dem Männertod auf See abzufinden. Alvel richtete sich trotzig auf. Sie wollte leben. Sie wollte nicht dahinsiechen wie ihre Mutter, wollte nicht trauern, obschon ihr Herz schrie. Sie blickte den Großvater herausfordernd an, den Alten, der die See keineswegs liebte, dem die See den notgedrungenen Broterwerb gab, die alte Feindin, die Menschenfresserin, der man mit List und blindlings ins Gewand fahren muß, ihr die Schätze abzufischen, die sie verbirgt.

Es war nun schon dunkel in der Stube. Nur von den müdegejagten Nachtwolken fiel ein grauer Abglanz ins Fenster. Der Alte strich dem Enkelkinde murmelnd übers Haar. Er war zufrieden. Alvel war eine echte Hörn. Und nun zündete er die Petroleumlampe an.

Wenig später erfuhr die so bitter gewonnene Haltung des Mädchens eine neue Erschütterung. Klaus Neels, der Junge von Hörns Buttboot, polterte mit der Nachricht herein: »Der ›Tiger‹ hat sich gemeldet.«

Und so war es.

Tralssen hatte es wirklich fertiggebracht, in Nacht und Wetter von den Sandbänken freizukommen. Er hatte den Tankdampfer »Pontos« glücklich in die offene See bugsiert. Sein »Trancezustand«, wie Bottwender es halb verächtlich, halb bewundernd hinter der Hand nannte, seine ungeheuer zusammengeballte Kraft hatte genau bis dahin gereicht. Auf einmal sprach er wieder, fluchte lebhaft durch das Getöse, war erbost und ungewiß und wußte nichts Besseres, als vor Wind und Dünung treibend nach Nordwesten zu laufen, angeblich, um Öl zu sparen. Wahrscheinlich war auch solches das richtige. Es wäre fraglich gewesen, ob Maschinen und Trosse das Anstampfen gegen den schweren Sturm lange ausgehalten hätten.

Erst den anderen Mittag drehte der Sturm über West auf Nord und flaute langsam ab. Zudem wurde es eine Weile gut sichtig, so daß man die Sonne im Mittagspunkt wahrnehmen konnte und bald wußte, wo man war. Der »Tiger« mit der »Pontos«, die er gut in Schlepp gehalten hatte, war bis auf die Höhe von Horns Riff geraten. Da es sich als aussichtslos erwies, die eigene Funkeinrichtung mit Bordmitteln wieder in Ordnung zu bringen, auf dem Tanker aber der Schaden weniger groß schien, auch die Antenne schon neu gezogen war, schickte Tralssen zwei geeignete Leute hinüber – es war für diese bei der immer noch groben See ein Heldenstück, und das Boot, das zwischen zwei Leinen lief, ging dabei zu Bruch. Gegen Abend war es möglich, von der »Pontos« aus endlich Nachricht zu funken.

Bootsmann Möller, obwohl ohne Besinnung, lebte immer noch.

Erst gegen Morgen starb er. Eben als man die ersten Feuer der Küste sichtete, war er zu kurzem Bewußtsein erdämmert. Mit kaum hörbarer Stimme bat er den Koch, der bei ihm wachte, um etwas, das der anfangs nicht verstand oder verstehen wollte, der ihm vielmehr lieber ein Glas heißen Rotweins gegönnt hätte, wäre der Arme nur noch zum nötigen Schlucken fähig gewesen.

Es half nichts, Sötebier mußte es wohl oder übel aus dem kurzen, eifrig röchelnden, scharrenden, schaumigen Atem Möllers vernehmen, der sich anhörte, als hole er hastig die Trosse steif, die ihn schon mit der Ewigkeit verband, sah auch an dem unzweifelhaften Augenzwinkern des all sein Leben treuherzigen und unverdrossenen Bootsmannes, daß er das »Kunststück« vormachen solle. Das »Kunststück«, das mehr dürftig als merkwürdig war, das jedermann, wie Sötebier wohl wußte, insgeheim belächelte, und das nun zum letzten Wunsche eines Sterbenden erhoben wurde. Somit zog er so verstört als ergeben endlich die kurze Schägpfeife aus der Hosentasche, klopfte sie in der Handfläche aus, setzte sie an die Lippen, holte tief Luft, zum erstenmal in seinem Dasein dankbar fühlend, wie wunderbar die Einrichtung des menschlichen Blasebalges in Gesundheit sei, und blies, be-

hutsam aufatmend, den Anfang des Liedes: »Wenn ich ein Vöglein wär...«
Es klang dünn und schwermütig und im Gegensatz zu der massigen Figur und den aufgepumpten Wangen des Kochs rührend komisch. Man merkte übrigens dem zärtlichen, taktvollen Vortrag an, daß eine begabte Ader dahinter schlage. Reinlich baute sich die einfache, zu Herzen gehende Weise des kleinen sehnsüchtigen Liebesliedes auf bis, ach, bis zu jenem höheren Ton, der auf die erste Silbe von »Flügel« fällt. Vor diesem stockte Sötebier und holte noch einmal tief Luft; sein Gesicht nahm einen wahrhaft überspannten Ausdruck an, seine dicken Lider schlossen sich in innerster Sammlung, und dann blies er weiter und blies – einen halben Ton zu tief. Unglücklich setzte er ab, schüttelte verständnislos das rosige Haupt und blickte verlegen, wie um Entschuldigung bittend, auf den still gewordenen Bootsmann.
Möller lag regungslos, die Augen gebrochen; das schmerzgeschattete Antlitz war in einem friedlichen Lächeln erstarrt.
Tralssen war die ganze Zeit nicht aus den Kleidern und kaum von der Brücke gekommen. Er war übermüde, gereizt, vermochte sich kaum zu rasieren. Möllers Tod ergriff ihn weniger, als daß er ihn peinlich bedrängte. Man hatte selber keine Verbindung zum Land, es war schlecht möglich, über den Tanker etwa den Inspektor oder durch diesen den Pastor zu bitten, Möllers Frau die traurige Nachricht zu übermitteln. Tralssen kannte Tine Möller von Ansehen, und es war ja sicher auch seine ungeschriebene Pflicht, den toten Kameraden selber zu Hause abzumelden, war seine Pflicht, einzugestehen, wie weit er selber Schuld daran habe, daß diese stets arbeitsame, scheublickende und herzensgute Tine nun Witwe und ihre vielen Kinder nun Waisen geworden.
Gegen Morgen bei beruhigter See lief der »Tiger« in Södehaven ein. Seine Flagge ging auf Halbmast, und die des Tankers folgte höflicherweise. Die Leute am Bollwerk blickten stumm auf den zerzausten kleinen Bergungsdampfer und auf

seine fette Beute, die mit ziemlicher Schlagseite ihm im Schlepp folgte, schon von zwei weiteren Schleppern begleitet, die helfen sollten, den Havarierten vollends zur Entlöschung und ans Dock zu bugsieren. Und jedermann, der da zufällig an Land stand und auf den Schiffen, ahnte den furchtbaren Kampf, den Tralssen siegreich zu Ende geführt. Siegreich, aber nicht ohne Opfer. Aber jedermann wußte auch, die guten Prozente deckten die Opfer zu.

*

Das meinte auch Inspektor Brand, als Tralssen von Frau Möller kam, wohin er gleich zuerst gegangen war. Nein, Herr Brand wollte nichts Genaueres hören über Möllers Tod, er war zu glücklich, seiner Reederei die saftige Bergungssumme als Antrittsgeschenk für seinen Direktionsposten mitzubringen.
»Schreiben Sie das man alles in den Bericht, Tralssen«, sagte er strahlend barsch, »und am besten spätestens gleich, der Generaldirektor geht in die Ferien, und an der Riviera oder so muß ja so was wie die Einzelheiten jede Erholung stören. Gehen Sie man eben bei Fräulein Hörn längs, die schreibt es Ihnen gern rasch in die Maschine, zählen Sie genau auf, was kaputt ist, und den Ölverbrauch, und lassen Sie sich das man nicht weiter bedrücken, passieren tut ja immer mal was. Hauptsache, daß der Mann nicht umsonst gestorben ist.«
Tralssen wollte dem innerlich beipflichten, aber die arme Frau Möller war so entsetzlich stumm gewesen, hatte nur immer mit leeren Augen an ihm vorbeigesehen, und auch die beiden Kleinsten hatten nicht geweint, sondern ihn wie ein Gespenst angestarrt. Ein namenloser zerschmetternder Schreck war mit ihm in die kleine saubere Wohnküche getreten und hatte das Gute, das dort wohnte, mit einem Schlage zu Boden gestreckt, so war es ihm.
Ich bin schuld daran, hatte er aus trockenem Schlunde gesagt,

und es hatte zu keiner Erklärung weiter gereicht, etwa, daß sonst eben größeres Unglück geschehen wäre. Es gab kein größeres Unglück neben diesem tränenlosen Verstummen der armen Tine Möller und ihrer Kinder. Gott sei Dank waren die andern schon zur Schule.

Inspektor Brands händewaschendes Behagen über den Erfolg hatte ihm doch sonst Spaß gemacht, und die eigenen Prozente, die er als Kapitän erntete, waren doch auch kein Pappenstiel. Er hatte sie sonst längst trefflich geschätzt im Kopf. Aber diesmal hatte die graue Faust des Todes Ernst gemacht. Es war das erstemal für Tralssen. Er war ganz benommen.

Tralssen ging an den kleinen Häusern entlang. Sein Gesicht war mehr nachdenklich als traurig. Leute sahen ebenso nachdenklich hinter ihm her, und in den Spionen, den schrägen kleinen Außenspiegeln vor den Fenstern, lag lauernd mitfühlend manches Gesicht.

Das war die schmale Straße mit den einfältigen Häusern, deren Wände wie die alter Boote mit schmalen, waagerecht laufenden, schräg übereinander fassenden grüngestrichenen Brettern gedeckt waren. Hinter den kleinen weißen Fensterkreuzen waren die gestärkten Gardinen, deren beide Schals der Schleier zwischen Stube und Straße sein sollten, unten zur Seite gerafft, so daß alle Scheiben wie mit zwei fetten Wolkenbacken gefüllt schienen. In dem spitzen Dunkelraum dazwischen blühten Geranien und Pantoffelblumen in bemalten Porzellantöpfen. Zwei Meter Garten streckten sich davor bis an Zaun und Fußweg, muscheleingefaßte winzige Schnörkelbeete, mit Strandkieseln bestreuter, säuberlich geharkter Weg. Es blühten niedrige gelbe und rote Tulpen, weiße Narzissen, lila Hyazinthen und einige verspätete Schneeglöckchen. Die Blumen hatten, von Zaun und Hecke geschützt, kaum vom Sturm gelitten. Bäume gab es nicht in dieser Straße. Sie waren überhaupt selten in Södehaven, der windgesegneten Küstenecke. An Sträuchern waren die Forsythien beliebt, die aber ihr schwefelgelbes Feuerwerk dies

Jahr schon verpufft hatten. In den Hintergärten standen die üblichen Johannis- und Stachelbeeren zwischen den Salat-, Gelbe-Wurzel- und Petersilienbeeten.
Das Hörnsche Haus, ein Fischerhaus wie die andern, zeichnete sich durch einen reicheren Blumenflor aus. Es war dort unter Alvels Pflege eine Art der neuzeitlichen Steingärten entstanden, und die platten hübschen Kissen der weißen vanilleduftenden Arabis, der himmelblauen Aubritzien und des wuchernden seegrünen Hornkrauts, das noch nicht blühte, ergaben einen besonderen Eindruck und luden zum Betrachten ein.
Aber so weit war Tralssen noch nicht. Er blickte, seinem Ziele zuschreitend, in seiner müden, dumpfen Bedrückung versunken, schon eine Weile auf den Rücken eines Mannes, der federnden Ganges dem andern Ende der Straße zustrebte. Plötzlich, wie mit einem harten Ruck, kam es Tralssen zum Bewußtsein, daß er diesen hellen Mantel und Anzug, diesen überaus hellen, keck etwas zur Seite gerückten Hut kenne. Richtig, es war Bottwender, der da ging, sein erster Steuermann, und ohne Zweifel war er eben aus dem Hörnschen Garten und Hause herausgekommen.
Tralssen war auf einmal wieder wach.
Alvel empfing ihn merkwürdig verhalten.
Er fragte sachlich und höflich, ob er seinen Bericht eben hier diktieren dürfe, es sei eilig. Sie antwortete kurz und hastig: »Gern, Herr Tralssen!« Und ging voran in die kleine Stube.
Jetzt erst merkte Tralssen, daß die Sonne schien. Der gelbe Schein kam breit durch die niedrigen Scheiben und malte die Gardinenmuster auf die helle, sandbestreute Diele. Und da er nun stockend, der fließenden Rede ungewohnt, seinen Bericht begann und nicht recht wagte, das Mädchen anzusehn, das da sogleich an die Maschine gegangen war, da zog ihm der feine Duft, der über den roten Plüschmöbeln und den Häkeldecken schwebte und der unverkennbar nach Bottwenders Zigarren roch, die Gedanken von der Zunge weg. Er

stockte verlegen, senkte den Kopf und strich mechanisch über ein hübsches buntes und teures Seidentuch, das da noch halb in Einwickelpapier auf dem Tische lag. Daneben stand eine Schale aus gewundenem bläulichem Glas, darin sich ein Stapel Postkarten häufte, wie sie von Bekannten und Verwandten das Jahr über sich ansammeln, und auf dieser Grundlage hatte nunmehr der kleine Bergungsdampfer Platz gefunden, der aus der zerbrochenen Flasche stammte. Tralssen nahm ihn, wie haltsuchend, zwischen die groben Finger.
Alvel blickte wartend von der Maschine auf. Der magere Bericht... Windstärke Südwest neun bis zehn, grobe See, sichteten den Tanker gegen Mitternacht, mußten Hochwasser abwarten, kriegten Leine fest gegen vier Uhr morgens und den Tanker bald darauf flott... füllte ihr Gesicht mit der Gewalt des Ereignisses, das hinter den kargen Worten lag... Wurden dann, da wir durch einige Beschädigungen und wegen des Sturms, der auf Orkanstärke ging, nicht volle Kraft laufen konnten, bis in Höhe Horns Riff abgetrieben, konnten den Tanker aber in Schlepp halten... An dieser Stelle hatte sie »Mein Gott« geflüstert... Da unsere Funkanlage ausfiel und die des Tankers erst gegen Abend durch unsere Leute in Ordnung gebracht werden konnte, war eine Benachrichtigung der Reederei leider nicht vor zwanzig Uhr fünfunddreißig möglich. Eintrafen morgens...
So weit war Tralssen gekommen.
Alvels Stimme schwang plötzlich um seine Ohren, verhalten erregt: »Herr Tralssen, darf ich etwas dazu sagen?«
Er antwortete betreten: »Bitte, Fräulein Hörn!«
Sie beugte sich von der Maschine etwas zu ihm hin, der da so stur im Raume ragte und sie nicht ansah: »So geht es nicht«, sagte sie hastig, »so können Sie Ihren Bericht nicht abfassen, so mager!«
Tralssen hatte sich für eine andere Erklärung gewappnet. Verwundert blickte er das Mädchen an. Es sah gegen das helle Fenster schattenhaft aus, von heller Linie eingerahmt. »Der

Bericht? Es ist doch alles drin enthalten«, entgegnete er. Alvel fuhr energisch fort: »So wird sich keiner den richtigen Begriff machen von der Leistung und von der Grausigkeit.«
»Halb so wild!« lächelte Tralssen.
»Und Bootsmann Möller?« Alvels Stimme war kläglich vor Entsetzen.
Tralssen betrachtete den kleinen Dampfer, wog ihn in der Hand, erwiderte verlegen: »Das füge ich nachher persönlich an. Möchte Sie nicht damit behelligen.«
Auf einmal kam ihm zum Bewußtsein, daß in Alvels Tonfall so etwas wie Vorwurf geklungen habe. Somit setzte er kühler hinzu. »Herr Bottwender wird Ihnen schon davon erzählt haben.«
»Herr Bottwender erwähnte es nur nebenbei. Es muß entsetzlich gewesen sein.«
Sie machte eine Pause und schluckte an Tränen. Fuhr dann jäh im gleichen klagenden, hilflosen Tone fort: »Herr Bottwender hat nicht Lust, eines Tages auf ähnliche Weise umzukommen. Er will an Land bleiben.«
Tralssen, immer den Blick auf dem kleinen, halb zerbrochenen Bergungsschlepper, lachte unversehens auf: »So sah unser ›Tiger‹ auch fast aus. War wohl auch im Buddel, dieses Ding?«
Alvel blickte traurig vor sich hin, die Tränen liefen ihr haltlos über die Wangen, aber ihre Stimme war ruhiger. Sie erzählte, daß Möller ihr das Buddelschiff geschenkt und wie es entzweiging, und daß sie bei Tine Möller gewesen sei, eben nachdem Tralssen die Botschaft gebracht, und daß es eine so glückliche Familie gewesen und nun alles zerstört, und wie Möller seine vier Kinder so geliebt und die Kinder ihn, und daß er das fünfte nun nicht mehr sehen werde.
Tralssen hatte sich nicht hingesetzt, um nicht einzuschlafen beim Diktieren. Jetzt ließ er sich willenlos auf das Plüschpolster sinken, das er an seinen Kniekehlen spürte. Die Stube drehte sich wie in einer Grundsee. »Verdammt!« knurrte er

und entschuldigte sich für den Fluch. Das mit Möller gehe ihm näher, als ihm lustig sei. Aber wenn er auch schuld habe, so müsse jeder doch einsehen, die Schuld wäre im andern Falle größer gewesen, es wäre der Ballen der verkinkten Trosse, vom Haken befreit, entweder über Bord gegangen, dann hätte man zum zweitenmal eine Schleppverbindung nicht mehr gekriegt, oder die Trosse hätte sich irgendwie an der Reling verklemmt und bei der nächsten See den Kahn wie einen alten Gummischuh zum Kentern gebracht. So oder so aber wären die, die den »Tiger« zu Hilfe gerufen, gnadenlos vor die Hunde gegangen mit Schiff und Ladung.
Tralssen hatte abwehrend vor sich hingesprochen. Die vor Frau Möllers namenlosem Erstummen gestockte Erklärung lief nun aus wie die Trosse nach Möllers Tod.
Alvel war aufgestanden, überströmend von Mitleid und Verständnis: »Schuld? Von Schuld hat Herr Bottwender nicht gesprochen.«
Tralssen starrte böse vor sich hin gegen den kleinen eisernen Ofen, darin das Feuer stumm durch die Ritzen glühte: »Möller war mein Freund, der einzige an Bord, glaub ich. Ich mußte ihn opfern.«
Alvel war nahe daran, ihm übers Haupt zu streichen, dann besann sie sich verwirrt, öffnete die obere Ofenklappe. Der Feuerschein erhellte ihr Gesicht. Ihr Kopf wurde zugleich von der Sonne getroffen, und ganz schattenlos schien sie sich ins Unwirkliche zu lösen. Tralssen sah es mit halbwacher Aufmerksamkeit, er hatte das Gefühl, dieses Mädchen, das sich zu den Holzscheiten bückte, zu dem zerkleinerten, getrockneten Strandgut, könnte im Augenblick die Fähigkeit haben, sich hexenhaft zu verwandeln. Er sagte heimlich ihren Namen, um sie zurückzuhalten. Und auf einmal hörte er ihre helle erschütterte Stimme, nahe über seinen Ohren: »Kai Tralssen. Dieser Beruf hat Sie ...«
Tralssen unterbrach sie klar und hart: »Sprechen Sie es ruhig aus, das Wort Mörder.«

Alvels Füße wichen nicht zurück. Sie verbarg ihr Grausen: »Nein, das wollte ich nicht sagen. Ich wollte sagen, Ihr Beruf hat Sie unglücklich gemacht oder wird Sie noch unglücklich machen.«

Tralssen schwieg erregt. Er starrte an ihren Beinen vorbei, senkte den Kopf, blickte zur Seite.

Alvel streckte scheu die Hand aus: »Sie konnten bestimmt nicht anders handeln.«

Tralssen bemerkte ihre Hand nicht. Er erhob sich müde und knurrte: »Danke. Ich werde darüber hinwegkommen.«

Dabei blickte er das seidene Tuch an, das da auf dem Tisch lag, und das seine aufstützende Hand berührte. Das Muster erinnerte an heitere fremdartige Frühlingswiesen, wie er sie auf frühen Trampfahrten einmal auf einer griechischen Insel erlebt. Daran mußte er jetzt denken. Sein Herz schien leergesogen und bleiern schwer zugleich. Es war ein anderer Schal, den sie damals getragen, dieser hatte nichts mit dem gestreiften Horizont der See zu tun, obschon er grau war wie der damals.

Alvel beobachtete ihn ängstlich. Er wich ihrem Blick aus. Sein übernächtiges Aussehen steigerte das Erbarmen in ihr, sein zerknitterter Anzug, seine entzündeten Augenlider, eine blutunterlaufene Stelle zwischen Ohr und Kinn, die aufgesprungenen Hände, der Dunst von Schweiß und Seewasser, der um ihn war. Aber seine Haltung straffte sich jäh, sein Gesicht war wieder hart, fast froh. Er setzte sich sichtlich über jede Betretenheit hinweg, murmelte dennoch verlegen, indem er die Hand vom Tisch nahm: »Ein hübscher Schal.«

Alvel hatte die Frage erwartet: »Bottwender hat ihn hier vergessen«, antwortete sie leichthin.

Tralssen blickte sie plötzlich an. Seine weißlichen Augen öffneten sich halb, er sagte höflich spöttisch: »Und sicher für Ihren Herrn Großvater. Ich hätte doch auch etwas mitbringen sollen.«

Alvel ertrug weder Blick noch Tonfall. Sie tat einen halben

Schritt, wieder den Tränen nahe, flüsterte: »Kai Tralssen...«
Tralssen ergriff jäh ihre Hände, sie ließ es ohne Widerstand geschehen, aber der seiner unbewußten Art gemäße Angriff deuchte ihm gröblich, wenn nicht die rechten Worte dazuträfen. Hier war es nicht damit getan, eine Leine zu schießen und die Beute anzupacken, hier mußte etwas gesagt werden, zumal Alvel kein Signal gab. Zudem war die Stube ein enges Fahrwasser. Tralssen atmete bedrängt und ließ die dünnen Mädchenhände wieder los. Alvel blickte ihn erstaunt an. Das war Signal genug. Tralssen schüttelte sich, als habe ihn eine See zugedeckt, er lachte knurrig auf, zwang sich zu einer Art Lächeln, endlich wurde seine Kehle wieder frei: »Ich betrag mich wie ein nasser Hering, Alvel... Ist ein bißchen viel auf einmal, das mit Möller und« – er blickte wieder auf den Seidenschal – »dies auch noch.«
Er streckte ihr die Pranke hin, sah sie schüchtern an: »Leben Sie wohl, Alvel Hörn!«
Sie stand wie leblos vor ihm, ihre Hand hob sich nicht. Er sprach verlegen weiter, indem sein Blick einen verlorenen Bogen durch die kleine Stube beschrieb und, die Tankschlitze dichtziehend, an den sonnenbeschienenen Blumentöpfen vorm Fenster hängenblieb: »Ich hab wohl auch manchmal daran gedacht... aber merkwürdig, als ich in diese Stube eingetreten bin, vorhin, ich dachte, ich komm nach Haus, es ist die Müdigkeit, verzeihen Sie, man verwechselt die Zeiten, und es ist lange her.«
Alvel betrachtete ihn mit angstvoller, inniger Spannung, nach wie vor bewegungslos und stumm. Er fuhr hastiger fort: »Ich hab auch zum erstenmal eben gefühlt, wie gut es sein könnte, jemanden zu haben, dem man sein Herz ausschütten kann, wenn's nötig ist. Ich hab lange nicht geschlafen, ich komme sonst selten auf solch blödsinnige Reden...«
Er schwieg hilflos. Er verfluchte innerlich die lächerliche Sachlage. Sein Blick irrte zu ihr zurück. Ihre Augen waren strahlend auf ihn gerichtet. Da packte er die schmale Gestalt

jäh und heftig bei den Schultern und sagte durch die Zähne: »Ich lieb dich, verdammt, ich lieb dich doch!«
Sie, fast vergehend unter seinem Griff lächelte: »Das sollst du ja auch, Kai!...« Aber als er aufbrausend beglückt sie nun küssen wollte, bog sie sich zurück, sie flüsterte wie in Schmerz gegen die Decke: »Ich hab dich auch lieb, Kai, nur dich, sehr lieb!«
Tralssen knurrte etwas Entschuldigendes, löste die Pranken von ihren zarten Schultern, faßte behutsam ihre Ellenbogen. Sie hat das gelbe Kleid nicht an, dachte er verwischt, aber jetzt kam klar die steile See von der Wand her über ihn, schäumte ihn ab wie einen hilflosen Suppenkloß. Er hörte die flehentlich hohe Stimme: »Laß alles versinken, Kai, alles, was gewesen ist!...« Und er knurrte die See wortlos durch die Zähne an und hörte die Stimme aufs neue: »Versprich es mir, Kai! Du sollst bei mir bleiben!... Immer!... Ich will dich nicht verlieren wie Frau Möller ihren Mann!...«
Tralssen hob den Kopf. Das liebe Gesicht in den wirren Haaren schimmerte keinen Atem breit von seinem Gesicht entfernt. Die gelbseidene See war fort. »Du meinst...?« fragte er ungläubig. Und auf einmal wurde ihm klar, daß die See von ihm fortlief und unerreichbar fern hinter einer behaglichen Stube glitzerte. »Nie mehr auf See?« fragte er.
»Niemals mehr, Kai!«
Jetzt war die Ewigkeit dunkel und groß überall, das ewige dunkle große Nichts, nur ein wenig Licht darin, ein winziger Schein, der etwas wuchs und deutlicher ward, und es war Alvels weißes, fragendes, leuchtendes Angesicht.
Ungläubig blickte er es an, nun lächelte er auch, strahlte auch. Nun lachte er, lachte hart auf. Seine Tankschlitze richteten sich gierig auf die Beute. Eine Hand hatte die Beute zart, aber sicher gepackt, mit der andern strich er das bunte ungehörige Seidentuch vom Tisch und zugleich den kleinen beschädigten Bergungsdampfer. Und lachend knurrte er: »An Land bleiben? Was andre können, kann ich noch lange!«

Da war die See mit einem Schlage wieder da, brüllte ringsum durch die Wände, und die große gelbe Schaumkelle der Sturzsee kippte nun dennoch über ihn, als sich Alvels Arme so heftig um seinen Hals legten und sie sich unerwartet wild an ihn preßte und er ihre Lippen an seinem Ohr spürte, feucht und heiß und dicht, und es wie ein Posaunenschwall in ihn hinein jubilierte, daß er Ja gesagt habe.
Einen Wimperzuck lang bäumte sich in ihm ein plumper Widerstand, aber dann kämmte es ihn fort, und im Strudel sah er nichts als den Mund, der sich verlangend zu ihm aufreckte und ihn toll machte, so daß nichts mehr zu retten war und er, ihn haltlos küssend, versank.

3

Die Erkenntnis

Tralssen hatte die Chance wahrgenommen und sich um den Inspektorposten zu Södehaven bemüht. Die Reederei wollte ihren tüchtigsten Kapitän nicht gehen lassen, zumal das Seeamt die Sache Möller ohne Nachteile für ihn auslegte, und ehe sie, seinen sonstigen und Alvels eigentlichen Plänen gemäß ihn an die Hafenpolizei verlor, wo er gute Aussichten hatte, willigte sie in die Beförderung ein. Der Generaldirektor behauptete zwar nachträglich, er habe durchaus gewußt, daß Tralssen zu jung für den Posten sei.
Nun war es Sommer und die stille Zeit in der Bergungsschifffahrt. Tralssen genoß seine junge Ehe und erledigte die Büroarbeit. Jedermann mußte ihn für glücklich halten. Er sah rundlicher aus als früher, und sein Wesen hatte etwas gleichmäßig Sanftes bekommen, es war, als habe er vordem in ewiger starrer Spannung gelebt, wie es natürlich ist in Berufen, die zwischen oftmals langen Wartezeiten auf Anhieb mit aller Kraft bereit sein müssen.
Er hielt sich auch selber für glücklich. Er hatte eine nette Frau, ein angenehmes Heim und einen geachteten und geruhsamen Posten. Sein erspartes Geld, angehäuft aus so mancher erfolgreichen Bergungsfahrt, hatte zu einer Neugestaltung der Hörnschen Hauseinrichtung gedient, zum Leidwesen des alten Fischermannes zwar, der entschieden abgelehnt hatte, auch für seine Giebelkammer elektrisches Licht zu beziehen, dem auch der schönere Kachelofen, die großartige Deckenlampe, der Staubsauger und das Badezimmer höchst überflüssig deuchten, wie selbst das Telefon, das Tralssen amtlicherweise haben mußte. Denn der Generationswechsel mit seinen Fortschritten zeigt den alten Leuten deutlicher als jeder Kalender den gnadenlosen Ablauf ihrer Zeit an.

Alvel hatte Geschmack, war nicht verschwenderisch, nähte ihre Kleider nach wie vor selber und hatte auch seine Sachen immer in Schwung, nahm sich nur eine Waschfrau für die gröbere Wäsche, kochte vorzüglich und lernte täglich dazu, latschte nie auf Filzpantoffeln umher, war auch morgens schon hübsch zurechtgemacht und immer früh auf, war immer fröhlich, ohne das gleiche jederzeit von ihrem Manne zu verlangen, half ihm bei den Büroarbeiten, murrte nicht lange oder wollte mit, wenn er nach Hamburg zur Direktion mußte oder nach London oder Antwerpen zur Verhandlung über irgendwelche Bergungsangelegenheiten, kurz, sie entpuppte sich als eine vortreffliche, hübsche kleine Hausfrau, war auch zugleich, zart gesagt, als Kameradin, Freundin und Geliebte, alles in eins und nichts ohne das andere, ein wahrhaft reizvolles Geschöpf.

Ja ... Vielleicht etwas zu reizvoll.

Es wurde Tralssen manchmal unheimlich bei dieser ewigen lieben Haus- und Gnadensonne, und dann beschämte es ihn. Er fühlte innerlich nicht den unvergleichlichen Auftrieb, der doch wohl angemessen gewesen wäre, nicht das große Gefühl, das er von anderer, allerdings nun bewußt abzulehnender Gelegenheit her kannte, das namenlose Gefühl in den Augenblicken der Gefahr, das Kapitänsgefühl, das Kampfgefühl, das Gefühl der Tat.

Dafür hatte er nun das liebe Haus. Und das Büro.

Zufriedene Männer sind selten, und es ist fraglich, ob sie auf die Dauer geeignet sind, Frauen zufriedenzustellen. Vorläufig schien Tralssen sehr zufrieden zu sein. Und die Schönwettermonate über war es auch recht erträglich im Bürodienst. Da gingen nicht viel mehr als die Abfertigung einiger Schlepperdienste, eine Wracksprengung, ein paar Taucherarbeiten und die üblichen Sommerreparaturen über Tralssens Schreibtisch, und dann die Listen der Verpflegung und der Lieferungen an Material für die vier Bergungsdampfer, deren Stationen er betreute, und auch natürlich die Heuer. Und durch die

Heuer und namentlich durch die Vorschüsse kam er notgedrungen auch mit seiner alten Mannschaft vom »Tiger« in Berührung. Und er tat, als merke er nicht, wie groß der Abstand plötzlich zu seinen Leuten war.

Sein Nachfolger auf dem »Tiger« war Bottwender geworden. Es hatte sich herausgestellt, daß Bottwender weniger aus Sorge um sein Leben, sondern aus Ärger über mangelnde Beförderungsaussichten nach jener schwierigen Bergung der »Pontos« kündigen wollte. Als nun Tralssens Stelle frei wurde und ruchbar wurde, weshalb, blieb Bottwender. Und tat obendrein so, als habe er es geschoben.

Er tat sich später sogar ziemlich wichtig, gerade, als habe er erst etwas Vernünftiges aus dem »Tiger« gemacht.

Auf die Dauer konnte Tralssen mit Bemerkungen nicht zurückhalten. Wozu war er Inspektor? Er wollte nicht ungerecht sein, wollte gern anerkennen, daß Bottwender gut bei ihm gelernt habe, aber das Boot und die Mannschaft lagen ihm klarerweise am Herzen, der Ruhm sowohl als das Wohlergehen, und somit fand er das Verhalten seines früheren Steuermannes bald zu pusselig, bald zu dreist.

Bottwender redete nicht dagegen. Er hatte eine leichte Art, den rechten Ellbogen bedauernd zu heben und höflich zu lächeln, kam auch nicht aus der Fassung, wenn etwa Alvel anwesend war und wie früher Arbeiten übernahm.

»Als wenn du das noch nötig hättest«, sagte Tralssen eines Tages zu Alvel. »Ich habe der Direktion vorgeschlagen, mir Lemke herzusetzen.«

Lemke war Funker auf dem »Panther« gewesen und hatte sich bei einem unglücklichen Sturz in ungastlichem Wetter ein steifes Bein geholt. Für den flinken Borddienst war er nicht mehr geeignet. Die Direktion ging merkwürdig rasch auf Tralssens Gesuch um einen Bürogehilfen ein. Die frühere Wohnung des Inspektors stand übrigens seit dessen Weggang leer, sie lag auf dem gleichen Flur wie das Kontor, und ohne viel Umstände wurde der anstoßende Raum hergerichtet.

Lemke war ein dürftig aussehender Mensch. Er zog die Schultern vor, als fröre ihn ständig. Sein großer hagerer Kopf hing gleichsam für sich in der Luft, und sein sommersprossiges Gesicht hatte den Ausdruck ewigen Horchens, was betont wurde durch die abstehenden Ohren, die zudem gelegentlich nervös zuckten. Seine langen dünnen Hände waren großartig für die Schreibmaschine und das Nachschlagen in Akten geeignet, die übermäßigen Finger glichen bei der Arbeit auf den Tasten zehn selbständigen, unruhig saugenden Fangarmen. Sein Wesen war übrigens ungemein zuvorkommend. Tralssen hatte ihn vordem nicht gekannt und war froh über den guten Griff, den er getan. Auf die Dauer stellte sich allerdings heraus, daß Lemke an Schweißfüßen litt. Ja, er litt wirklich. Er hatte vergebens alles versucht. Tralssen, vom Bordleben nicht durch Rosenduft verwöhnt, kam erst langsam dahinter, daß es nicht nur übergroße Höflichkeit sei, die den guten Lemke in so ewig achtungsvoller Entfernung hielt. Dann jedoch wurde es ihm zum Inbegriff der Büroluft und von Tag zu Tag unerträglicher. Desto schöner mußte es ihm natürlich zu Haus vorkommen, sollte man meinen. Und eines Vormittags äußerte Herr Bottwender auch dergleichen.
Bottwender kam darüber zu, wie Tralssen sichtlich verärgert in den Apparat brüllte: »Was heißt hier Hafenmeister! Sie können mir am ... Abend begegnen! ...«
Lemke stand mit einem Stoß Akten in respektvollem Abstand daneben. Der Schreibtisch Tralssens war von Schriftstücken regellos übersät. Tralssen schob den Schwall unlustig zur Hinterkante, so daß einiges zu Boden fiel. Lemke bückte sich eilfertig danach, Tralssen schnob ihn an, ohne zu sehen oder Kenntnis zu nehmen, daß Bottwender nach mehrmaligem Klopfen eingetreten war. Lemke fuhr in einer unterbrochenen Aufzählung verschiedener Termine und Angelegenheiten fort, da fehlte eine Zollklarierung des bei Helgoland liegenden Schleppers »Jaguar«, da waren Werftrechnungen gekommen, Taucher Kasdorf hatte Berufung gegen eine Seeamtsent-

scheidung gefordert, das Wasserbauamt hatte sich über die Molenbeschädigung durch den Bergungsdampfer »Panther« beschwert, die Wohlfahrtsbehörde fragte nach den Versorgungsansprüchen des Heizers Viet, die Fleischwarenlieferung für drei der Schlepper war noch nicht beglichen, ebenso mahnte Lloyd's London dringlich wegen der Unterlagen für die Hebung der »Regina«, und außerdem war an die Verhandlung »Lady of Balmoore« zu erinnern. Dazwischen schrillte das Telefon, Tralssen riß den Hörer ans Ohr, knurrte etwas Unmögliches und warf den Hörer wieder auf die Gabel. Lemke fuhr in höflichem Tone fort, indes seine Ohren zuckten.
Tralssen starrte plötzlich die Ohren seines Schreibers an, und seine Nasenflügel bewegten sich unwillkürlich im selben Takt. Bottwender verbiß ein Lachen. Lemke, der weitersprach, schien krampfhaft bemüht, in gleichmäßigem Tonfall zu bleiben. Aber auf einmal, mitten in der Anfrage, ob die von der Direktion gewünschte Tabelle über die Leistungs- und Verbrauchswerte der vom Södehavener Büro kontrollierten Fahrzeuge auch die privaten Verhältnisse der Besatzungen berücksichtigen solle, stockte er. Und da sagte Tralssen ganz ruhig: »Machen Sie die Tür hinter sich zu, Herr Lemke!« Lemke verzog sich, starr freundlich lauschend.
Er sieht aus wie ein Globus mit Beinen, dachte Bottwender.
Tralssen richtete nun den Blick auf Bottwender, ohne den Ausdruck zu ändern. Bottwender reichte ihm den Bericht über die verflossene Ausfahrt des »Tiger«. Tralssen legte die Blätter, ohne sie anzusehen, auf den Schreibtisch. Bottwender warf ein flüchtiges Auge auf den Wirrwarr dort, schloß einen Knopf des hellen Anzuges und sagte leichthin: »Der eine Ölbunker leckt.« Tralssen versuchte, nicht weniger leichthin zu antworten: »Ein paar Dockferien, wie?«
Bottwender gab gekränkt zurück: »Erlauben Sie mal!«
Tralssen, noch immer stehend, kniff die Augen, und seine Stimme klang scharf und abweisend: »Nichts erlaub ich! Sie

haben im Dreck gesessen und sich wie wild wieder runtergewürgt. Das kostet Motor. Da braucht gar nichts zu lecken!« Er schnitt Bottwenders forsch einwendende Geste ab: »Sparen Sie Ihre – Leckage an anderer Stelle ab als etwa bei der Mannschaftsverpflegung. Die Leute haben bei mir anderthalb Pfund Aufschnitt die Woche gehabt, nicht ein Pfund. Wenn Sie persönlich lieber Marmelade essen, müssen Sie Ihre Leidensgefährten schon anderswo suchen.«

Bottwender stand in strammer Haltung und sagte nachlässig: »Sie mischen sich in Befugnisse, die bislang den Kapitänen überlassen waren, aber nebenbei – ganz wie Sie wünschen, Herr Inspektor!«

Tralssen war nahe daran, zu explodieren. Die ihm seit jeher verhaßte stutzerhafte Aufmachung seines früheren Steuermannes schien ihm unangebrachter denn je. Die munteren dunklen Augen, das gutgescheitelte Haar, dazu der neuerliche schmale Schnurrbart, und in den anscheinend übermäßig gepflegten Händen der übliche, unausstehliche fast weiße Filzhut. Er hätte ihm gern in das rundliche, jungshaft kecke Gesicht gebrüllt: »Sie sind mir von jeher als ein widerlicher Affe erschienen, Sie gehören ja auf einen Musikdampfer, tragen Sie doch wenigstens Blau, wie es sich gehört, Sie alberner Fatzke« – Aber er besann sich, indem er zugleich fühlte, daß er Würde zu wahren habe und auch, daß die Kapitäne, die mit Bergungsdampfern umzugehen wissen und Lust dazu haben, immer spärlicher erblühten. Darum senkte er die Lider, um den Mann nicht mehr zu sehen, und schnob, nunmehr sich über die ihm bisher entgangenen Wildlederschuhe ärgernd: »Unser Beruf ist zu ernst –«

Bottwender schien belustigt. Er ließ die blanken Augen auf den blassen Herbstblumen ruhen, die da auf dem Schreibtisch standen: »Begreif ich nebenbei vollkommen, Herr Inspektor, und jeder schafft sich seinen Ausgleich. Der eine so, der andre besser.«

Tralssen knurrte: »Lassen Sie den Titel weg!«

Bottwender hob den Ellenbogen, lächelte und entgegnete angestrebt weltgewandt: »Wer die Würde, hat die Bürde. Nebenbei war die Bemerkung ›besser‹ nicht auf mich bezogen. Dieser angenehm geruhsame Posten –«

Er blickte sich im Raume um, machte eine Bewegung mit der Linken, in der er neben dem Hut wahrhaftig ein Paar hellgelber Handschuhe hielt, denen man übrigens ansah, daß sie wohl nicht neu, aber kaum je über die Finger gekommen waren.

Das Telefon klingelte gerade wieder einmal, und Tralssen gab spöttisch zurück: »Geruhsamer Posten!«, indem er mit einem bösen Ruck die Leitung abschaltete.

Bottwender ließ die Handschuhe nochmals aufschwingen, sagte leiser: »Und das liebe Zuhause –«

Tralssen blickte ihn jäh und scharf an. Es war kein unedler Zug in Bottwenders Ausdruck. Tralssen fühlte einen Strom Wärme in der Kehle wie immer, wenn er mitten in der Büroarbeit ans Haus dachte. Und weniger Triumph als Mitleid wollte in ihm aufkommen über diesen smarten Herrn, der da vor ihm stand.

»Sie sind ein elender Schwerenöter, Bottwender«, meinte er da, und der Angeredete fühlte den versöhnlicheren Hauch und sprach es aus, was der andere meinen mochte: »Ist ja mal unser Beruf, daß einer dem andern die Beute wegschnappt, Inspektor. Muß mir Ersatz sein, nebenbei, daß ich Kapitän wurde.«

Es war, als wolle Tralssen sich nun hinsetzen und das Gespräch beendet sein lassen, aber dann schnippte er unruhig ein paarmal an den Schriftstücken, die sich da so gehäuft hatten, drehte sich vom Tisch weg und ging zum Aktenschrank, zog ein Regal auf, schloß es wieder, ging hin und her und knurrte, wie zu sich selber: „Als wenn es mir leicht wäre, dies Büro hier! Aber wenn man nach Haus kommt, und es ist immer jemand da für einen, wissen Sie, da werden es auch andere verstehen, daß man von Bord ging."

Er war wieder am Schreibtisch angekommen, strich verloren über die Blumen und verstärkte plötzlich den Ton. „Aber wenn Sie dann solchen Mist machen, Bottwender, dann ärgert es mich, dann möcht ich gleich den Kahn selber wieder übernehmen."

Bottwender vermied zu lächeln. Er nickte, allem Streit abhold: „Man lernt nie aus."

Tralssen, die Fäuste auf die Tischplatte gestemmt, schüttelte den Kopf und sagte, als handle es sich um eine Frage, die, aller Lösung unzugänglich, ins Archiv gewandert sei: „Möchte Sie nächstens direkt mal zum Abendbrot bitten, Herr Bottwender, damit Sie selber sehen, daß ich tatsächlich zu beneiden bin."

Herrn Bottwender war es nicht zu verdenken, daß er über diese Einladung ein wenig stutzte und daß er, weitab jener bei ihm beliebten Forschheit, in mustergültigem Bedenken als Bergungskapitän hervorbrachte: „Vielen Dank, das heißt, wenn es das Wetter erlaubt."

*

Und man darf sagen, das Wetter erlaubte es eigentlich nicht an jenem Abend, der dafür ausersehen war.

Tralssen pendelte zwischen dem lecker gedeckten Tisch und dem großen neuen Nußbaumbarometer hin und her, horchte auf den Wind, der im Kachelofen heulte, und knurrte vor sich hin, fast wie der Wind. Man hatte den Ofen zum erstenmal diesen Herbst in Betrieb genommen, und er dunstete noch. Tralssen suchte es durch eine Pfeife englischen Marineschnitts zu überdecken. Er war mit den Vorbereitungen nicht zufrieden, soviel Mühe sich Alvel auch gegeben. Sie waren übereingekommen, daß ein Braten zu großsprecherisch aussehen würde, und der Tisch war nun mit kalten Platten bedeckt, ganz nach Alvels Einstellung auf neuzeitliche und geschmackvolle Art, da sah man Salate, Stangensellerie, Gewürzgurken, Radieschen, Tomaten und vielerlei Obst, frisch oder zubereitet in bunten kleinen Schüsseln, verschiedene nette Käsesorten, schon mit dem gehörigen Gebäck geordnet, auch einiges an Fisch in Öl, zartem Rollmops, schwedischen Gabelbissen und zinnoberrotem Räucherlachs, etwas kaltes Hähnchenfleisch und zwei Sorten Schinken, eine stattliche Pyramide an Butterkugeln und eine Batterie appetitlicher Brotschnitten, die vom ackerbraunen Pumpernickel bis zu den bleichgelben Wasserkeks eine anregende Farbenstufung bildeten. Teetassen, Bestecke und Gläser waren einfach und gut, obschon man für den gedachten Rotspon – Tralssen hielt ihn für vornehmer als Weißwein – unbedenklich die Römer nahm, die jemand zur Hochzeit geschenkt hatte. Andere Gläser waren nicht da. Es war das erstemal in der jungen Ehe, daß Wein getrunken werden sollte. Es war das erstemal, daß Besuch kam, dem man etwas Besseres bieten mußte. Bislang waren es nur Verwandte gewesen.

Tralssen wünschte, daß Bottwender vor Staunen glatt vom Stuhl rutschen solle. »Er beneidet mich, und er soll sehen, daß er recht damit hat«, sagte er zu Alvel. Alvel nahm die Gelegenheit wahr, ihrem Mann über die Schulter zu streicheln, und sie äußerte mehr scherzhaft als im Ernst: »Nun hast du dich wohl wirklich daran gewöhnt.«

Sie hatten das halbe Jahr, das sie nun verheiratet waren, nie darüber gesprochen. Alvel hatte gemerkt, wie das Büro Kai Tralssen mehr und mehr sauer wurde. Aber da er nicht davon anfing, hatte sie sich weislich gehütet. In diesem Augenblick und in der gewissen Erregung, die mit der Erwartung eines Besuches verknüpft ist, reizte es sie aber, die Sachlage klar zu erfassen, im besten Glauben sicherlich, nichts als ihr Glück bestätigt zu finden.

Es kam etwas anders. Tralssen plötzlich schien wie unter einem Alpdruck zu erwachen. Er bedachte sich spöttisch mit dem Ausdruck »muffiger Bürokuli«, fand, daß er schon Bauch ansetze, und starrte unglücklich auf das Photo an der

Wand, das den Bergungsdampfer »Tiger« in guter Fahrt und Meeresweite zeigte.
Sie, obschon erschrocken, kniff die Lippen. Sie fühlte jäh, daß er sich sowieso in innerer Kampfstellung befand in der dunklen Ahnung, Bottwender komme nicht als gänzlich Neutraler. Nun galt es, den Panzerturm, der Kai Tralssen hieß, auf Schußfestigkeit zu prüfen, und das in letzter Minute. Sie sagte, zum erstenmal in ihrer Ehe in gereiztem Tonfall: »Kai, ich kenne deine Fähigkeiten besser als du selbst. Eines Tages bist du Direktor.«
Tralssen sah steif an Alvel vorbei; und hatte er noch einen Atemzug vorher ihre hübsche Aufmachung bewundern wollen, das schwarze lange Seidenkleid, das sie sich selber genäht, jetzt schien es ihm zu nackt in den Schultern. Er wollte Bottwender einiges vorführen, das war klar, aber auf einmal schien ihm hier die Grenze überschritten. Zumindest war es eine Ablenkung, das zu äußern. Und da Alvel ihn nur befremdet ansah, schob er finster an einer der zerbrechlichen Tassen herum, die heute auch zum erstenmal zur Benutzung gelangten, und fragte, wo eigentlich ihr Großvater sitzen werde.
»Großvater hat schon gegessen«, antwortete Alvel. »Du kennst ja seine Einstellung zu deinem früheren Beruf.«
Tralssen empfand den fremden, kampfbereiten Ton in ihrer Stimme wie etwas längst Erwartetes. Es war ihm, als begebe er sich auf die Brücke des »Tiger« und das Wetter sei nicht von schlechten Eltern. Ein dumpf erhebendes Gefühl fürwahr, es war etwas los und war dennoch anders als auf See, mein Gott, es war ärgerlich und traurig, zwischen vier guten Wänden sich mit einem guten Herzen uneins zu wissen. Er sagte trübe: »Und gerade heute könnt ich womöglich Großvaters Unterstützung gebrauchen.«
Alvel begriff nicht ganz, sie hörte nur die gnadenlose Weite dahinter wehen, Kai Tralssens unlustiger Atem und der Wind vorm Fenster, das war dasselbe, trostlos und unhaltbar und

gefährlich. O ja, dies waren dieselben Dielenbretter wie damals, als er den Bericht nach Möllers Tod ihr diktierte und sie ihn bestimmt hatte, von See wegzubleiben. Woher hatte sie damals die Kraft gehabt? Der Tote hatte ihr geholfen. Der tote Bootsmann Möller. Holte er nun seinen Lohn? Hatte er nicht schon ihre Hochzeit zu einer allzu stillen Feier gemacht? War sie dennoch zu glücklich gewesen? Da stand nun Möller in seinem stoppligen Totenbart und sah steif auf seinen damaligen Kapitän. Ja, nicht auf sie, auf seinen Kapitän blickte er, sie sah es genau, ihre Augen waren weit geöffnet in die Raumecke gerichtet, da stand der Tote in Ölzeug, die Trosse hatte eine tiefe Kerbe quer in den triefenden Mantel gepreßt, er stand etwas vorgeneigt neben dem Bild des »Tiger« und bewegte den Mund, man sah es an den Bartstoppeln. Und sie wußte wohl, was er sagte, obschon nur der Wind zu hören war. Er sagte: »SOS, Käptn! –«
Tralssen setzte endlich die dünne Tasse auf die Untertasse zurück. Der kleine Klick scholl wie die Schiffsglocke, die ein Glas glast, wenn sie anzeigt, daß es noch zehn Minuten bis zum Wechsel der Wache sei. Er mag die dünnen Tassen nicht, dachte Alvel neben ihrer großen Angst, ich will ihm wieder seine alte Schiffstasse hinstellen. Sie schielte auf Möller, was er dazu meine und ob es nicht Opfer genug sei. Aber die Wand war leer. Alvel fühlte Tralssens Stimme zu sich herüberschwimmen, fernher und müde, und er stand plötzlich neben ihr. Er strich über ihre Wange, er sah wohl, wie blaß und starr und großäugig sie dastand, er fand alles unsäglich rührend, den schmalen Kopf, das kleine Kinn, die kurze Nase, den Mund, der dünn schien und sich doch leidenschaftlich zu wölben vermochte, er legte die Hand auf ihren schmalen Nacken, an die glatte kühle Haut, blickte schwerfällig auf die breite Fülle ihrer sandfarbenen Haare, er gab sich einen Ruck, zog den Atem ein, verschluckte sich. Sie fühlte ungläubig, wie ihr alles schrecklich sei, was er tat. Und sie rührte sich nicht.

Er räusperte sich heiser, lachte hilflos: »Mir ist trocken in der Kehle. Wollen man anfangen.«
Er ging einen Schritt und bückte sich zu der Burgunderflasche nieder, die am Ofen stand. Er hörte Alvel merkwürdig erleichtert sagen: »Ich ruf beim ›Tiger‹ an. Dir ist nicht gut oder mir.« Die Flasche in der Hand, warf er einen Blick aufs Barometer, das ein Geschenk der »Pontos«-Mannschaft war, und knurrte: »Bei dem Wetter wird er sowieso nicht kommen.«
Er öffnete das Fenster. Der Wind heulte herein. Alvel stürzte vor, um das Tischtuch und die Mundtücher festzuhalten, indes Tralssen, den frischen Luftzug genießend, fortfuhr: »Wär sicher auch besser!«
Alvel, obschon nicht wegen dieser Bemerkung, schrie empört auf. Der Kampf mit dem Tischlinnen war aussichtslos wie mit losgerissenen Segeln im Sturm. Die ganze hübsche Ordnung der Tafel ging in die Binsen. Sie schrie auch, daß sie sich erkälten werde. Aber Tralssens Aufmerksamkeit war durch draußen herannahende Schritte gebunden, es war kein Zweifel, jemand trat durch den Vorgarten ein, und der Hausherr, dem ein offenbar böses Gewissen bislang fremd gewesen, wiederholte seine letzte brummige Bemerkung in geändertem Tonfall, so, als sei es ein angefangener Satz, den er heiter und großartig beendete: »... auch besser, wenn wir den Tee jetzt fertigmachten!...«
Und dann tönte Bottwenders forsche Stimme zurück: »'n Amd, Herr Inspektor!«
Tralssen schloß das Fenster und wandte sich, jäh wieder düster, an Alvel: »Wenn er doch bloß den Titel weglassen wollte!«
Alvel legte in Hast die letzte der ausgerissenen Servietten wieder an den Platz, strich sich fröstelnd über die bloßen Oberarme und sagte, als sage sie es zu sich selber: »Nun lach doch!...« Dann legte sie ihre runden, hellgrünen Augen halb verwundert auf Tralssens unlustigen Ausdruck, nickte ihm

zu, meinte, er solle die Flasche doch wieder hinstellen, sie wolle die Tür öffnen und dann den Tee holen.
Als sie mit Bottwender wieder eintrat, hatte sie ein Tuch um die Schultern gelegt, aber ihre halbe Gestalt war von dem riesigen Strauß kopfgroßer gelblicher Chrysanthemen verdeckt, die Bottwender mitgebracht. Tralssen wandte sich von dem Bild des »Tiger« ab, auf das er gestarrt, als die Stimme seines früheren Steuermanns flott und höflich im Flur aufklang, ja, der »Tiger« schwang in voller Fahrt durch eine vernünftige See, das Photo war vom »Panther« aus vor Helgoland geknipst, vom Funker Lemke derzeit, damals, als dessen Schweißfüße noch nicht dazu dienten, eine gewisse Büroluft gänzlich unerträglich zu machen.
Tralssen fand sich mitten in seiner Wohnstube merkwürdig genug fast in jenen entrückten Zustand versetzt, der ihm an Bord so unbewußt als nützlich gewesen war. Die freundlichen Bemerkungen, mit denen er nunmehr Bottwender bedachte, waren genau so mechanisch wie das Platznehmen bei Tisch. Und er erwachte erst, als die Waschkanne mit den Chrysanthemen – es war eine geeignete Vase nicht vorhanden – von Bottwender mit blumigen Redensarten mitten auf den Tisch gestellt und zu diesem Zweck rücksichtslos die zierliche Anordnung der Schüsseln und Platten zusammengeschoben wurde. Er spürte ein ziehendes Gefühl in den Schläfen, sein Kopf war schwerfällig, er sah benommen auf die mächtigen Blütenkelche, die soeben aus zackigen Schaumköpfen zu gelblichen verkrampften Fingern zu erstarren schienen. Er hörte Bottwender, schon kauend, schneidig plaudern: »Sehen Sie, gnädige Frau, so bewährte sich der ›Tiger‹ auch unter meiner Führung. Nicht wahr, man sollte es kaum für möglich halten, Herr Inspektor.«
Tralssen, der sich vorgenommen hatte, Bottwenders wahrscheinlichen Neid zu füttern, angelte nach einem der leckeren Brote und lachte höflich: »Glück muß man haben. Donnerwetter, Alvel, das sind ja die reinen Schlemmerbissen!«

Ihm war auf einmal klar, daß Bottwender die ganze Zeit von sich geredet hatte. Dazu hatte er ihn nicht eingeladen. Dazu hatte Alvel sich nicht die ungeheure Mühe gemacht. Es war auch überflüssig, daß sie nun obendrein sagte: »Wir können Ihnen leider nichts Warmes bieten, Herr Kapitän.«
Einen Braten konnte leichthin jedweder auf den Tisch bringen, aber nun bewies sich, was er befürchtet hatte, daß alle Kunst fehl geht, wenn sie auf mangelndes Verständnis stößt. Bottwender spülte den Mund mit einer Tasse Tee, wischte sich kräftig über die Lippen und sagte herzlich: »Ich bin schlichter Seemann. Mir genügt, wenn ich satt werde.«
Tralssen gab es noch nicht auf. Er zwang sich zu seinem leutseligsten Ton: »Der alte Schlemmer! Nein, Alvel, der Junge weiß ganz genau, was gut schmeckt. Du hast alles so reizend gemacht! Das ist doch was anderes als aus dem dicken langweiligen Bordgeschirr, nicht, Herr Bottwender, und von Sötebier lieblos hingehauen in der kahlen Messe und so? Das will ich meinen!«
Er griff hinter sich nach der Rotsponflasche, indes Bottwender weltmännisch schmunzelte: »Hätte nebenbei nie gedacht, daß Kai Tralssen ein so scharmantes Haustier werden könnte. Richtig, darauf sollte man anstoßen.«
Tralssen schnitt mit dem Tischmesser säuberlich die obere Fläche der roten Kapsel ab und zog den Korken mit einem altmodischen Korkenzieher heraus. Alvel betrachtete den Vorgang aufmerksam, ihr hübsches blasses Gesicht hatte einen argwöhnischen Zug, und Bottwender, der seinerseits sie betrachtete, fand, daß sie älter geworden sei. Er war nicht mit der Absicht zu stören gekommen, er freute sich im Grunde, daß dieses Mädchen, das auch er begehrt hatte, im Augenblick weniger reizvoll aussah, als ihm unter anderen Verhältnissen lieb gewesen. Nein, ihm schien nichts entgangen zu sein, sagte er sich. Es berührte ihn auch weiter nicht merkwürdig, daß Alvel den Seidenschal trug, den er ihr damals mitgebracht. Als er, einige Wochen vor jenem ereig-

nisreichen Tage, sie an dem Tanzabend aufgefordert hatte und seine Zigarre, wohl ein wenig schneidig, aus der Hand gelegt, hatte diese ein Loch in Alvels Schal gesengt, der bei ihrer munter zusagenden Bewegung hochflatterte. Daran dachte er jetzt, sein Mißgeschick nochmals bedauernd, das ihm nachträglich als böses Vorzeichen deutbar schien, von keinem noch so teuren neuen Schal zuzudecken. Sie hingegen, seinen Blick spürend, glaubte ein gewisses Erstaunen bei ihm zu erkennen. Vielleicht war es ihr darum zu tun. Es hatte sich in der vorangegangenen Mißstimmung angekündigt, daß die beständige schöne Friedlichkeit, durch die sie ihre Ehe mit Kai Tralssen ausgezeichnet fühlte, auf leichtem Kiel gebaut schien. Es reizte sie die Versuchung, das Schiff zu erproben. Mochte denn ein Unwetter kommen und zupacken. Sie war gewiß, ihre Kraft würde reichen, dem Kentern zu trotzen. Diese beiden Männer in Dunkelblau sollten ihr bestätigen, daß ihr Schicksal gut und gerecht sei.

Ja, heute war Bottwender in Dunkelblau.

»Kai trinkt sonst nie mehr«, meinte sie lächelnd.

»Nebenbei sehr ulkig«, lachte Bottwender, indem er augenzwinkernd eine Bemerkung ankündigte, die ihm witzig deuchte: »Früher hat er den Tiger dressiert, jetzt haben Sie den Tigerbändiger dressiert...« Er blickte lachend auf den roten Strahl, der aus der Burgunderflasche in sein Glas rann: »Rotspon? Die Milch der Greise...«

Tralssen sagte nichts, er lächelte bemüht. Aber Alvel war betroffen über Bottwenders nicht gerade taktvolle Forschheit. Sie warf rasch dazwischen: »Wollten Sie nicht von der letzten Kollision erzählen, Herr Bottwender?...«

Sie nahm ihr Glas, schnupperte daran und äußerte zu Tralssen hinüber: »Ein herrlicher Wein, Kai!«

Wurde er angegriffen? Er sollte sehen, auf welcher Seite sie stand.

Tralssen lächelte ihr zu, er hob das Glas, und dann sah man ihm an, daß er den Schal um ihre Schultern erkannte.

»Prösterchen, und was wir lieben!« flötete Bottwender, seine Gewandtheit genießend. Tralssen hatte die Augen gesenkt. Aber wie die andern trank er sein Glas leer, wollte auch gleich wieder einschenken, aber Alvel legte die Hand dazwischen, sie mochte nicht mehr, und Bottwender sagte: »Danke, Inspektor, aber der Dienst...«
Tralssen drängte nicht lange und bediente sich allein. Bottwender ließ sich die Teetasse neu füllen, indes er wirklich auf Alvels Wunsch in seiner Selbstbespiegelung fortfuhr: »Ein englischer Kohlentramp rammt da also einen spanischen Apfelsinendampfer.«
Er fuhr mit der Teetasse auf eine Schüssel Tomatensalat los: »Rumms!...«
Die Tasse war dem Anprall nicht gewachsen.
»Pardon!« lachte Botwender: »Schon leck, wie in natura.«
Tralssen schickte einen unwillkürlich spöttischen Blick zu Alvel. Sie erwiderte leise und unverkennbar flehentlich: »Laß man, Kai!«
Bottwender fuhr fort: »Wir kriegen also Ruf von beiden – die Tasse wird nebenbei ersetzt, immer Kavalier – wir also hingewichst wie Blücher – klotzige See, gegen Morgen habe ich die armen Stücke im Glas, beide am Absaufen, beide noch ineinander verklammert wie – Pardon – um so gegenseitig die Lecke zu stopfen.«
Er unterbrach sich: »Wäre nebenbei neugierig, Inspektor, was Sie nun gemacht hätten.«
Tralssen war dabei, eine neue Flasche aufzuziehen, und knurrte von unten herauf: »Erzählen Sie nur.«
Alvel wurde es unbehaglich: »Ich weiß nicht...«
Bottwender rückte die Waschkanne mit dem Strauß ein wenig zur Seite, damit er Alvel besser sähe: »Aber ich, meine Dame...« Und umständlich berichtete er jene Heldentat, die der Reederei, da beide Dampfer an der Trosse sanken, erst nach langen Verhandlungen einen Teil der Versicherungssummen einbrachte.

Tralssen wurde unterdessen sichtlich finsterer. Er saß da und trank, die Augen gesenkt. Alvel wurde es beklommen. Sie bat Bottwender, von etwas anderem zu berichten. Er brach auch sofort ab, äußerte liebenswürdig, daß er nur Gelegenheit genommen habe, sich in so objektiver und scharmanter Gesellschaft noch einmal zu verteidigen, und begann dann, einen anderen Fall aufzuwärmen, die Rettung von sieben holländischen Schiffbrüchigen, die sicher ruhmvoll, wenn auch ohne jeden finanziellen Gewinn gewesen war.
Alvel legte bittend die Hand auf seinen Arm: »Lieber nichts von See, Herr Bottwender. Mein Mann . . . ich hör es nicht so gern.«
Tralssen hob den Blick. Alvel sah sein Gesicht wegen der Blumen nur halb, sah nur einen der weißlichen Tankschlitze, nur den einen spöttischen Mundwinkel: »Nur los, Alvel, von anderen hört man es schließlich dennoch gern, zumal so farbig. Das ist doch mal was anderes als die mageren Berichte, die ich zu diktieren pflegte. Prahlen Sie nur ruhig weiter, Herr Bottwender!«
Er trank.
Bottwender öffnete den Mund, als habe er einen Witz nur halb verstanden. Alvel blickte ihn bittend an: »Nehmen Sie es nicht übel, Sie machen ihm nur das Herz schwer.«
Bottwender, in gewinnender Haltung wie immer, ließ die dunklen runden Augen verwundert auf den Chrysanthemen ruhen: »Ach nee! Wenn man so freiwillig von See geht wie er? Wo das Seeamt ihm nebenbei nicht mal die Sache mit Möller verübelt hat und er die Treppe rauffiel statt runter, in jeder Beziehung? Und nun macht ihn schon ein bißchen Seemannsgarn melancholisch?«
Er nahm gedankenvoll einen Schluck Tee. Er schlürfte sogar ein wenig, aber Tralssens Stimme überdeckte es gleich, und Alvels Herz duckte sich vor dem Ton, der sonderbar dumpf in die Blumen gesprochen schien: »Möller? Richtig, das ist die Sache!«

»Nicht davon Herr Bottwender!« Alvel blickte hilfesuchend von einem zum andern: »Nein, Kai, nicht davon!« und wieder zu Bottwender: »Kai schläft sowieso schlecht in letzter Zeit.«
Trassen lachte grollend auf: »Oho, Rotspon soll ein fabelhaftes Schlafmittel sein.«
Damit reckte er den Flaschenhals über Bottwenders Glas, aber Bottwender zog es weg und dankte: »Ich... schlafe gut!«
Der Wein floß aufs Tischtuch und über den Tischrand. Bottwender rückte mit dem Stuhl zurück, riß das Taschentuch hervor und wischte sich über die Hose: »Pardon... ich muß vielmehr munter bleiben!«
Alvel, nach einem kleinen Aufschrei, nahm ihr Mundtuch und schob es unter den triefend roten Fleck des Tischlakens, um das gute Mahagoni zu schützen. Tralssen verharrte einen Augenblick mit der Flasche in der Luft. Er lachte in sich hinein, sichtlich angetrunken. Dann ergriff er den Salzstreuer und schüttete ihn ausgiebig und ungeschickt über die Stelle. Alvel nahm es ihm ab, ihre Stimme klang gelöster, die Spannung schien durch die kleine Explosion vorüber: »Salz kann auch zuviel werden, nicht, Kai? Genau wie Salzwasser, Herr Bottwender. Glauben Sie mir, Kai ist im Grunde froh, dem allzu vielen Salzwasser entronnen zu sein und so hübsch im Trockenen zu sitzen.«
Tralssen goß sein Glas hinunter, kaute nachschmeckend: »Trocken wie ein Kindertuch, Prost! Ich und schlecht schlafen!«
Bottwender sah ein, daß auch er etwas zur Entlüftung beitragen müsse. Gewiß, er war eingeladen worden, um zu bewundern, und er war nicht solch Gimpel, das nicht gewußt zu haben, hatte daher auch wenig Lust gehabt, Tralssens trauliches Herdglück gebührend neidvoll an Ort und Stelle zu bekränzen. Es lag aber etwas im Barometer, das zur Vorsicht mahnte. Der Gastgeber schien in ein Tief gerutscht zu sein,

und die Hausfrau hatte sichtlich den Sturmball gehißt. Oh, nein, einen Gast wie ihn fuhr man nicht über. Es stand ihm ja zu Gebote, die Zügel in der Hand zu behalten, einzulenken und Versäumtes nachzuholen. »Schlecht schlafen?« sagte er darum liebenswürdig. »So, wie man hier gebettet ist? Nebenbei, an Stelle eines gewissen Herrn Inspektors würde ich überhaupt kein Auge mehr zutun.«
Er hatte ganz allgemein die schöne Wohnung gemeint und alles das, was für Tralssens Dasein als Genuß zur Verfügung stand. Gerade aber befand sich Alvel zwischen ihm und dem Tisch, und ihre Hand hatte eben mit dem Salzstreuen aufgehört und schwang mit anmutiger Bewegung zurück und zufällig in die Nähe seines Gesichtes. Auf einmal ergriff er zart diese blasse Hand, die unter jenem seidenen Tuch hervorsah, das – so fiel ihm jetzt bei – vielleicht als eine erinnernde Freundlichkeit für ihn sich heute bei Tische befand – und er hauchte einen Kuß auf Alvels Finger, wirklich zarter, als man einem Herrn seines Berufes zugetraut hätte.
Alvel empfand es so ungewöhnlich, als habe ein vorbeifliegender Vogel sie berührt. Ihre Hand schnellte hoch und verbarg sich auf ihrer Brust, und die andere Hand wischte erschreckt darüber. Sie streifte Bottwender mit einem sprachlosen Blick, bemühte sich aber in der nächsten Sekunde, es verdeckt sein zu lassen, und äußerte leichthin, indem sie einen Schritt zu ihrem Stuhl zurücktrat: »Na, Sie, so kann man auch nur als Junggeselle reden.«
Sie hatte seine Bemerkung über das Nichtschlafen genau so mißverstanden wie Tralssen, der lauernd hinter dem Chrysanthemenstrauß saß.
Sie blickte, über ihre Bemerkung selber peinlich berührt, wie abbittend zu ihm hin. Bottwender aber, seiner selbst höchst sicher, im Gefühl einer unwiderstehlich weltmännischen Art, griff leicht an ihren Arm, der durch die rasche Bewegung bis über dem Ellbogen sich entblößt hatte: »Allerliebste kleine

Frau, hätte ich nur herzhafter zugepackt, ich wäre kein Junggeselle mehr!«
Tralssen sah und hörte das alles so deutlich, wie der rötliche Nebel es eben zuließ, den das wärmlich Getrunkene um ihn legte; er sah, wie Alvels Augen kurz zusammenzuckten und wie sie den sichtlichen Schmerz verbiß, den Bottwenders Flosse ihr so ausgleitend angetan haben mußte. Ihr Mund öffnete sich, aber sie unterdrückte den Laut, sie wollte den Alarm vermeiden, das sah Tralssen. Nicht, daß er annahm, sie wolle den Angreifer schonen, sie war friedliebend um jeden Preis, abhold jeder Gewalt, ja jeder Erschütterung; umsonst hatte sie nicht den sanften Posten der Inspektorsfrau jenem vorgezogen, den Bottwender ihr trotz aller Landgespinste höchstens hätte bieten können. Nein, hier war kein Warnungssignal nötig, es hatte jemand ans Ruder getatzt, der hier nur Badegast zu bleiben hatte.
Tralssen schob sich langsam über den Tisch vor. Sein aufliegender rechter Arm, das leere Glas haltend, drückte unbesehen die Blumenkanne vor sich her, die wiederum Schüsseln, Teller und Tassen wie Schollen vor einem Eisbrecherbug ineinander staute, was die Aufmerksamkeit der beiden so in Anspruch nahm, daß ein Ablenkungsmanöver – und Alvel wollte gerade mit heiter unbezüglicher Bemerkung, so etwa: »Oder rauchen Sie auch nur Pfeife wie mein Mann?...« die Zigarrenkiste anbieten – nicht mehr in Frage kam.
Tralssen sagte nun voll jener unnachsichtlichen Ruhe, wie es seine Art der Mannschaft gegenüber gewesen, indem er ganz wie damals auch niemand Bestimmtes anblickte: »Hier bin ich noch Kapitän. Scheren Sie sich von Bord, Bottwender!–«
Nun erst fühlte Bottwender die schmalen weißlichen Augen auf sich gerichtet und wußte, es war ernst. An Bord wäre jetzt die geringste Widerrede unmöglicher gewesen als ein Erdbeben in Södehaven und sicher um vieles verderblicher. Hier jedoch galt es, die zivile Haltung zu wahren und einer Dame

gegenüber einzustehen für einen Scherz, der nicht ganz aus der Luft gegriffen war.
Immerhin war der Eisgang auf dem Tisch zu vorläufigem Stillstand gediehen.
»Nanu?« versetzte Bottwender darum und fand es ärgerlich, daß es so wenig leichthin herauskam. Seine ungewollt folgende, etwas zu erstaunt wirkende Geste, die den scheu abgewandten Blick der Hausfrau nicht mehr antraf, vollendete sich klüglich in einem Griff nach der Taschenuhr. »Tatsächlich!« sagte er und erhob sich, verbeugte sich vor Alvel: »Frau Tralssen, es war wundervoll.«
Alvel nahm verlegen die Kiste von der Anrichte: »Wollen Sie denn nicht wenigstens eine Zigarre?«
»Danke, ich hab«, lächelte Bottwender mit nochmaliger Verbeugung. Er schien sich plötzlich wie ein Dompteur zu fühlen, indem er mit wachsamem Geschick sich aus eigener Tasche bediente, und tatsächlich hatten die Augen Tralssens in diesem Augenblick etwas entschieden Tierhaftes.
Bottwender betrachtete prüfend das angezündete Ende des schwarzen Stumpens, steckte das Feuerzeug in die Weste, drehte sich förmlich zu Tralssen hin, neigte leicht den Oberkörper, den Kopf senkrecht belassend und sagte, die letzte Silbe gewinnend und abschließend hebend: »Herr Inspektor...«
Er wartete die Sekunde, ob, wie es den Anschein hatte, der ihn verhangen Anstarrende losbrüllen werde. Und wandte sich, da es nicht geschah, ruhig um und ging. Und es blieb der staubig säuerliche Duft der Brasil, der schon einmal in diesem Zimmer geweilt.
Alvel stand mitten darin. Ihre verlorene Handbewegung deutete an, daß sie etwas Rettendes hätte sagen mögen. Sie unterließ es angesichts der ungeschlacht brütenden Haltung ihres Mannes, dessen Blick dem Davongehenden starr nachlauschte. Sie begann benommen, etwas Ordnung auf dem Tisch zu schaffen.

Man hörte die Haustür ins Schloß fallen, hörte den Gartenkies unter den davonschreitenden Sohlen knistern, hörte den jammernden Wind und das ferne nervensägende Geschrei der Seevögel, die durch die Hochflut von ihren Schlafplätzen aufgestört waren. Es war, als schabten unersättliche Löffel in längst entleerten Schüsseln.
Tralssens Arm setzte sich nun langsam wieder in Bewegung und schob die Waschkanne mit den Blumen erbarmungslos über den Tischrand. Alvels Hände konnten nichts ausrichten, und ihr zurückgehaltener Wehlaut mischte sich mit dem rauschenden Aufschlagen und Zerknallen. Danach war wieder Stille. Tralssen saß unbewegt sturnackig da, das gerötete Gesicht brutal in die Ferne gerichtet, in der die Möwen kreischten.
Von seinem Schlafplatz aufgestört – das war es, was Alvel auf einmal erschrocken empfand. Sie würgte es in Angst zurück, löste sich aus der Erstarrung, trat leise hinter den Mann, der ihr nunmehr Mitleid und Pflege zu verdienen schien. Mochte es bei der schönen Kanne bewendet bleiben, deren Scherben nicht schlimmer zu sein brauchten als die des Flaschenschiffes, die wohl Möllers Unglück angekündigt hatten, letzten Endes aber doch auch ihr Glück. Ihr Mund wurde schmal vor Gier, zu halten, was sie besaß.
Sie neigte den Kopf zu seiner breiten Schulter nieder, flüsterte besorgt, mit einem Schuß liebevoller Maßregelung, seinen Namen.
Tralssen befand sich auf der Schwelle zwischen Platzen und Zerschmelzen. Er lächelte krampfhaft, sie spürte es an den Lidfalten, und sie strich ihm über die Haare, von denen eine heiße Feuchte aufstieg. Sie hörte ihn mit versagender Zunge hervorbringen: »Sag ebenfalls ruhig Herr Inspektor!«
In ihre fahrig beschwichtigende Gebärde hinein erhob er sich schwerfällig, es war, als fülle seine Masse die Stube bis in die Wände, sie sah sein Antlitz mächtig über sich, es war voll Kummer und voller Liebe, das erkannte sie dankbar und mit

Genugtuung. Er versuchte, die große Hand auf ihre Schulter zu bringen, ließ es aber auf halbem Wege hilflos ungeschehen, und sie betrachtete diese zaghafte Hand, die sich weißlich und ungesund anließ, diese einstmals ungemein erfolgreiche, diese gröblich und prall, salzwassergewaschen und windgeschabt gewesene Seemannshand, indes sie seine trüben Worte aufnahm: »Armes Kind! Meinst du wirklich, ich gewöhne mich noch daran?«
Sie verdeckte die namenlose Furcht, die an ihr Herz kroch. Sie patschte wegwerfend mit ihren wohlbefindlichen Fingern auf seinen sinkenden Handrücken, als wolle sie ihm das Zurückgewinnen der strammen Haltung erleichtern. Ihre Stimme war ermunternd und verzeihend: »Dieser Rotspon, Kai, hat es in sich!«
Tralssen schien zufrieden über solch bequeme Auslegung. Es lag ihm fern, mehr Scherben und Erörterungen heraufzubeschwören als nun leider schon geschehen. Er drehte sich mit müdem Ausdruck zur Tür und meinte, ein bißchen frische Luft werde ihm gut tun. Worauf Alvel, noch keineswegs ohne Mißtrauen, bemüht heiter erklärte, sie wolle mit.
Er war schon in der Tür und spürte die Trosse plötzlich sehr, die ihn und sie verband. Somit brummte er sanft – als brumme ein Ozeanriese »Smiet los!« – ohne sich umzuwenden: »Bleib du man hier und räum auf! Was soll sonst dein Großvater denken, wie sich die widerlichen Bergungstiger wieder mal benommen haben.«
Alvel dachte gegen seinen Nacken, wie schlecht er sich hält, wie krumm er geht, wie ist er alt geworden und hat sich übel aufgeführt und ist noch nicht zu Rande, aber was macht das alles, er ist in sicherer Hut bei mir und soll es bleiben und wird sich daran gewöhnen und wieder lustig sein und ein forscher Kerl wie früher – und wie Bottwender – auch auf seinem Inspektorposten, er soll nur erst soweit sein wie Brand. In Hamburg werden wir sowieso weiter ab sein von der elenden See und dem »Tiger« so direkt vor der Tür, und der ganze alte

Betrieb mit der Mannschaft und Erinnerung soll uns dann nicht mehr stören!
»Kai«, sagte sie darum energisch, »du gehst tatsächlich weg?«
Tralssen war im Flur dabei, sich den blauen Wettermantel überzuziehen. Er entgegnete nichts. Alvel trat neben ihn. Jetzt war sie ärgerlich: »Manchmal könnte man meinen, wo du schon darauf anspielst, Großvater hat recht.«
Er schwieg dumpf und knöpfte den Mantel zu. Da konnte sie nicht mehr an sich halten und nannte es weinend den richtigen Abschluß des reizenden Abends und sparte nicht länger mit dem Vorwurf, daß er sich muffig, empfindlich und roh erzeigt habe, beklagte nun auch offen die schöne Kanne und die unschuldigen Blumen.
Das Süßwasser, das zu Boden geflossen, und das verstreute Salz über rotem Berauschenden mischte sich und dunstete begehrlich der See zu, daher es geheimnisvoll stammte.
Tralssen murmelte: »Ich verkomme hier langsam, Alvel.«
Das Wort mußte sie verletzen. Sie vergaß, weiter zu weinen, es war wie eine maßlose Faust, die das ganze liebe Heim, nebst Treue, Glück und betriebsamer Sorge zunichte hieb. Aber sie selber stand noch da, sie konnte es nicht treffen, funkelnd ragte sie aus den Trümmern, das Letzte nicht preiszugeben, sich nicht und ihn nicht.
Er schwieg dumpf, den Drücker der Haustür umklammernd. Sie hatte nichts geäußert, aber er fühlte alles wie sie und was zu sagen gewesen wäre. Sie stand da, ihre Empörung schlug um und legte sich hinter ihm auf die Lauer und sprach drohend aus, daß sie wisse, was er denke.
Er schwieg. Um alles in der Welt hätte er lieber nicht gehört, was er dachte. Sie aber faßte sich das Herz, es klang wie ein irrer Sirenenton, und doch sprach sie nur ganz leise, so sonderbar von Haß erstickt, sie, die ihn doch liebte, und sagte: »Ich lasse mich nicht von dir unter die Trosse kriegen wie Möller!«
Das sagte sie.

Kapitän Tralssen – es war, als wäre er wieder Kapitän – hob den Kopf. Er blickte forschend in das ratlos trotzig funkelnde Gesicht, in die so veränderte blasse blonde Nebelsonne, als die sie ihm sonst so herzlich geschienen. Welch schwierig geheizter Ofen war es nun, zerborsten, beizend verqualmt, ansengend, bis ins Mark dörrend. Es fuhr ein Schwall Regenschall und Wind vom Dachsims auf die Flurschwelle, fuhr wie Gischt auf, ihn zu kühlen; die große kühle Welle der See, die ihn abgefischt und auf Land geworfen, sprühte ihn an, es bebte der Anprall ihm bis in die Kehle, und er sah Bootsmann Möller steil daraus hervorbrechen und die sirrende Trosse prüfen, die hier quer durch den stillen Flur lief, und sah ringsum seine alte gute Mannschaft auftauchen, die er Herrn Bottwender überlassen, der ihnen Margarine verabfolgte und Mist machte, und sah die harten, munteren Gesichter, verläßlich, unverdrossen, kühn und einfältig gewitzt, roch den fettigen Dunst der Messe, hörte dünnen Gesang aus dem Logis, nein, es war nur die lachhafte Schägpfeife, die Sötebier, der Smutje, blies; es war der schmerzhaft halbe Ton zu tief, der nun fällig war.
Tralssen verzog das Gesicht, als er unheimlich lauschend sagte: »Du könntest mir das Versprechen zurückgeben!«
Nun war wieder Alvel wie damals, da sie die See stürmisch nachgeahmt und er in ihr ertrunken war. Nun klammerte sie sich an ihn, nun schrie sie das in Bitterkeit fordernd, was sie damals betörend gestammelt, daß er bei ihr zu bleiben habe, daß sie ihn nicht hergebe, daß sie nicht Frau Möllers Schicksal erleiden wolle, daß sie ihn zu lieb dazu habe.
Er stand unbewegt haltlos in diesem Aufruhr. Sie faßte sich auch bald, schüttelte das Haar, strich sich über die Schläfe, sah ihn groß an, der so begossen und dennoch unverschämt gewaltig dastand.
»Du . . . viel zu lieb!« schluckte sie.
Er entgegnete nichts, er blickte verloren über sie hin. Sie legte ihre Hand an seine schon nachtrauhe Wange, seinen Blick auf

sich zu neigen, ihn in der lichten Weite ihrer Augen zu erforschen. »Das siehst du doch ein!« sagte sie mit dem leisen Anflug, als ob es nun gleich wieder gut sein werde.
Aber sein Blick blieb fern, und sie wurde wieder ängstlich und sagte aufs neue einiges, das ihr Besitzrecht und seine liebenden Zusagen betraf, und daß auch er etwas zu verlieren habe, nämlich sie. Es war, als werde er nun sich bequemen, ein gütiges Wort zu finden. Er sah verquält genug aus, und sie war noch nicht klug genug, es damit gut sein zu lassen; sie deutete an, daß es, wie er wohl gemerkt, auch noch andere gäbe, obschon seine Eifersucht bislang höchst lächerlich sei. Da packte er mit seinen so mürbe noch nicht gewordenen Pranken den seidenen Schal an, der ihr halb von den Schultern geglitten war. Und er sah ihre bloße Haut sich begehrenswert den schmalen Rundungen anschmiegen und den Schaft des Halses und die zerbrechliche Schwingung der Schlüsselbeine zu den dünnen Sehnen der Grube hin, sah die Wölbung hinab, die matt glänzend, gleichmäßig vom verflossenen Strandsommer mild gebräunt war, sah den Ansatz der kleinen, weißeren Brüste, spürte die pulsende Verführung unter der engen Linie des Kleides, die wollüstige Erinnerung der Nächte ihres Glücks, in die zu versinken und darin zu vergessen und erschlagen zu sein, es ihn jäh verlangte. Sie merkte die Begierde seiner Hände und empfand den Triumph nicht angebracht, die Einlenkung seiner Sinne schien ihr die herausgeforderte Klarheit wegzudrängen, aber mochte es so sein, ja, es hätte so sein dürfen, gelockert und eingelullt und unter Decken und Kissen und Brunst verschwemmt, bis es zu andrer Zeit gespenstisch wieder da sein würde, das Sirren der Trosse vorm Zerreißen. Doch es war dem Ablauf keine Zeit mehr gegönnt, und so mußte Alvel sich spröde von ihm wegbiegen. Es mußte sein, daß er ihre Bewegung als feindselig zu erkennen vermeinte, als ungütige Auslegung seiner täppischen Einkehr. Da zog er den fremden Schal heftig über die aufreizenden Gefilde, ließ aber nicht los, so daß der grau

schillernde dünne Stoff sich zusammenwand und schlangenhaft ihren Kehlkopf bedrückte, eine würgende Schlinge, darüber ihr Gesicht in Entsetzen stumm zurückgebeugt hing.

Ächzend in fürchterlicher Versuchung sah er seine Fäuste verkrampft, sah Alvels Augen nach oben schlagen wie die Möllers, deutlich im grellen Scheinwerferkegel; er röchelte etwas Unverständliches, das Bottwender auffordern sollte, rettend das Beil zu gebrauchen, da löste sich die Spannung. Alvel taumelte gegen den sandfarbenen Flausch, der an der Ablage hing und den er ihr frisch für den Herbst geschenkt. Sie griff in den weiten Halt, und es war, als habe sie plötzlich ein endgültiges Geländer gefunden. Sie lächelte, wirklich, sie lächelte,etwas verstört zwar, aber ohne Vorwurf, sie drehte den Kopf ein wenig zur Treppe hin, die nach oben zur Kammer des Großvaters führte, und meinte verlegen besorgt, man wecke wohl gar noch Leute auf. Sie streichelte über den dicken guten Mantel, sie war sichtlich erneut dankbar, jede Festlegung weiterer Rechte schien nie von ihr erwähnt. Die blaue Schirmmütze am Haken über ihr, die, vom Anstoß betroffen, der Schwerkraft gehorchend, sich nicht länger am glatten inneren Lederrande hielt, fiel nieder, und sie fing sie auf, stutzte lächelnd, als begreife sie erst jetzt, was Kai Tralssen gewollt: Ein bißchen Luft schöpfen, indes sie genugsam mit dringlicher Hausarbeit zu tun habe. Sie reichte ihm die Mütze und sagte dabei in ihrem gewöhnlichen Tonfall, und fast noch ein wenig lässiger und singender als sonst, als solle ja niemand auf den Verdacht kommen, ihre Stimme habe je Anlaß gehabt, anders zu klingen: »So, nun geh schön!«

In landläufiger Hausfrauengewohnheit las sie dabei mit spitzem Finger ein Fädchen von seinem Mantelaufschlag. Und sonderbar, ihm, in seiner angekratzten Empfindung, wuchs das nichtige Stück Reihgarn oder was es sein mochte, jäh zu einer schenkeldicken Manilatrosse, die unvermutet aus gefährlicher Überspannung losgeworfen wurde, ja, richtigge-

hend geslippt wurde, als werde mit leichter Hand die Verbindung gelöst, die ihn hier hielt.
Der unglückliche Mann stand betroffen vor der unerwarteten Wandlung. Die Lage war plötzlich so merkwürdig frei, als sei er aus stickigem Traum aufgeschreckt. Es war kein Druck mehr spürbar.
Ihm war, als müsse er dankbar sein. Rührung übermannte ihn. Er fühlte Alvels Kuß auf seiner Wange, seine Arme hoben sich zärtlich, sie zu umfangen, aber da sagte sie, ihr Haar zurückstreichend, einen letzten erleichternden Seufzer nicht unterdrückend: »Und komm vernünftig wieder!«
Seine Hände sanken endgültig nieder. Er räusperte sich dumpf und höflich und ging.
Die Mütze setzte er nachdenklich erst draußen in der anspringenden Kühle auf, so, als komme er als Besucher aus einer behördlichen Abfertigungsstelle.
Alvel aber, nachdem das aufgerissene Viereck nächtiger Gartenstraße wieder von der Haustür verdeckt war und damit auch die blaue abschwimmende Masse, die Inspektor Tralssen hieß, faltete die Hände und preßte sie gegen das Kinn. Du kannst nicht von mir weg, sagte sie sich gläubig, und wenn du dich mit allen zehn Fingern an alle Schleppdampfer der Welt klammerst. Ich hab dein Herz in der Hand und was alles dazu gehört!
Ihre Festigkeit war nicht von Dauer. Als nur der Wind noch hinter der Tür vernehmlich war, wurden ihre Knie schwach, sie fühlte sich übel, flüsterte bänglich den Namen, der wie ein vertrauenerweckendes Bollwerk klingt, Kai, friesisch aber nichts als einen gefährlichen Draufgänger bedeutet.

*

Um diese Zeit lag der »Tiger« am vertrauenerweckenden Bollwerk Södehavens. Ein Teil der Leute stand zwischen den Schleppbügeln vor dem langen geschrägten Oberlicht, dar-

unter die Maschinen surrten. Sie hatten gerade lebhaft über Tralssen gesprochen, denn jeder hatte gemerkt, weswegen sich Kapitän Bottwender so mächtig in Schale geworfen, so ganz in Dunkelblau, und dem Motorenschmierer Kludas, hinter der Planke der Marinestation mit Braut im Windschutz stehend, war der unwahrscheinlich große Blumenstrauß nicht entgangen, wie denn auch Sötebier, in der Kombüse das Abendbrot bereitend, klar vernommen hatte: »Wolters, Sie können mich bei Tralssen erreichen, wenn was los ist.« Welche Weisung dem nunmehrigen ersten Steuermann gegolten. Sie verzogen sich danach, als der Regen neu einsetzte, unter den Decksaufbau vor der Kombüse, wo Sötebier mit der Aufwäsche fertig war und an seiner Handharmonika fingerte; auch während der näheren Erläuterung, die dem ach so oft aufgewärmten Thema Kai Tralssen aus Mangel an sonstigen anreizenden Neuigkeiten gewidmet wurde, begleitete er sozusagen mit einem winzigen tastenden Gejaule. Einige der Leute, besonders Klaus Neels, der eigentlich wegen des berühmten und erfolgreichen Kapitäns sich auf dem »Tiger« hatte anmustern lassen, konnten es immer noch nicht verwinden, daß ein solcher Seebulle an Land geschliddert sei, und schienen immer noch geradezu persönlich deswegen beleidigt. Es war übrigens das erstemal, daß der junge Klaus hier unter Männern ein Wort darüber wagte, und seltsamerweise knurrte selbst Rieken nichts dagegen, obwohl er, ohne es mit Tralssens Weggang verknüpfen zu wollen, danach Bootsmann geworden war.
Es lag eine gewisse Erregung über dem mächtigen Bergungsschiff, das hinter der Mole von dem wachsenden Seeschwall ab und an eine sachte verschmeckende Notiz nahm. Sötebier kratzte raschelnd mit dem Kinn über den speckigen Oberarm – er trug selten mehr als ein Netzhemd –, schnüffelte in die regellos hereinhustenden Windfetzen und stellte mitten in einer schwermütigen Kadenz fest: »Er wittert was!«
Nun ja, das wußte jedermann, das gute Boot hatte oft mehr

Vorahnung, als das beste Funkgerät rechtzeitig zu melden imstande war. Man war sich einig, Bottwender hätte nicht von Bord gehen sollen, der smarte Kavalier, nur um sich bei seinem Vorgänger zu begucken, was ihm Liebreiches aus der Leine gegangen. Rieken zog sich den Hosenriemen strammer. Er ging auf und ab und horchte auf die Morsetöne aus der Funkbude, die deutlich wie Meisengezirpe waren und den ungemütlichen, aber aussichtsreichen Wetterbericht ergaben. Ja, Rieken hoffte ehrgeizig, Bottwender solle sich restlos verspäten, damit man zeigen könne, daß man auch ohne ihn fertig zu werden imstande sei, und, bei sommers erworbenem Patent, einer neuerlichen Aufrückung, und zwar zum Steuermann, nichts für einen gewissen Karlheinz Rieken mehr im Wege liege.

Inzwischen hatte Sötebier die Melodie eines bissigen Shanties aufgegriffen. Auch ihm war trübe, als vermisse er Tralssens Führung heute mehr denn je. Die schwere Zeit war angebrochen, die Schlechtwetterzeit. Bottwender mochte ja ganz tüchtig sein, und er war es auch, aber er war ihnen zu forsch und kregel, zu geschniegelt und zu hübsch; das war klar, er gehörte auf ein Kriegsschiff oder einen Musikdampfer, wohin er, das wußte man auch, aus irgendwelchen Gründen keinen Zug empfand oder keine Chance. Daß er die unregelmäßigen Aufregungen des Bergungsdienstes und die harte Handlungsfreiheit mehr liebte als das, wohin sein Äußeres besser paßte, das ahnten alle ebenfalls und hätten ihn deswegen auch sicher gern bestaunt und verehrt, wenn nicht eben ausgerechnet Tralssen sein Vorgänger gewesen wäre.

Seit Tralssens Fortgang im Frühling maulte der »Tiger« gleichsam. Die großen Erfolge, in der Schönwetterzeit sowieso selten, waren ihm nicht mehr zwischen die Tatzen gekommen.

Jawohl, man verargte es Tralssen, mochte der Liebling, der ihn aufs Trockene geheuert, auch noch so plausibel sein, mochte Inspektor auch erhöhte Laufbahn bedeuten, er war ja

keineswegs der alte geblieben, war im Büro nichts als ein nervöser, gnatziger Vorgesetzter geworden, der nicht mal gegen die Margarine eingeschritten war.
Darum sangen sie heute mit einem besonders nachdrücklich vorwurfsvollen Herabziehen der Unterlippe jenen, seit derzeit bei ihnen beliebten Shanty von dem Seehund, mehr für sich allerdings und knurrig und murrig, weit entfernt von dem, was man sich an Land unter dem »munteren Seemannsleben« vorstellt. Es ist überhaupt fraglich, ob sie tatsächlich sangen, und wenig wahrscheinlich auch nur, daß Sötebier, Rieken, Klaus Neels und Kludas sich so lange, wie für den Singsang nötig, auf Deck aufgehalten haben in der ungastlichen, feuchten Nacht, wo es noch nicht nötig war und ihnen freistand, in die Koje zu kriechen – bis auf Rieken, der Wache schob – und zumal Kludas, der die Wärme gewohnt war und einiges davon soeben bei seinem Mädchen gelassen. Es war mehr das, was in der Luft lag, wenn auch Tralssen später glaubte – und wohl als Erklärung für manches, was dann geschah – er habe die beschämenden Worte alle nacheinander gehört und das von der gesamten Mannschaft:

Ich hab mal in Hamburg ein' Seehund gesehn,
der wollte so gern mit ein' Mädchen ausgehn,
und alles von wegen Marie.

Das Mädchen, das sprach, du Hund von der See,
komm mit mir nach Hause und trink ein' Kaffee,
und alles von wegen Marie.

Was hieß überdies Shanty? Es gab keine Arbeitsgesänge als höchstens ein bißchen Ho–riet! und Hiew–op! um die Nordsee herum, und was auf den großen Seglern schon ausgestorben war, war ja auch erst hundert Jahre alt und stammte von den Baumwollfeldern am Mississippi und war mit den Baumwollballen seewärts gewandert und von den Yankeeklippern in alle Welt, eine kleine schwarze Welle, die dem Ozean

Gewürz gab und reicher wurde durch ihn; die, an Land verspätet nachgeschmeckt, nun noch einmal als purer Genuß zurückgewandert war in die Schiffahrt.

Auf einmal, ohne jede kulturgeschichtliche Belastung, blieb der kindlich auf roh vorgestülpte Mund Klaus Neelsens stehen. Er stieß Kludas leicht an, was dieser sonst sicher mit einer Ohrfeige quittiert hätte, wenn nicht aus dem nachfolgend aufwärts stoßenden Daumen des Jungen sich ergeben, daß oben jemand am Bollwerk stand, der eine verdammte Ähnlichkeit mit dem Inspektor Tralssen aufwies.

Und wirklich, Tralssen stand da, von dem Brückenschein aus dem Dunkel gesägt. Er hatte seit seiner Hochzeit vermieden, sein früheres Boot anders als höchstens vom Fenster des Büros aus zu sehen. Aber heute stand er nun auf einmal da und wußte kaum, wie er dahin gekommen, und wie Rieken horchte er auf die Zirplaute der erleuchteten Funkbude, ohne daß ihm der auf ihn gemünzte Text entging.

Und möglicherweise war es der von keinen Beförderungssorgen beschwerte Ölmensch Kludas, welcher weitersang auch ohne Sötebiers Instrument, das aus gewisser Hochachtung immerhin schwieg bei so direkter Begegnung, wegen der bitteren Endpille, die Kludas allerdings ohne Ahnung von Takt aus den gelben Zähnen hervorzüngelte:

Der Seehund, der dachte, das find' ich gesund,
da ging er von See weg und wurde ein Hund,
und alles von wegen Marie, haho,
und von See weg und wurde ein Hund.

Die Harmonika suchte es damit gnadenreich einzudämmen, daß sie einen anderen Kehrreim darüberschob, jenen:

Schön ist die Liebe,
schön ist das Meer,
schön ist die Seefahrt,
wenn man wiederkehrt.

Und auch das reichte noch in seiner mageren Vollständigkeit zu dem Horchenden hinauf, obwohl eine Windflage den dünnen, beizenden Schlotqualm übel zwischen ihn und das Achterschiff fegte. Dann aber duckte Tralssen sich merklich vor. Die Morseberichte waren plötzlich verstummt, richtig, der Raum der Funkstille war fällig auf der fünfzehnten bis achtzehnten oder der fünfundvierzigsten bis achtundvierzigsten Minute, die der Notwelle 600 gehören in der gesamten Seefahrt der Welt.
Und es mochte nicht sogleich gewesen sein, wie ihm später schien, aber jedenfalls hörte er bald die erregenden Zeichen, die jedem, der sie zum erstenmal auf See hört, das Blut hinter den Ohren gefrieren lassen, den zuckenden Hilfeschrei:
. . . – – – . . ., drei kurz, drei lang, drei kurz, S O S! Sucht o sucht! Save our souls! So oder so!
Tralssen brüllte heiser auf: »Los! Los!«
Den Bruchteil der Sekunde später schrillten die Alarmklingeln durch den Bergungsdampfer, auch ohne Tralssens Befehl, wie er wußte. Und die Sirene, der dünn vorgereckte metallene Mund vor dem dicken Schornstein, heulte markerschütternd auf.
Die Leute trampelten an ihre Posten. O ja, es klappte wie in alter Zeit. Aber was flutschten die Leinen noch nicht los, was schrie die Sirene noch, was wollte Steuermann Wolters noch an der Gangleiter, die noch immer das Bollwerk berührte, anstatt wie ein geangelter Kabeljau hochzuschnellen?
»'n Abend, Herr Inspektor!« sagte Wolters in seiner gedehnten Sprache, in der ihn kein S O S beschleunigen konnte und keine Sirene.
»Was zum Teufel, seid ihr etwa angelötet?« brüllte Tralssen.
Wolters zupfte nach Gewohnheit an dem grauen Isländer, den er noch immer trug. »Wird wohl gleich . . .« sagte er höflich und nach einer kurzen Pause, die andeutete: Ich dachte, Bottwender wär bei Ihnen, will aber nichts gesagt

haben, Herr Inspektor! fügte er hinzu: »Feuerschiff meldet Notsignale von Medensand.«

»Abhaun!« sagte Tralssen kurz und scharf.

In dem Augenblick rannte Bottwender an ihm vorbei, wie ein lautes Echo das gleiche Wort gebrauchend. Der Kopf des Ingenieurs, der neugierig aus dem Niedergang gesehen, war schon verschwunden, die Maschinenklingeln ritten dem Aufsurren der Motoren voraut, die Gangleiter klappte hoch, die Bollwerksleinen vorn und achtern klatschten ins Wasser, Bottwender rief von der Brückentreppe, sich auf das Dienstverhältnis besinnend: »Oder wollten Sie mit?«

Tralssen antwortete nicht, starrte regungslos in die breiter werdende schaumige Schlucht zwischen der Uferkante und dem schwarzen Schlepperrumpf. Bottwender hatte sich auf die Brücke verzogen, wohin er gehörte, und nahm, ganz wie in der Gepflogenheit seines früheren Kapitäns, das Ruder selber, als ob Rieken nicht genau so gut die gemäße Kurve um die Mole hätte steuern können.

Es wäre ja auch das erstemal, daß dieser Inspektor einer unbestimmteren Fahrt die überflüssige Ehre gäbe, dachte Bottwender, ohne Behagen, das Voraufgegangene im Blut. Eine von Tralssens Bedingungen bei Antritt des Landpostens war die gewesen – und zwar ohne längeres Nachheizen durch Alvel, was aber kein Mensch glaubte –, von jeder Fahrtbegleitung entbunden zu sein. Es war tatsächlich in weiser Voraussicht zwischen ihm und Brand so aufgesetzt worden, da bei Tralssens herrischer Veranlagung die Kapitäne bei den wichtigeren Außenunternehmungen sicher sonst kaum zu eigenen und freudigen Entscheidungen gediehen wären. Selbstredend war das auf die Dauer kein lohnender Zustand für die Reederei; denn es ist manchmal notwendig, daß ein tüchtiger, unverbrauchter Unterhändler den Bergungen schon an Ort und Stelle die geschäftliche Krone aufsetzt. Aber Tralssen, der so trefflich zu handeln wußte, verstand vom Unterhandeln allein nur wenig. Bottwender zum Beispiel, wie auch glücklicherweise die meisten Kapitäne der übrigen Bergungsfahrzeuge der Gesellschaft, waren ihm darin überlegen. Er war viel zu geradeaus, viel zu verbissen rechtlich denkend, was hinwieder bei den Schiedsgerichten mehrmals zu erstaunlichem Vorteil ausgeschlagen war.

Nun stierte er hinter dem abrauschenden »Tiger« her, der auf raschen Katzenpfoten in der Nacht verschwand, in die unwirtliche Nacht voll zerschmetternder Gefahr und Notschrei. Funken stoben im Schlotqualm, und die nasse Trosse schien zu leuchten wie ein Mahnmal peinvoller Erinnerung. Schon begann das Hecklicht zu tanzen; es mußte ein grober Schwell am Molenkopf stehen. Ihm deuchte, man hätte das Ruder in besserem Bogen herumführen sollen, um zwei oder drei wichtige Sekunden zu sparen. Er stellte es fast mit Befriedigung fest, daß er es anders gemacht hätte, war aber zugleich erbost und bekümmert. Mitleid packte ihn mit den Schiffbrüchigen, wo ihn sonst nur die Gier gepackt hatte, hinzukommen und Erfolg zu haben.

So sonderbar und hart es manchem weichen Herzen erscheinen mag, es war das erstemal, daß er tiefe und bange Sorge um die empfand, von denen er weiter nichts wußte, als daß sie in Seenot seien, in der bittersten und zerstörendsten aller Nöte. Es war vielleicht deswegen, weil er selber in bitterer, zerstörender Not war und, seinen inneren Sorgen seit je schamvoll ausweichend, es sich nicht eingestehen mochte.

*

Der Regen peitschte mit frischer Bö von See herein. Tralssen wandte ihm den Rücken. Er kam sich auf einmal ungeheuer verlassen vor und ließ sich vorm Wind auf die Häuserseite zu treiben und landete bei den Fenstern der alten Kaffeestube, die er, so nah seinem Boot, vormals oft besucht, wenn Zeit und Wetter günstig gewesen.

Als er sich schwerfällig und in sich versunken an einen der

vielen leeren Tische setzte, stach ihm gerade eine Vorstellung durch den Sinn, als sei Bottwender vordem noch einmal ins Haus zurückgekommen, als er schon weg gewesen, habe irgend etwas vergessen oder nur unter dem Vorwand etwa. Aber Tante Butt, die Inhaberin des Lokals, verwundert den langentbehrten Gast grüßend, äußerte, auf eine halbleere Tasse Tee deutend: »Nicht mal das bißchen arme Getränk hat er zu sich nehmen können, schon wieder mal heißt es: ›Sause oder sauf ab!‹ für die armen Bergungslöwen, und sie wollten ihn womöglich noch sprechen, ihren Kapitän Bottwender.« Tralssen, um nicht lange reden zu brauchen, tat, als könne es so sein, bestellte einen Grog und zündete sich eine Pfeife an. Die Wirtin brachte die bastumwundene Rumflasche und das dicke Glas heißen Wassers, darin der geringelte Glasstab wie ein Glockenklöppel wartete, beim Verrühren des Stückenzuckers anregend zu läuten. Sie versuchte, mütterlich runzlig, aber noch nicht aller liebenden Hoffnungen bar, mit ein paar altvertraulichen, kitzligen Redensarten das »junge Glück« des Herrn Inspektors, über das zwiespältige Ansichten umliefen, nachzuloten. Ihr Mann war vor Jahren nach Übersee verschollen, ihrer allzu großen Liebebedürftigkeit zu entgehen, wie man munkelte, und sie hatte seitdem mehr und mehr vergebens nach Ersatz gefahndet, war jetzt auch allmählich in dem Alter, wo die Fährnisse anderer reizvoller werden als die eigenen. Tralssen knurrte gegen ihre enorme weißgestärkte Schürze, und es hatte verteufelte Ähnlichkeit mit dem dreifachen kurzen Brummen eines Dreißigtausendtonners, der »Schrauben gehen rückwärts!« anzeigt.
»Oha!« atmete sie verstehend, aber zäh, krauste mit durchschauendem Genuß ihre krapfenartigen Pausbacken und erging sich küstenbreit: »Ich eß 'ne Kommode, Herr Inspektor, Seefahrt ist ja angeblich lustig, aber Büro ist es bestimmt nicht, und zu Haus piept die Maus. Sollst froh sein, daß du so trocken sitzen tust! Na denn Prost! Gott segne den Platz, wo es hinkömmt und was darunter ist! . . .«

Danach saß er allein und starrte vor sich hin. Er stellte sich vor, daß Alvel indes zu Bett gegangen sei und neben seinem leeren Bett auf ihn warte und in das Unwetter horche und daß auf dem Waschtisch wohl zwei Waschschüsseln ständen, aber nur eine Kanne oder auch keine, da die dicken Blumen nun wohl auch die in Anspruch nahmen. Und er schämte sich auf einmal, daß sozusagen ein Stück Schlafzimmer vor Bottwender auf dem Eßtisch gestanden habe.
Das Wasser im Glas dampfte nicht mehr, die Flasche stand unberührt und weder Zucker noch Glasstöpsel hatten ihre Lage verändert, da kam auf einmal Bottwender in den Keller zurück, wollte sich, den triefenden Ölmantel wetterschnaufend ablegend, auf seinen alten Platz setzen, wich aber beflissen höflich nach einem anderen Tische aus, indem er auf Tante Butts neugierige Erkundigung wegwerfend angab: »Lohnte sich nicht, ein Holzpantoffel von Fischerpott, mehr nicht!«
»Setzen Sie sich ruhig hierher!« sagte Tralssen daraufhin, ohne hochzublicken. Und da Bottwender zögerte und eine gekränkte Haltung glaubte nicht ganz verbergen zu dürfen, lächelte Tralssen etwas und hakte mit gekrümmten Fingern durch die Luft: »Nur rein geschäftlich, Herr Kapitän!«
Bottwender setzte sich höflich, aber steif. Tralssen, ohne weitere diplomatische Einleitung, nahm die Pfeife aus dem Mund, schob ihm die Hand an dem kalten Glas und der kalten Tasse vorbei hin und sagte herzlich: »Schwamm drüber, Bottwender!«
Bottwender schielte mißtrauisch auf die große, stubenblasse Pranke, legte dann aber mit dem Schwung des Unvermeidbaren seine kleinere und rundere, vom Unwetter bläulich gedunsene hinein, indem er förmlich sagte: »Nicht der Rede wert!«
Er vermied, den Titel anzufügen, teils in berechtigter Zurückhaltung, teils um das Tier nicht aufs neue zu reizen. Er vermied sogar zu lachen, als Tante Butt, heißes Wasser

seinem Tee beigießend und das kalte in Tralssens Glas mit bedeutungsvollem Zwinkern auswechselnd, mangels anderer Erwiderung äußerte: »Reden ist Silber, und Schweigen muß auch abgeliefert werden.« Sie griff, der Anspielung auf die allgemeine Lage den Nachhall zu nehmen, an den Musikautomaten, der in Reichweite stand: »Soll ich wieder anstellen, Herr Kapitän? Die Walze liegt noch auf, Tristan und sie sollte. Oder etwas weniger Tristes?«

Bottwender, mit einem Gesicht, als habe er Stroh in den Ohren, winkte ab, und Tante Butt, nunmehr gewiß, die Gemüter angeregt zu haben, verzog sich taktvoll hinter den Schenktisch, wo drei Werftarbeiter in vorgerücktem, Geburtstag feierndem Zustande ein Gespräch mit ihr über die Bewohnbarkeit des Mondes unterbrochen hatten.

Bottwender begann, um das Private zumindest hinauszuschieben, amtlich darzulegen, daß er umgedreht habe, weil ein Krabbenkutter auf Mudd Sache der Rettungsboote sei; eine Bergungsgesellschaft sei nebenbei ja kein Wohltätigkeitsverein, was heiße da Versicherung und wer solle das bezahlen. Die Reederei etwa?

Er merkte, daß er lauter Entschuldigungen vorbrachte, und spülte verschnupft einen Schluck Tee hinterher, so daß Tralssen einflechten konnte: »Na, sehen Sie, man soll eben vorsichtig sein mit seinen Versicherungen und Redereien.«

Bottwender war auf der Hut. Das Glas absetzend, blickte er unsicher mit den für einen Seemann dieser Breiten ungewöhnlich weit geöffneten und braunen Augen auf seinen Vorgesetzten. Mechanisch goß er sich einen Schuß Rum aus der offenen Flasche in den Tee. Er wußte, daß ein Mann wie Tralssen selten zweideutig ist. Darum lächelte er kühl: »Ist das noch rein geschäftlich?«

Tralssen blickte ihn plötzlich messerscharf an: »Sagen Sie, hatten Sie damals eigentlich Absichten auf meinen jetzigen Posten?«

Bottwender lehnte sich zurück, wie jemand, der einen Dolch

an der Kehle fühlt, aber leicht ausweichend tut, als merke er es nicht. Plötzlich jedoch ärgerte er sich und versetzte darum patzig: »Nö, Herr Inspektor, nur auf das Mädchen!«
Und damit trank er die Tasse leer. Und da nun Tralssen sachlich nach seinen damaligen Aussichten an Land fragte, legte er offen dar, daß er, falls eine Verbindung zustande gekommen wäre, ganz vage und privat eine Weile von den geernteten Bergungsprozenten gelebt hätte. Sodann wäre er huschhusch in die Passagefahrt als Amerikakutscher oder so eingestiegen, nebenbei ruhige Sache, bei den Frauen mehr beliebt, wie diese auch den Titel Offizier mit Goldknöpfen und Goldlitzen lieber hätten als das schlichte uniformlose »Steuermann« der Kleinfahrt, zu der die Bergerei nun mal rechne. Aber nun sei er Kapitän, endlich, und denke, das sei nebenbei kein schlechter Ersatz, und dem einen seine Wärmflasche sei dem andern sein Grog.
Damit schenkte er sich neu aus der Flasche in seine geleerte Tasse und goß sie randvoll; Tralssen blickte finster daraufhin, der geschäftliche Teil und damit die Unterhaltung waren längst für ihn erledigt. Er hätte abbrechen sollen, er fühlte, wie sich die Trosse über seine Brust legte und sich straffte, und er preßte den Atem, um es aushalten zu können ohne zu stöhnen; es war eine unbestimmte quälende Unabänderlichkeit, die ihn zu zermalmen drohte, und er sagte mit zusammengebissenen Zähnen: »Sie sollten lieber beim Tee bleiben!«
Worauf Bottwender, erbaut, keine bedeutenderen Folgen seiner kühnen und ausführlichen Darlegungen wahrzunehmen, schneidig entgegnete: »Gewöhnen Sie sich hier im Lokal den Vorgesetztenton ab, Tralssen! Was Sie nüchtern machen, mach ich nebenbei mit Semikolon noch lange.«
Es war keineswegs Bottwenders Art, viel zu trinken, zumal nicht in solcher Nacht, da der Dienst die letzte Muskelfaser erfordern konnte; aber hier ging etwas Unkluges mit ihm durch, hier war seine Forschheit in Gefahr, hier war etwas Gewaltsames nahe, das vielleicht nicht zu verhindern ging,

eine Auseinandersetzung, die lange fällig schien und die trostlos für alle enden mußte. Bottwender war keine furchtsame Natur, aber er liebte die Form, solange wie möglich, selbst an Bord, und riskierte deswegen sogar kleine Feigheiten, die er selber als Umsicht auslegte, die Mannschaft aber als »Schonung seiner Bügelfalten«. Er hatte bei diesem seinem letzten Gespräch mit Tralssen die Ahnung, daß er den Gentleman in sich zu ertränken habe, um vor der Sturheit, Klobigkeit und beposteten Übermacht des andern zu bestehen. Er goß das Glas schieren Rums hinters Zäpfchen wie nichts. Es war der helle Wahnsinn, er wußte es selber, aber es war ihm schon lieber, nicht allzu sehend sich selber in Aufruhr und Notwehr zu erleben.

Er mußte husten von dem ungewohnten scharfen Zeugs, aber er konnte jetzt ohne jede Hemmung die finsteren Tankschlitze des Herrn Tralssen anpeilen und zierte sich nicht länger, die gehörige Feindseligkeit in die Stimme zu legen, in dieses nette, forsche, aus unverzwickter Seele gespeiste Organ, indem er sagte: »Wenn Sie glauben, Sie hätten allein Grund, sich zu beschlauchen, da sind Sie schief gewickelt, Herr!« Mochte Tralssen so finster als spöttisch lauern, Bottwender ließ sich jetzt nicht mehr abhalten, reinen Tisch zu machen über jenes Wort hin: »Scheren Sie sich von Bord ...« Immerhin, es war offenbar, welch gute Erziehung in der kleinen pommerschen Stadt mit Gymnasium und Hausmusik und Kaffeekränzchen ihm zuteil geworden, eh er sich nach Sankt Pauli ins Abenteuer verlor, und mit Anstand, selbst in der jähen Wirkung des Hinuntergespülten, stellte dieser nicht mit Unrecht als elegant gerühmte Bergungskapitän den Aschbecher zwischen seine Tasse und Tralssens Glas, tippte mit dem kleinen Finger daran, der von Wärme und Alkohol nunmehr gerötet war, und erläuterte: »Sehn Sie, da ist ein Mädchen, und da sind zwo Männer, und der eine schnappt sie weg ...« hiermit schob er den Aschbecher an Tralssens wiederum erkaltetes und ungetrunkenes Glas, so daß es einen

dumpfen Klang gab, dem er wie eine Bestätigung lauschte, ehe er fortfuhr: ». . . macht sie aber nicht glücklich, und der andere, der sie glücklich machen könnte . . .«
Sein Finger reiste die verlorene Strecke zu seiner Tasse zurück. Er hob sie stilvoll traurig an und sagte, als habe er die Fassung dazu eben jetzt gewonnen: »Prost, das nämlich ist nebenbei der meinige Grund zum Trinken.«
Tralssen tat ihm auch jetzt nicht Bescheid, sondern klopfte nur stirnrunzelnd die ebenfalls längst erkaltete Pfeife im Aschbecher aus, darin der Rest von Bottwenders, so keck in Tralssens Haus noch angerauchter Zigarre lag.
Bottwender hatte gesagt, was in gewappneter Haltung zu sagen war. Da kein Gegenstoß erfolgte, ließ er den Harnisch voreilig unter den Tisch fallen. Er setzte die Tasse nieder und nickte melancholisch: »Klopfen Sie daran aus, was Sie wollen, ist doch alles Asche!«
Tralssen mochte eine Anzüglichkeit dahinter wittern und blickte nun kampfbereit auf. Er sah, wie der andere trübe auf den Musikautomaten starrte, darin der klassische Liebesschmerz, in eine Zinkwalze gelocht, darauf wartete, mit dem üblichen Dreh in die Widerstände zu greifen, die zu den Flötentönen überleiten. Diese Walze hatte Bottwender spielen lassen, jetzt auch noch durch seinen Blick unterstreichend, daß er sich jenem singenden Ritter gleich fühle, der die Frau eines andern liebte. Tralssen hatte nicht viel Ahnung von Büchern, Theater und Opern, lange nicht soviel wie Bottwender und noch weniger als Alvel, die ihm aber gerade diese gefährliche Legende, unter andre gemischt, an irgendeinem lauschigen Gartenabend vermittelt hatte, und Tralssen meinte nun auch zu wissen, weswegen. Er hörte Bottwender sagen, und es klang nun tatsächlich wie tragische Oper: »Ich hab mein Herz längst begraben.«
»Seien Sie froh!« knurrte Tralssen barsch, und es war glatt eine zweite Warnung, die Bottwender genau wie die erste überhörte. Vielleicht aber hörte er den fragwürdigen Wider-

hall in Tralssens Brust, der höchst traurig und fast neidvoll klang. Jedenfalls fühlte Bottwender eine hohe Wärme von innen und außen durch die Gurgel strömen. Kameradschaftlich entgegnete er: »Froh? Nein, Tralssen, Sie hätten mich nicht einladen dürfen. Mein Gott, diese Frau, dieses Wesen! Und Sie sehen trotzdem langsam aus wie ein saurer Schellfisch.«

Damit griff er wieder nach der Flasche. Tralssen wollte sie ihm aus der Hand nehmen, doch Bottwender wich ohne Groll aus, vergaß aber einzuschenken und fuhr, seine Worte mit dem Flaschenhals hinüberschickend, lebhafter fort: »Und was waren Sie derzeit für ein Kerl, Tralssen! Wie haben wir alle gekuscht auf dem ›Tiger‹. Und nun kuschen Sie, das hab ich nun wohl gesehen, vor dem kleinen süßen Haustiger; und wenn Sie noch so sehr den dicken Büffel markieren, Sie sind nichts mehr, selbst als Inspektor nicht. Hören Sie ruhig zu, glauben Sie mir, wenn Alvel heute wählen würde, sie würde nebenbei nicht solchen Trauerkloß wählen!«

Tralssen klammerte sich mit Mühe an kasteiende Vorstellungen wie etwa: Kalte Duschen sollen gesund sein, oder: Legte sich auf Dornen um der Gerechtigkeit willen. Aber er konnte die dritte Warnung nicht bei sich behalten, so wenig wirkungsvoll ihm seine Stimme allmählich vorkam: »Sie sind, nebenbei, betrunken, Bottwender!«

Bottwender tat es lächelnd ab. Gott sei Dank war er betrunken, wie hätte er sonst jede Umsicht vergessen können und das eröffnen, was er jetzt wie das Geheimnis von Sais entschleierte: »O Inspektor, Betrunkene und Kinder sprechen die Wahrheit, aber Frauen sind gerissener als wir armen Teufel alle auf dem Haufen. Erst mußte ich doch Kapitän werden, ehe ich Inspektor werden kann. Kapiert?«

»Sie sind blödsinnig!« sagte Tralssen ruhig und riß ihm die Flasche aus der Hand, die wie ein unförmiger Taktstock in der Luft hing.

Bottwender, einen Schluckauf zu einem Schluchzer unter-

drückend, war nahe daran, den Kopf formlos sinken zu lassen. »Blödsinnig verliebt!« murmelte er.
Tralssens Faust hob sich ein wenig, aber es schien allzu unwillkürlich geschehen, und er ließ sie mit jäh aufdröhnendem Lachen scherzhaft auf der Tischplatte landen; und so lustig, daß die drei Werftarbeiter nebst Tante Butt betroffen ihr vom Mond auf die Politik entgleistes Gespräch abbrachen, meinte er: »Kleines Tauschgeschäft gefällig, Herr Kapitän, wie unter Negern und Diplomaten, wie?«
Bottwender, halbwegs, und immer noch in Haltung, die Stuhllehne umarmend, lächelte spöttisch: »Sie werden witzig, Herr Inspektor. Sie träumen davon, wieder fahren zu können.«
Tralssen war es, als müsse jetzt eine schlechtschmeckende Sache bis zur bitteren Neige ausgeschöpft werden. Er atmete schwer, schüttelte den Kopf und stand auf, wie um zu spüren, daß er nicht völlig nackt und bloß vor aller Augen und gelähmt zum ewigen Dasitzen verurteilt sei, indes Bottwender, dem wenig achtungsvoll verrenkten Munde nach, wahrhaftig die Pumpe dieser Bitternis, elend in sich hineinlachte und tropfenweise hervorstieß: »Das würde nebenbei vielleicht eine Katastrophe geben! Und nicht nur ...«
Jetzt blickte er mit freimütigem Bedauern zu dem bedeutenden, wenn auch kaum älteren Kai Tralssen auf, den er wenig geliebt, jedoch geschätzt und beneidet hatte, und wiederholte das halsabschneidende: »Und nicht nur ...« und setzte mit Totengräberstimme hinzu: » ... in Ihrer Ehe!«
Das war reichlich, und Tralssen war seiner Fäuste kaum noch Herr, so wehrlos beglimmert der andere auch sein mochte; da vernahm er, und er war jählings erleichtert deswegen, die Sirene des »Tiger«, diesen wilden Ton, der sein Herz in aller Bedrängnis wie je erhob und erschauern ließ, so gedämpft der Alarm durch die Scheiben der Kaffeestube hereinschrie. Zugleich ging auch das Telefon hinterm Schanktisch; klar, Wolters rief nach dem Kapitän, Tante Butt brauchte kein

aufatmendes Gottseidank darum zu verschwenden. Und siehe da, Bottwender war alsbald auf den Füßen, torkelte eilfertig los und sagte, froh, nunmehr das letzte Gift loszuwerden, zu dem, der im Wege stand: »Platz da! Hier bin ich Kapitän! Scheren Sie sich ins warme Doppelbett!«

Tralssen drückte ihn mit einer Bewegung des Unterarms zurück, so daß er gegen den Musikautomaten und, vergebens nach Halt langend, zwischen die Stühle fiel, nicht ohne den Schädel gegen die grüngestrichene, abgescheuerte Fußkante des Orchestrions zu stoßen. Und die Walze kam durch den Ruck auch ohne Groschen in Schwung und schmetterte die düstere Inbrunst, erblüht aus dem Samen meerumrauschter Normannenharfen, in die bescheidene nächtige Hafenkneipe, heimatlich sich mischend mit dem wilden Sirenenruf.

Ducknackig stand Tralssen da, sah auf das regenblinde schwärzliche Fenster, als sähe er die Einzelheiten einer Verwirrung, die sich zwangsläufig und unbehaglich auf ihn zuwälzte. Tante Butt sagte nichts mehr, stellte den Automaten ab und bemühte sich still um den Bewußtlosen.

Die Männer der Werft hatten noch nicht alles begriffen, da polterte ein Matrose herein und rief atemlos ins Lokal: »Käptn!«

Tralssen drehte sich kurz um und sagte hart: »Ich komme!« Nahm seinen Mantel und ging hastig hinaus. Ein wenig zu hastig, wie es bei aller gebührlichen Raschheit sonst seine Art nicht gewesen, sagte nachdem Tante Butt, die es ja früher öfters mit ihm erlebt hatte, daß, namentlich bevor die Bergungsdampfer Telefon besaßen, einer hereingestürmt kam und SOS rief.

Die drei von der Werft meinten, durch die Umstände nunmehr zu heftigem Krakeel aufgeputscht, man solle dem wildgewordenen Inspektor ans Magere; sie kamen auf der engen Kellertreppe aber nicht recht vorwärts, uneins darüber, wer zuerst hinauf solle, und, sich notgedrungen aneinander haltend, argwöhnend, man wolle sie hindern, bis denn auf einmal weit mehr benommen als sie, aber ihnen an Ziel und Risiko überlegen, Bottwender sich aus dem Nichts erhob und blutend und wie ein Berserker ohne Mütze und Mantel zwischen ihnen hindurchfuhr und im tobenden Regen verschwand.

Man hörte die Sirene längst nicht mehr, wohl aber Bottwenders verhallendes irrsinniges Gerufe, mit dem er den »Tiger« anscheinend zurückhalten wollte, die runden schnurrenden viertausend Pferdestärken, über die statt seiner nun plötzlich wieder Tralssen gebot.

4

Die Übereinkunft

Alvel lag noch immer wach. Es war eine andere Schwebung als ein halbes Jahr vordem, derselbe Raum hatte die Einsamkeit verloren, das Bett hatte sich verjüngt, verbreitert und verdoppelt, es war nichts gespart worden an moderner Einrichtung, an gesteppten Daunendecken und prachtvollen Kissen, die ihr Teil dazu beitrugen, Tralssens Schlummer unruhig zu machen, ohne daß der Grund etwa kränkenderweise zur Sprache gekommen wäre. Es brannte eine kuglige Lampe neben Alvels Nachttisch. Die Birne war zu stark, aber auch darüber hatte Tralssen nie etwas verlauten lassen, des Glaubens, seine Frau liebe gelegentlich die Sonne auch nachts, wohingegen sie dachte, er müsse wohl Neigung haben, auch bei Licht deutlich zu sehen, was alles Gutes ihm gehöre.

Zum erstenmal hatte sie ein Tuch über die Grellheit gelegt, übrigens, da kein anderes zur Hand war, den Seidenschal Bottwenders. Es dämpfte gewiß, aber es gab einen wolkigen Hauch, der ihr nicht zu Gesicht stehen konnte, das wußte sie, der aber der Stimmung trefflich entsprach. Er sollte dem Heimkehrenden die voraussichtlich reumütig bereite Schwingung gerechterweise ein wenig stoppen, sollte zeigen, daß sie keinen Verdacht zu fürchten habe und nichts zu verbergen, sollte verschleiern, daß sie selber nichts sehnlicher wünsche, als den Braven wild und glühend über sich zu reißen.

Der erste Krach war aber wohl sowieso fällig gewesen. Nun war die Luft wieder rein, auch ohne allzu rasch verwischenden Liebeszauber.

Sie betrachtete, halb sitzend, einige Photos, ab und an ihr hübsches Nachthemd zurechtzupfend – es war ihr Brauthemd, seit damals, zu neuer Frische gebügelt, im Wäscheschrank verwahrt. Sie blickte in der grauen unklaren Beleuchtung wie durch Gardinen auf geknipste Festnagelungen freundlicher Augenblicke, die teils ihn, teils sie im Garten, vorm Haus, am Strand und ferner sie im Dirndlkleid und ihn im Sportanzug vor einer schneebedeckten Gebirgskette während ihrer kurzen mailichen Hochzeitsreise gen Tirol zeigten. Die Andenken wollten allerdings nicht zu tröstlichem Leben erwachen, es schien in jeder noch so zufälligen Stellung ein gelinder Zwang, ein abweisender Seufzer, ein dumpfes An-etwas-anderes-Denken zu lauern. Sie bewegte die Lippen, formte innige Zwiesprache mit ihm, den sie über alles und in der einzig richtigen Weise zu lieben meinte, machte ihm gelinde Vorwürfe, daß er so grob gewesen, dankte ihm für seine Eifersucht, wies schmeichelnd sein heilloses Ansinnen ab, ihm ein gewisses Versprechen zurück- und ihn wieder für die See freizugeben. Sie redete ihm gut zu, die ganze Unliebsamkeit seiner Betrunkenheit zuzuschreiben und es damit verflogen sein zu lassen. Entfernt tauchte ihr der Gedanke auf, daß es vielleicht nach diesem nicht mehr genüge, immer nur da und immer nur um ihn bemüht zu sein. Die zerklirrte Waschkanne war womöglich nicht Opfer genug. Sie vergegenwärtigte sich angestrengt noch einmal jedes Wort, jede Miene des Abends, sie vermochte nichts Tadelnswertes bei sich zu entdecken, fand sogar den Verlauf im Flur, so sehr sie innerst gezittert hatte vor seiner unverständlichen Dumpfheit und jähen Brutalität, als von sich letzten Endes klüglich geleitet.

Plötzlich mußte sie daran denken, daß Bottwender sicherlich noch lenkbarer, jedenfalls aber weniger grobschlächtig gewesen wäre. Sie strich unwillkürlich über ihre Hand, als wechsle dort noch einmal ein wärmliches Gefühl in ein kühles. Dann sah sie nach der kleinen Armbanduhr, die auf der Marmorplatte lag, ein Geschenk ihres Mannes, das sie den Abend nicht getragen, weil ihr der abgenutzte Lederriemen nicht

dem Anlaß entsprechend schien. Es war weit nach Mitternacht. Sie krauste die Stirn, legte sich starr zurück, indes alle ihre Gedanken für Sekunden erloschen.
Über drei Stunden war es her, daß die Schritte ihres Mannes in Wind und Regen vorm Haus verklungen waren. Ein bißchen viel für ein wenig frische Luft schöpfen. Sie begann aufs neue zu denken. Vielleicht feierte er Versöhnung mit Bottwender. Das war ein guter Einfall, aber er beunruhigte sie bald; sie ahnte, daß jede Verbrüderung ein Opferlamm braucht. Nein, Kai sollte sich nicht versöhnen. Bottwender durfte nie wieder ins Haus kommen und Unfrieden stiften!
Der Wind drang nicht ganz so klobig und wimmernd herein wie damals. Die Vorhänge vorm Fenster waren dicker geworden.
Einmal meinte sie die Sirene vom »Tiger« zu hören. Der Wind blies aber vom Watt am Haus vorbei hafenzu, dort konnte vieles geschehen, man hörte es nicht. Der Inspektor wurde benachrichtigt, wenn etwas los war. Dazu hatten sie das Telefon. Aber der Inspektor war ja nicht da. Er trieb sich wahrscheinlich am Hafen herum, da brauchte wohl keiner lange bei ihm zu Haus anzurufen.
Die unnennbare, bretterne Angst, die sich im Flur schon angekündigt hatte, preßte sich über Alvel. Sie horchte darunter her, ob die Seemöwen im Watt noch lärmten. Es war aber nichts mehr zu vernehmen als das rasselnde, röchelnde, pfeifende, kranke Atmen des Sturmes.
Sie begann ohne Zusammenhang zu beten und ohne die Hände zu falten. Es wurde nicht innig genug, sie wandte sich an etwas, das nicht anwesend zu sein schien, somit bat sie ihre tote Mutter und ihren Vater und den umgekommenen Bootsmann Möller und bat sie alle um Verzeihung, daß sie störe, und begann zu weinen und wußte nicht weiter, schämte sich, daß es ihr passieren konnte, daß jemand von ihr weggelaufen sei oder zumindest unmöglich spät wieder an den Laden komme. Und da sie die unwirschen Fragen der Angerufenen

aus der grauen Lampendämmerung her immer saugender an sich gerichtet fühlte und sich zu erklären hatte, schluckte sie, wie sie im Flur geschluckt, oder war er es gewesen, der verschiedenes ungesagt verschluckt hatte, ganz gleich, sie bat nun anständigerweise nur ganz allgemein um Beistand, was auch geschehen möge. Und fühlte sich auf einmal friedlicher und gefeiter.

Sie schmiegte sich ganz schmal, ganz schmeichelnd flehentlich ins Laken, als sei sie nichts als flutende Mündung, darin er einlaufen möge, tief und ohne je wieder fort zu wollen.

»Komm, Kai!« flüsterte sie inniglich, Tränen an den Wimpern, sich selber begehrenswert, von sich selber gerührt.

Ihr Gesicht spannte sich, hob sich lauschend aus dem von Seidenblumen fleckigen Halbschatten.

Wahrhaftig, das war der knarrende Laut der Pforte. Jetzt knirschte der Kies. Wie eilig er es hatte, die Verspätung einzuholen!

Sie strich übers Haar, sank mit fast diebischem Lächeln zurück, verbiß es, atmete auf wie ein Kind, das sich sattgeweint hat, schloß die Augen, als sei sie inmitten der Photos und des Wartens eingeschlafen.

Konnte er die Haustür nicht finden? War er noch benebelt? Aha, er hatte den Hausschlüssel vergessen. Er klopfte wahrhaftig ans Fenster.

Sie fuhr auf, als fahre sie aus tiefstem Schlummer. Erhob sich dann bewußt langsam, erangelte ihre weichen Pantoffeln, ging schlurfend, daß er es höre, zum Flur, besann sich; mochte er zur Strafe durchs Fenster klettern, zur Strafe, nein, nicht zur Strafe, sondern wie ein Bursche in Tirol, der zu der Liebsten einsteigt. Sie hatten auf der Hochzeitsreise davon gehört.

Sie ging zum Fenster zurück, griff durch den geteilten Vorhang, hob den Riegel, stieß die Flügel auseinander. Trat herzklopfend zur Seite, sagte ungnädig: »Mich so aus dem Schlaf...«

Der Wind prellte einen Flügel gegen die Mauer, der andere wurde draußen von einer Hand abgefangen, der Vorhang bauschte sich, ein Kopf reckte sich über die Fensterbank, blutend, wie abgeschnitten, und keuchte: »Er ist weg! Er ist mit dem ›Tiger‹ weg!«
Alvel stand wie vom Donner gerührt. Sie erkannte Bottwender, faßte sich, indes er den Vorhang, mit beiden Händen hereinlangend, zur Seite gerafft hielt und wild ins Zimmer blickte. Sie sagte wie abwesend: »Sie haben sich verletzt!«
»Geben Sie mir etwas Wasser!« antwortete Bottwender dumpf.
Alvel ging, wie um den schrecklichen Anblick seines Gesichtes rasch loszuwerden, an den Waschtisch, tauchte ein Handtuch in die Schale auf Tralssens Seite, die sie in Ermangelung der Kanne, obschon die zerbrochene von ihrer Seite stammte, schon für den Morgen gefüllt hatte. Sie dachte dabei dumpf: Er darf nicht sehen, daß die Blumen jetzt im Kücheneimer stecken. Es fror sie in dem scharfen heulenden Luftzug; aber erst, als sie, sich umwendend, Bottwender auf der Fensterbank sah, und ins Zimmer gleiten, griff sie mit unterdrücktem empörtem Laut nach ihrem Mantel. Und hatte sie bislang die noch Halbschlafende gespielt, so war ihr nun, als sei sie tatsächlich in bleiernem Schlaf. Bottwender, der Wohlerzogene, lehnte wie ein Irrer am Vorhang, schloß plötzlich mit heftigem Ruck das Fenster, stammelte um Verzeihung, folgte gierig jeder ihrer Bewegungen, da sie nun, den Mantel angezogen, unschlüssig das nasse Handtuch ergriff, als wolle sie es als Waffe benutzen.
»Sie glauben mir wohl nicht«, keuchte er unterdrückt. »Er hat mir mein Schiff weggenommen!«
Sie erwiderte starr, als sei es nicht sie selber: »Und das ließen Sie sich gefallen?«
Bottwender kam einen Schritt näher, der schwarze Scheitel triefend und wirr, die linke Wange blutbeschmiert, der blaue Anzug, der bei Tisch so löblich geglänzt, aufgeweicht und

beschmutzt, als sei er mehrmals gestürzt. Es war ein jämmerlicher und wilder Anblick.

»Bleiben Sie da stehen!« sagte Alvel streng. »Ich will Großvater rufen, der kann Sie verbinden.«

Aber Bottwender war schon neben, schon hinter ihr an der Tür, hatte ihr das Handtuch abgenommen, verstellte ihr den Weg, heiser und leise auflachend: »Die alberne Schramme! Ich hab mit Ihnen zu reden, Alvel, Verzeihung, Frau Tralssen!«

Alvel erwiderte: »Doch nicht hier! Doch nicht jetzt!« Sie hätte gern wie ein Flammenwerfer gegen ihn gezischt, sie hielt sich mit fliegenden Händen hinter der Waschtischkante, wagte nicht, den Wahnsinnigen aus den Augen zu lassen und hilfeschreiend zum Fenster zu stürzen. Sie wollte in Verachtung hinzufügen: Schämen Sie sich denn gar nicht? Aber er redete schon, ohne sich anscheinend an irgendwelche Form erinnern zu können, heiser weiter: »Doch jetzt und hier! Ich hab damals schweigend verzichtet. Aber ich ahnte schon, mein Tag wird kommen. Durch Sie, Alvel, wurde ich, nebenbei, Kapitän. Jetzt hat er mir mein Schiff weggenommen. Jetzt nehm ich dich ihm weg ...«

Und damit, völlig von Sinnen, stürzte er sich auf sie.

Das also stak an Wildheit und Skrupellosigkeit hinter der glatten Hülle des Herrn Bottwender, das konnten Rum und Gekränktheit und die abgedrosselte und das Ventil sprengende Gier nach einer vorgefaßten Beute und – das wird man ihm zugute halten – die Liebe aus ihm machen.

Er kam nicht weit damit, er war ein Neuling auf diesem Gebiet, alles Gerede über seine Schürzenjägerei von andern war auf Grund der Pflege seiner Erscheinung erfunden. Alvel hielt sich am Waschtisch fest, und die zweite Kanne ging nun auch noch zu Bruch, und obschon irgendwelches Geschrei nicht nach oben drang und sie wohl auch nicht wollte, daß Zeugen für den beleidigenden Vorgang auftreten könnten, stand doch auf einmal ihr Großvater im Türrahmen, die flackernde Kerze auf dem alten rostigen Blechleuchter in der Runzelhand, stand gebückt da in seinem rosa Flanellunterzeug, in dem er, nach rechter Fischermannsart, auch schlief, und seine stählernen Pfrieme von Augen erstachen im Nu jedes Geräusch und jede Bewegung. Die Kerze hellte das graue Dämmerlicht gebührend auf, und ihr Flackern brachte ein vergilbtes geisterhaftes Zucken in das starre graue Nachtgemälde. Und dann hörte man Alvel mit fliegender Stimme beschwichtigend sagen: »Herr Bottwender hat einen Unfall gehabt. Er wollte Bescheid sagen. Kai mußte ihn vertreten.« Das war hochanständig von ihr und gab der Sache die Kameradschaftlichkeit, die man in Wahrheit vermissen mußte.

Bottwender empfand jäh den bodenlosen Ekel, der einem späteren Kater hätte vorbehalten sein können. Er wurde rot wie ein Schüler, in schrecklicher Beschämung preßte er das Handtuch an die blutverkrustete Schläfe, versuchte auch in keiner Weise, noch irgendeine Haltung vorzutäuschen, und ging schweigend an dem Alten vorbei auf den Flur, öffnete dort mit dem aufsteckenden Schlüssel die Haustür und entfernte sich.

Der Alte hatte taktvoll nicht zur Seite geblickt, auch keinen Finger gerührt, um ihn etwa zu halten und zu verhören. Der weiße Kranzbart, der gischtige Rahmen seines zergerbten Antlitzes, faßte in sich nichts als das uralte Abbild der Enkelin, gleich wacker, gleich verstört unter dem gleichen Firnis innerer verletzter Scheu.

Erst als das Vorhandensein des Eindringlings einwandfrei ausgelöscht schien und nur seine schmutzigen Fußstapfen auf den zerwühlten Vorlegern anzeigten, daß mehr als ein Gespenst hier gehaust, deutete der Alte mit dem gelben Daumennagel über die Schulter ihm nach und antwortete auf Alvels Erklärung, als habe er unter den Bergungstigern eben nichts Besseres erwartet: »Und er wollte wohl Kai vertreten.« In der Betonung, die seine knittrige, nächtig verschleimte

Stimme dem Vornamen ihres Mannes gab, in dem brüchig langgezogenen i lag soviel erbarmungslos Ausstreichendes, daß Alvels noch gespannter Widerstand sich jäh in diese Richtung wandte und sie bewahrte, vor den Augen des Alten zusammenzubrechen. Und wenn sie auch manchmal die nächsten Tage, da Tralssen nichts von sich hören ließ, verzweifelt und beleidigt anders zu denken glaubte, in diesem Augenblick war es ihr erwürgend klar: Vertreten? Kai? Das würde keiner jemals können.

*

Tralssen war zu dieser Stunde schon vor Medensand. Der Hilferuf war nochmals vom Feuerschiff ausgegangen. Weder dessen Boot, noch das Motorrettungsboot von Friedrichskoog hatten mit dem aufgelaufenen Finkenwärder Kutter fertigwerden können, dessen zwei Mann Besatzung den Kahn nicht verlassen wollten, so fürchterlich sie, miteinander am Maststumpf festgebunden, den Tod ringsum, in der eisigen Brandung saßen; sie hatten mit letzter Kraft, deutlich erkennbar im Scheinwerfer der Friedrichskooger, die sich tollkühn bis zur eigenen Grundberührung herangewagt hatten, um Abschleppung gebeten. Die Motorleute hatten auch die Leine hinübergekriegt, so aussichtslos die Sache schien, aber die Verbindung war nach verzweifelter Mühe gebrochen.

Tralssen konnte auf weitere Entfernung arbeiten und hatte andere Maschinen zur Verfügung. Natürlich, es war kein Geschäft, es war überhaupt fast aussichtslos, es konnte nicht mehr lange dauern, bis der Kahn, den die Brecher schlimmer als Dampfhämmer bearbeiteten, zerbersten mußte und die Leute zerschmettert, weggerissen und ertrunken sein würden.

Trotzdem wagte Tralssen sein Teil. Und führte es mit Geschick und Verbohrtheit durch; die Leine kam fest, und er schrie den Funker ablehnend an, der mehrmals ihn darauf

aufmerksam machte, daß vor Borkum ein lohnender Brocken treibe, ein englischer Fahrgaster mit verlorener Schraube.
Tralssen war nicht wie früher, das war klar, er war auch offenbar seekrank und schien gegen mehr als das anzutoben. Er verbiß sich an diesem mageren, obschon tapferen Buttkahn, anstatt dem Schiffer hinzubrüllen, er solle den besitzfrohen Hintern endlich von dem lächerlichen Stück Eigentum lösen, über Seite hüpfen und den noch immer treulich in der Nähe kobolzenden Friedrichskoogern vertrauen, die schon andere Helden als ihn und seinen Bestmann aufgefischt hätten. Nein, er zog wahrhaftig den dickköpfigen Zampan vom Schlick herunter, mußte dann aber erleben, daß der sich, schon im Freien, an der Trosse wie ein zu leichtschwänziger Kinderdrachen überschlug und die beiden zähen Kerle, die sich ahnungsvoll losgebunden hatten, wegschnippte und daß nun doch das Rettungsboot den Sieg davontrug und die Halbtoten nach unsäglicher Plackerei, wunders genug, an Bord kriegte.
Tralssen mußte das stählerne gute Wier kappen und war nur froh, rechtzeitig eine Boje darauf gesteckt zu haben, so daß man es später wiederfischen konnte, auch die Lage des gesunkenen Wracks somit bezeichnet war.
Danach lief der »Tiger« mit hoher Fahrt gen Borkumriff, als könne er die verlorenen Stunden mit den großartigen Dieseln zurückdrehen. Er kam an, als es hell genug war, um von weitem zu erkennen, daß andere Bergungsschlepper das Werk schon vollendet hatten und den englischen Riesen gebändigt abbrachten. Rein aus Gefälligkeit und weil es der berühmte und – wenigstens zu Tralssens Zeit – ebenfalls kollegiale »Tiger« war, sowie anbetrachts der allgemein dienlichen Devisen, wurde ihm ein Platz am Heck gegönnt, mit anzufassen, und der Brite erhob keinen Einspruch, was wohl auch nichts genützt hätte bei der Einigkeit, die unter Bergungsleuten möglich ist.
Alles in allem hätte auch Bottwender trotz »Semikolon«

kaum weniger Prise nach Haus bringen können. Und als Kai Tralssen andern Vormittag auf dem Ledersofa seiner früheren Kajüte erwachte, von Wolters mit Vorsicht aus totenähnlichem Schlaf geholt, da hatte er den bitteren Geschmack unterm Gaumen, der einer nutzlos um die Ohren geschlagenen Nacht zu folgen pflegt. Sie hatten den Engländer nach Bremerhaven eingeschleppt, und es war Tralssen recht gewesen, nicht alsbald so blamiert in Södehaven ausgestellt zu sein. Der Ausbruch hatte sich nicht gelohnt. Und es wäre nun wohl höchste Zeit gewesen, Alvel anzurufen.
»Und komm vernünftig wieder!« Das war ihr letztes Wort gewesen. Er hatte gehofft, ihr eine vernünftige Sache auf den Tisch legen zu können. Sieh so, mein Deern, ich bin doch noch nicht so ganz vertrottelt, und die hübschen Geschichten, die Bottwender spinnt, sind noch nicht bloß ein Bilderbuch für mich. Ich hab ihn vertreten müssen, tut mir leid, wollte nebenbei mal, wie gesagt, ein bißchen frisches Ozon schlucken, und nun ist alles wieder in Reihe, nun ist das Büro wieder eine Weile erträglich und Lemkes Schweißbeine auch und das kleckerfreie Benehmen bei Tisch und die dünnen Tassen und das viele Grünfutter und die weichen brutigen Kopfkissen und das Unbewegliche, das Feststehende, das Gleichmäßige, das ganze starre System mit Großvater als Wauwau. Und ist ja auch was bei über, eine runde Stange Zauber, kannst dir was wünschen, kleinen niedlichen Pelz und nicht bloß nerzgequälten Rammler oder leichtgemarderten Dachsfuchs, ist ja husch verdient, das dicke Stück Marie; bißchen länger aufgeblieben und bißchen rumgegondelt, schon gemacht, mein klein guten Alvel, und nun nichts als gelächelt, und zu Mittag essen wir bei Dölle oder glitschen nach Hamburg ins Fährhaus oder was du magst, Muschmusch, und so weiter und so weiter.
Das hätte man vernünftig wiederkommen nennen können. Aber so? Was sollte man da schon herunterstottern? Mit gepreßter Stimme Erklärungen stammeln, um Vergebung

betteln, an die Tränendrüsen kitzeln und gekitzelt werden? Es war ein gräßlich bitterer Geschmack unterm Gaumen. Soviel Liebe und Verständnis, und andererseits soviel Zerknirschtheit gab es in aller Welt nicht, um den allzu vollgenommenen Mund je wieder salonfähig, ja stubenrein zu spülen.
Das war Tralssens Stimmung.
Es wurde ihm bestellt, alsbald mit der Bahn nach Hamburg zur Verklarung in die Direktion zu kommen.
Hat sonst jemand angerufen?
Wolters verneinte nur und behielt die übrigen Worte, nämlich, daß er genau wisse, wer angerufen haben sollte, in seiner üblichen durchsichtigen Art hinter den Zähnen. Tralssen schämte sich und schnob ihn an. Und das war Tralssens Art sonst auch nicht gewesen.
Es ergab sich, daß keine Sekunde Zeit mehr blieb, wenn er den Zug noch erreichen sollte.

*

Und auch in Hamburg wurde es eine Hetze zwischen Reederei und Seemannsamt und einigen Läden, in denen er seine Ausrüstung ergänzte. Er hatte nämlich nach einem wenig reizvollen Gespräch mit Herrn Direktor Brand und danach mit dem Generalgewaltigen selber zugesagt, einen großen Saugbagger, den eine irländische Firma in Bremen hatte bauen lassen, nach Dublin zu bringen.
Man hatte ihm nicht lange klarzulegen brauchen, daß der Inspektorposten nichts oder noch nichts für ihn sei. Er war selber davon überzeugt. Immerhin versicherte man ihm, der »Rückfall« solle sein Gehalt keineswegs beeinträchtigen, man wolle überdies das Büro noch eine Weile für ihn offen halten. Lemke habe ja sowieso die Hauptarbeit getan und könne gut solange vertreten.
Übrigens Bottwender – die Unpäßlichkeit habe sich inzwi-

schen gelegt, und der Mann sei nicht abgeneigt, wieder einmal Nachfolger zu werden.
Man hatte Tralssens bedenkenlose Einsatzbereitschaft gelobt, hatte gnädig geäußert, den Ausfall der Nacht werde er zweifellos bald wieder einbringen.
»Wollen Sie oder wollen Sie nicht?« hatte der hohe Chef, der würdige, sanft leutselige und kenntnisreiche Konsul Bökelbrink, sodann gefragt, in den milden, gottzufriedenen Augen das überströmende Lächeln dessen, der anstellen und entlassen kann.
Tralssen hatte mehr denn je an Alvel gedacht und um Bedenkzeit gebeten. Angerufen hatte er noch nicht.
Bedenkzeit? Welch Wort in dieser soliden, von Mahagoni, Bronze, schweren Teppichen, teuren Importen und wohlbedachten Sätzen getragenen Welt! Nein, das Wort habe Tralssen vormals nie ausgesprochen und wohl auch nicht gekannt. Bevor, ja, bevor...
Die Ehe ist doch keine Einrichtung zum Bangewerden, meinte der Konsul und strich gepflegt über den eigenen schlichten Reifen am Ringfinger der Rechten, der, so unverrückbar eingebettet in die Rundung der besten Jahre, glänzend bestätigte, wie sehr hier aus Erfahrung gesprochen wurde.
Nun, da hatte Tralssen denn zugesagt, um der Direktion keine Ungelegenheiten zu machen. Man wollte Bottwender anscheinend nicht wieder auf den »Tiger« zurückhaben und wußte nicht, wer die in dieser Jahreszeit wirklich nicht einfache Bugsierung besagten unhandlichen Schleppguts so dienlich hätte übernehmen können wie gerade Tralssen, den der Zufall zudem so günstig nach Bremerhaven geleitet hatte. O ja, es ehrte ihn.
Er ahnte nicht, daß der Konsul den Abschluß für den Baggertransport erst den Morgen in rascher Nutzung der Sachlage getätigt hatte. Aber das ist auch unwesentlich. Es war alles so, wie es kommen mußte. Es darf auch nicht

verschwiegen werden, daß Tralssen, bevor er das mächtige, hansisch ragende Gebäude der Bergungsgesellschaft betrat, in Eile – er hatte sogar ein Taxi genommen – eine betreffliche Hafenbehörde aufgesucht hatte, dieselbe, die im Frühjahr nicht abgeneigt gewesen, ihn in den Polizeidienst einzufügen. Er hatte vernommen, daß nunmehr, da gerade eine Überzahl von Militäranwärtern zur Verfügung stand, die Aussichten dort auf lange Zeit gleich Null für ihn seien.
Ich will es Alvel alles erklären. Sie wird Verständnis dafür haben oder haben müssen, dachte er. Und dann hatte er sich einen Vorschuß geben lassen.

*

Ihm war flau. Er bestellte im Wartesaal Hauptbahnhof ein Steak mit Bratkartoffeln und ein Glas Bier, schrieb, gleich zahlend, dem Kellner die Södehavener Nummer unter die Rechnung. Eine halbe Stunde Zeit bis zum Bremer Zug. Am Nebentisch saß eine beflissen aufgezierte Dame und verschlang ein Ragout, indem sie die handgroße Muschel dicht unter den aufgerollten Schleier vor die überroten Lippen hielt. »Ich hab's auch eilig«, lächelte sie plötzlich zu Tralssen hinüber. »Sie fahren doch sicher auch nach Kiel?«
»Nein, nach Bremerhaven«, antwortete Tralssen höflich. Die Dame ließ sich Mokka und Himbeereis an Tralssens Tisch bringen. Er war zu höflich, um etwas dagegen zu haben, und es tat ihm im Grunde wohl, daß ihn jemand sogleich als Seemann erkannt habe, ihn sogar für einen Mariner in Zivil halte. Sötebier hatte den durchweichten Anzug doch trefflich wieder aufgebügelt; und Schlips und Kragen, von Wolters geliehen und etwas zu eng, trugen vielleicht dazu bei, seine blasse, wohl vom beißenden Nachtwind, aber noch nicht von Sonne erfrischte Bürofarbe strotzend aufzuröten.
»Ich hab dort ein Verhältnis, das ich lösen will«, sagte die Dame, wischte sich mit duftströmendem zierlichem Taschentuch den Mund, malte ihn neu und legte ihr volles Herz in

kunstvoll umrandete, ausdruckslose Augen. Sie war so plötzlich vorhanden und das wohl auf die geheimnisvolle Weise, mit der sich bedrängte Herzen gegenseitig wie brünstige Schmetterlinge anzuziehen pflegen.
Man konnte von Tralssen nicht mehr behaupten, daß er ungelenk sei und daß die Worte ihm nur mit Gewalt über die Zunge gingen. Er hatte im Büro vieles darin zugelernt, genau wie Brand etwa und vielleicht mit mehr innerem Horizont, schon durch Alvel. (Brand hatte derzeit eine pummelige Bauerntochter geheiratet, als sie im Strandhotel bessere Küche lernte, außer welcher Eigenschaft sie nur windempfindlich war.) Tralssen blieb nunmehr auch hier, in dem pulsenden Wartesaal, keinen wohlgesetzten Einwurf schuldig, noch gehalten von der Sphäre der Direktion. Ja, auf einmal löste sich seine Kehle, so frei wie nie bevor, und er gedachte mit spröden Worten daran, wie er das erstemal gen Hamburg und auf die Fischdampfer ging, war er doch der Jüngste und hatte nichts zu erben bei seinem Vater, der Inselbauer auf Amrum gewesen. Hofknecht hatte er nicht sein wollen, somit wurde er Matrose, was entschieden härter war. Er sprach auch sachlich von der unbestimmten Sehnsucht in die Ferne. Er war auch auf Frachttramps und auch auf einem der großen Segler gefahren, zweimal nach Australien, hatte auch einmal Kap Horn erlebt, einmal waren sie die Strecke über den Indischen Ozean, Kap der Guten Hoffnung zurückgekommen.
Vieler bitterer und merkwürdiger Erlebnisse entsann sich der Bergungsinspektor Tralssen, der sich selber wieder zum Kapitän herabgeschroben, hier in dem unruhigen Wartesaal; es war das Fieber des ewigen Aufbruchs, dem Seemann als normaler Pulsschlag vertraut, das ihm hier die Zunge heizte. Er entsann sich auch Bottwenders, der eines verschollenen Tages im Steinkrug zu Sankt Pauli am Nebentisch gesessen, schon dritter Offizier irgend eines Zonenleckers, eine Dame neben sich der gleichen verbindlichen und kühnen Sorte wie

nun er hier im Hauptbahnhof. Und der ihm noch derzeit Unbekannte war es, der in Lebenslust, gebildet und elegant, auch schon mit der kecken Anhebung des Ellbogens, der Schönen auseinandergesetzt hatte, daß man bei der christlichen Seefahrt nur in der Bergungsschinderei das nötige Kleingeld machen könne, um nebenbei eine Frau gebührend zu bezahlen. Jawohl, Bergungsschinderei, das Wort hatte der vornehme, so überaus hellgekleidete Kollege damals am Nebentisch gebraucht. Und auch das Wort *bezahlen*, auch schon damals das öftere Wort *nebenbei.*

Tralssen war es als ein Wink erschienen, und nach seinem Steuermannsexamen hatte er dann bei Konsul Bökelbrink angemustert und dort später Bottwender wiedergetroffen, ohne daß der ihn erkannte oder Tralssen je ihn daran erinnerte, und Tralssen hatte ihn überflügelt.

Aber das Mädchen damals, frisch aus Berlin, hatte noch in Unkenntnis gefragt, was denn ein Dampfer in den Bergen zu tun habe, da sei plötzlich ein ebenfalls eleganter Kavalier aufgetaucht, so einer mit der Melone im Nacken und habe das Mädchen ohne Vorrede an der Schulter gepackt und geknödelt: »Det ick dir man finde, du mickriges Bißchen!« Und da sei es denn zu der blutigen Auseinandersetzung gekommen, sehr zum Schaden des Mannes mit der Melone. Für Bottwender jedoch auch nicht angenehm, da er wegen schwerer Körperverletzung, eben vorbei an Totschlag, fürs erste in der Versenkung verschwand. Und vielleicht sei das der Grund, warum er in der Handelsschiffahrt keine rechte Chance spüre und sich überdies, allem Gerede zum Trotz, von Frauen fernhalte.

»Und warum reden Sie trotzdem soviel von dem Mann«, lächelte die Dame, indem sie wie eine Spinne durch den halbgehißten Schleier auf Tralssens Ehering schielte.

In diesem Augenblick trat der Kellner leichtfüßig heran und erklärte, in Södehaven melde sich niemand auf der bestellten Nummer.

Tralssen hatte bislang die unbestimmte Vorstellung gehabt, seine Frau sitze mit bang wartenden Augen still zu Haus. Auf einmal fragte er die Unbekannte, die nach Kiel wollte, um dort das ersterbende Verhältnis mit einem Zahlmeister zu bereinigen, und sei es mit Abstandssumme, diese Dame fragte er, wie sie sich zur Seefahrt stelle, zu einem etwaigen Gatten, um den Ausdruck zu gebrauchen, der zur See fahre, noch mehr, ob denn sie wisse, was Bergungsschiffahrt heiße, darum drehe es sich nämlich.
»Oh«, sagte die Dame und machte ihre Augen schwärmerisch. »Vor diesen Leuten habe ich die wahre Hochachtung!« Und ob es zuviel verlangt sei, einer Frau zuzumuten, solche Tätigkeit gutzuheißen und zu ertragen, daß der Mann nun mal eben gerade dieses zu tun habe und es auch gern tue, so gern man eben überhaupt etwas tut; denn irgend etwas müsse der Mensch ja zur Ernährung und zur Ablenkung und so weiter tun.
Die halbseidene Dame, die nach Veranlagung keinen großen Gipfeln zusteuerte, und womöglich nicht mal einer Abstandssumme, sondern vielleicht dem ewigen Ausgelöschtsein, nach dem kein Hahn kräht, begriff in eigner Leidahnung, was ihn bewegte. Sie erwiderte fast vorwurfsvoll, indem sie den letzten Löffel Eis in den Rest Mokka fließen ließ: »Für einen Mann ist es ja wohl auch angebracht, daß sein Beruf ein bißchen von Notwendigkeit an sich hat, und das hat Ihrer denn ja wohl.«
Tralssen murmelte dankbar, man stoße nicht immer auf das geeignete Verständnis.
Die Dame bettete das runde Kinn nachdenklich in den Schwanenpelz, der ihrem Kostüm die schneeige Glorie gab. Sie gedachte des kleinen Revolvers, den sie aus der Wäscheschublade einer Bekannten entnommen, heimlich, aber deren unausgesprochene Erlaubnis voraussetzend; er stammte von einem Tropenhändler, der ihn vergessen. Sie sah die gefrorene Himbeersahne blutig im schwarzen Spiegel des Kaffees

zerrinnen. Sie spielte mit der Vorstellung, den Zahlmeister mit der gefährlichen Waffe zu erschrecken, oder auch, sich auf einem der Segelstege am Düsternbrook vielleicht diese Nacht noch die kleine sonderbare Kugel zu gönnen, die alles weitere für einen selber unnötig macht. Und sie meinte nach einer schlichten Pause mit bewegter Stimme: »Liebe und Verständnis, das gehört zusammen.«
Tralssen hielt sich nun sowieso für ertappt. Er sagte, indem er die paar Minuten, die ihm noch blieben, hastig für sich nutzen wollte: »Und ich hab in der Liebe sozusagen Bedingungen unterschrieben und dabei natürlich Schiffbruch gelitten.«
Das Mädchen sah mitfühlend auf. Und es kam eine spöttische Freude in ihren überroten Mund: »Ein Bergungsdampfer, der selber SOS funkt...!«
Sie war von der Küste und wußte Bescheid, sie legte ihren strammen dunkelgrünen Nappahandschuh lebensgewitzt auf seinen Arm: »Glauben Sie mir, Kapitän, das ist nicht lächerlich, das ist bitter, selber im Schlepp zu sein, wo von Rechts wegen man von sich aus die Richtung angeben soll, und dann zu sehn, wie man absackt, bloß weil der andere gar nicht die Fähigkeit hat, einem zu helfen. Das ist wie Jesus, mein Herr, der andern geholfen hatte und sich selber nicht helfen konnte, und ihm weiter nichts übrig blieb, als umzukommen.«
Über ihrer eindringlichen, getrübten Stimme gingen die Zeiger der Wartesaaluhr ihren Gang.
Tralssen mußte sich beeilen. Die Dame streifte den Handschuh von der Rechten. O nein, sie zahle selber, sie zahle immer alles selber mit fremden Herren, so eine sei sie nicht, das habe er wohl gemerkt. Er dankte ihr für die Unterhaltung, er murmelte wahrhaftig, es sei ihm Trost und ein guter Zufall gewesen. Sie entgegnete scherzend, daß es im Leben wohl oft so sei, die Züge seien einander ähnlich, aber die Richtungen verschieden. Daraufhin straffte er den Nacken, sah mit Bedauern, wie angenehm solch Begegnung sich in jungen, zwangloseren Jahren hätte weiter entwickeln kön-

nen, meinte auch einen Hauch verwandter Seele zu spüren, ja, vielleicht hätte solch leichterer Typ besser an seine Seite gepaßt und hätte weniger zu leiden gehabt, als nun Alvel wohl zu leiden haben würde, falls sie nicht sich längst innerlich von ihm, dem Vertrottelten und Wortbrüchigen, gelöst habe. Ach, was nützte die allzu liebende Verkrampfung in dieser Welt der Trennungen!
Somit sagte auch er ein munteres Wort, wünschte ihr alles Gute, deutete an, daß ihm eine nochmals ebenso zufällige Zwiesprache Vergnügen machen würde. Ihre Hand glitt aus seiner, die rauh war von der lang entwöhnten Seebeize der letzten Nacht und hart von innerer Entschlossenheit; ihre Hand aber, rundlich und widerstandslos, streckte sich danach ein wenig, als wolle sie das Entgleiten aufhalten.
»Nie wieder...« sagte sie dann unerwartet zärtlich und traurig und mit einer leichten Schwebung zwischen Entscheid und Frage, so daß es Tralssen lange nachging und er später, in einsamen Stunden der Wache, manchmal meinte, es sei in magischer Übertragung Alvels Hand und Stimme gewesen.

*

Alvel aber verabschiedete sich gerade den Abend von Frau Möller und war wohl auch verzagt. Aber es hatte die Wandlung schon bei ihr begonnen. Sie war zu Tine Möller gegangen, um Bestätigung zu finden für ihr Verhalten. Sie wollte hören, daß sie recht getan, Kai Tralssen von See wegzuholen. Daß sie recht habe, ihm jetzt zu zürnen, ganz gleich, was da Vertretung heiße oder nicht. Er hatte es ihr versprochen gehabt, nie wieder zu fahren. Er hatte sein Versprechen gebrochen. Ohne Not. Die Nachrichten waren schon alle da. Und das Lächeln überall. O ja, so viel verstand sie auch von der Sache, daß das, was der »Tiger« die Nacht fertig gebracht, auch Herr Wolters allein hätte bewältigen können.
Schon den Vormittag war sie auf dem Wege zu Tine Möller

gewesen, aber bei der Schule war sie wieder umgekehrt. Die Kinder hatten drinnen gerade gesungen; das Fenster stand offen, denn der Lehrer war für die Gesundheit, und es schien ja auch die Sonne ab und zu diesen Morgen. Sie hatte deutlich die beiden Möller-Kinder gesehen, Ottel und Lieschen, sie war stehengeblieben, um abzuwarten, ob denn gar keine Veränderung in die aufmerksam der Geige zu strahlenden Augen komme, wo doch das Lied dazu angetan sein mußte, das von dem Schifflein, das vom Strande stößt und das arme Herz am Lande zurückläßt; es mußte die beiden doch an den umgekommenen Vater erinnern.

Aber nur sie selber, ungesehen an die Schulmauer gelehnt, hatte bitterlich vor sich hinweinen müssen. Und war wieder nach Hause gegangen, in Angst, Kais Anruf zu versäumen, hatte auch oftmals bei Lemke angefragt, ob wenigstens im Büro persönliche Nachricht vorliege.

Den Abend dann, als die Kinder schon im Bett gewesen, hatte sie die Strümpfe strickende, immer fleißige Tine Möller gefragt, wie es angehen könne, daß sie sich so rasch getröstet hätten, sie und die Kinder. Aber Tine war ausgewichen und hatte von Alvels Mann angefangen, der ja nun wieder fahre, Ottel habe es vom Hafen mitgebracht, der strömere ja auch schon den ganzen Tag da herum und wolle auch auf See, das müsse nun mal seinen Lauf haben, genau wie mit Kai Tralssen. Ihr Mann sei wohl auch immer gern zu Haus gewesen und habe es immer adrett und nett vorgefunden, aber auf die Dauer dann habe er es nicht ausgehalten, dann habe er wieder wegmüssen. Desto schöner, wenn er dann wiederkam.

»Bis er eines Tages nicht wiederkam«, hatte Alvel bitter eingeworfen.

Und Tine Möller hatte bekümmert geschwiegen und sich wohl all das Schreckliche noch einmal ausgemalt, danach aber Alvel gedankt, daß ihr Mann derzeit selber sich die Mühe gemacht, es ihr zu sagen.

»Wie habt ihr euch nur darin finden können, Tine!« hatte Alvel ganz verzweifelt entgegnet, indes Tine sich dem Kleinsten zuwandte, das in der uralten Wiege lag und trockengelegt werden wollte.
Frau Möller hatte schüchtern geantwortet, als gäbe sie einen Talisman preis, daß an dem Kriegerdenkmal bei der Kirche ein Spruch stehe, der wohl auch auf Bootsmann Möller passe: »Niemand hat größere Liebe denn die, daß er sein Leben läßt für seine Freunde.« Das habe sie auch den Kindern gesagt und sogar dem kleinen, schon als Waise geborenen Würmchen, und sie hätten es alle in ihrer Art verstanden.
Alvel hatte aber, da Tine sie nun einlud, nichts essen mögen. Sie müsse sich den Magen verdorben haben in der Aufregung des vorigen Abends. Und es war ihr wieder sehr elend. Tine hatte mitleidig den Kopf geschüttelt und fast ein wenig gelächelt.
Tine Möller, das war die erste Station für Alvels Einkehr gewesen, der erste Fingerzeig, der sie geneigter machte, ihre Abwehr zu dämpfen und innere Unterhandlungen zu pflegen mit dem Fortgegangenen. Jedoch, wäre er jetzt schon heimgekehrt, hätte er jetzt schon angerufen oder geschrieben, wie sie fordernd und vorwurfsvoll jede Stunde erwartete, es wäre trotz Tines Vorbildlichkeit sicher alles beim alten geblieben. Und auch Tralssen, hätte die Rückkehr nur etwas glorreicher erfolgen können, wäre sogar von sich aus gutwillig und treuherzig wieder Morgen für Morgen dem Büro zugestrebt, bis es eines Tages wiederum so weit und dann womöglich restlos aus gewesen wäre, da das Schicksal in üblen Dingen weniger Wiederholungen als Steigerungen liebt.
Aber Tralssen versäumte, die Verbindung, die ihm durch seine Schuld nun einmal abgerissen schien, so bald wieder aufzunehmen; er sah das liebe Gut weiter und weiter achteraus treiben, und keine Leine, keine Welle und keine Kraft schien geeignet, es je wieder zu erreichen. Somit beschloß er, lieberAuge in Auge es mit ihr zu bereden, wenn er zurück sei.

Den alten Fischer Hörn wurmte es täglich mehr, sein Enkelkind so leiden zu sehen. Gewiß, er hatte es vorausgesagt. Aber nun durfte man nicht Schot und Ruder einfach fahren lassen, das war unklug. Man mußte das Boot halten oder es verlassen. Und da das Verlassen ihm in diesem Falle dem Verderben gleich sah, goß er einiges besänftigende Öl in die Wogen, und zu Alvels Erstaunen nahm er Tralssens Partei. Sie hätte wissen müssen, daß ein Fisch keine Beine hat und man so was nicht wie einen Köter an die Leine nimmt. Nun komm schön ins Kontor! Nun komm zum Frühstück! Nun kusch ins Körbchen!

Außerdem wußte er anzubringen, daß treibende Wracks, so habe Tralssen zu Haus schon beinah ausgesehen, vogelfrei sind und leicht jemand Fremdes sich längsseits einfindet und mit Beschlag belegt, Notmasten errichtet, Notsegel setzt und auf einmal damit losseilt.

Es hatte nämlich Lotse Kohrs mit Verklarung beim Hamburger Seeamt zu tun gehabt und sich, bevor er den Zug gen Södehaven nahm, noch ein bißchen gestärkt und dafür zufällig auch den Wartesaal bestimmt und so denn also ausgerechnet Tralssen in tiefem, für dessen Person sozusagen ungewöhnlich ausgelassenem Gespräch mit einer stattlich aufgetakelten Dame beobachtet. Was Kohrs nicht auf immer bei sich behalten konnte, so daß auch Fischer Hörn es nicht verborgen blieb und er seiner Sohnestochter abschließend den vielleicht tötenden, vielleicht heilsamen Stich versetzte: »Da könnte, deutlicher verklart, mein klein Alvel, merkwürdigerweise womöglich sogar ein anderes Frauensmensch sein, das die Lage ausnutzen tut und den Fisch, ob aus Herzensgrund oder nicht, besser in Wasser zu halten versteht, was denn wohl auch bei so ein Kerlszeug, wie dein Mann vorstellt, klüger wäre, das wär es denn ja wohl.«

So sah der zweite Fingerzeig aus, der zu schleuniger Einlenkung hätte dienlich sein können. Aber vorerst tötete er alles Gejammer in ihr, stachelte ihren Zorn an und verwandelte die zarte Gestalt in eine unheilvoll drohende, mit Mühe an sich haltende Furie. Auch jetzt wäre Tralssen noch zu früh gekommen. Sie hätte ihn zerreißen mögen. Sie packte schon, und nicht nur in Gedanken, an ihren Siebensachen herum, das Haus zu verlassen, und blieb schließlich nur deswegen, weil es eigentlich das ihre war, faßte dafür jedoch den festen Entschluß, einem gewissen Kai Tralssen nie wieder die Tür zu öffnen.

Aber in der Abenddämmerung sah sie sich selber weit auf die große Mole hinauswandern und dort, an eines der ergrauten Riesenbeine der Baake gelehnt, auf die See hinausstarren und hörte sich weinen und hörte, wie sie haßerfüllt seinen Namen flüsterte und wie der Haß sich im Wind auflöste und der Name verlangend über den Horizont davonsegelte.

*

Es mochte eine runde Woche vergangen sein, und Tralssen hatte seinen Bagger, wie Lemke vom Büro zu melden wußte, nach ärgerlichen Schwierigkeiten, aber ohne die leiseste persönlichere Nachricht, im Dubliner Hafen abgeliefert – der Ölbunker leckte erheblich, und fast hätte der »Tiger« vor der irländischen Küste noch selber Schlepperhilfe in Anspruch nehmen müssen. Da stand auf einmal auch Herr Bottwender auf der felsigen Bastion des Molenkopfes, schnupperte genießerisch in den scharfen Luftzug und tat höflich erschrocken, als er Frau Tralssen erkannte. Ja, er nannte sie sogar gnädige Frau, elegant den Finger an die blaue Mütze legend, die sich nach jenem unheilvollen Abend friedlich bei Tante Butt wiedergefunden, wo er denn in Ermangelung der Bordkammer auch selber unterkam, indes sein heller Hut nebst anderem Gepäck über Bremerhaven ihn zu Södehaven nunmehr erreicht hatte, aber noch der Auffrischung harrte.

»Daß ich Sie hier störe!« sagte Bottwender, ohne die Kläglichkeit, die Alvel nach seiner derzeitigen Nachtvorstellung wohl hätte erwarten dürfen. Aber der Kavalier pflegt auch über Dinge zu schweigen, die ihm selber peinlich sind. Schließlich war das Pflaster unter der Schläfe beredt genug. Sie blickte still geradeaus auf die See, und somit pries er leichthin die große Fernsicht, fügte auch, nicht ohne eigenbezügliche Pause hinzu, daß solcherlei scheinbar unbegrenzter Balsam sei für ein leidendes Herz.

Er wußte nicht, daß er ausersehen war, der dritte gute Fingerzeig für sie zu sein.

Sie aber wußte nicht, sollte sie bleiben, sollte sie gehen. Sie entschloß sich, sein Benehmen abzuwarten. Es war noch nicht ganz dunkel, der Westhimmel glomm in die Winterahnung wie südliche Apfelsinengärten. Nonnenhafte Wolkenscharen pilgerten darüber hin, oder vielleicht war es eine endlose Trauergemeinde, die Witwen und Waisen derer, die zuversichtlich über die silberne Kimm in die abenteuerliche Weite gefahren waren und nie oder wie Bootsmann Möller wiederkehren. Wie bald vielleicht würde sie selber der trostlosen Schar zugehören, die seit Vorzeit und Wikingerzeit über der Nordsee sich sehnsüchtig fernwärts reckt und ruhelos hin und her zieht und ihr Leid über den Küsten ausweint.

»Gnädige Frau«, sagte Bottwender, selber von der Stimmung der Dämmerung benommen. »Pardon, man sollte nicht reden. Aber es wird Ihnen zu kühl. Sollten wir nicht nebenbei irgendwo, vielleicht in der Strandhalle, etwas Heißes genießen ...?«

»Wenn auch das nicht«, erwiderte Alvel, indem sie empfand, daß dieser vormalige Tigerbändiger sie nicht als Lämmlein allhier in der Einsamkeit und beginnenden Dunkelheit zu verputzen gedachte. »Ich wollte sowieso gerade heim.«

Sie hätte gern hinausgeschrien: Was wißt denn alle ihr, was mir zu kühl oder zu heiß wäre! Aber das mußte verwunden sein, das hatte sie selbst Kai Tralssen nicht gesagt und würde

es ihm nie sagen, nie sollte er das Recht haben, zu wissen, daß es das letzte Glück nirgends gäbe auf Erden.
Bottwender ging in Offiziershaltung und ein wenig wiegend neben ihr, die edlen Handschuhe schwingend. Er hatte die ganze Woche Blau getragen, das Blau jenes Abends, und die unbezahlbare Tante Butt hatte alles wieder auf neu hergerichtet. »Ich muß mich jetzt entscheiden«, sagte er nach einer Weile, als sie die gröbsten Steine hinter sich hatten: »Zweierlei wird mir geboten, der Inspektorposten oder ein Kapitänsposten bei der Konkurrenz. Was wäre Ihnen lieber, Alvel?«
Ja, jetzt sagte er Alvel. Es war ihm nun wohl dunkel genug. Ein toter Taschenkrebs zerknackte unter seinem Schritt. Es war wie ein Warnungsschuß oder ein Salut.
Immerhin tauchten auf dem Deich, dem sie sich näherten, andere Abendwanderer auf, ein paar Marinekulis, ein paar späte Kurgäste und auch Mutter Neels, die anscheinend auch auf den »Tiger« wartete. Schön, mochte man es denn sehen, daß nicht Kai Tralssen allein sich herausnehmen dürfe, mit anderen angeregt vor aller Öffentlichkeit zu plaudern und dem Klatsch Gelegenheit zu geben.
Ohne Schatten von Verweis entgegnete sie darum: »Und was wäre Ihnen lieber, Herr Bottwender?«
Worauf er in alter Forschheit versetzte: »Ihnen zuliebe natürlich der Inspektorposten.«
Ach, da zerging die haßverzerrte Maske, die sie für ihr Herz passend bei sich selber bestellt und die den Namen Kai in Gift und Galle zwischen den Zähnen zermalmte, und wurde dünn und blumenhaft wie der graue Schal, den Bottwender als Ersatz für den versengten dagelassen. Grau und mit Blumenschatten überall sah die Welt da aus, und auch die See, nach der sie sich umwandte, ja, die See war wie die dünne graue Seide, es war dieselbe Empfindung bei ihr wie bei Tralssen, und ihm, der zu dieser Sekunde auf dem Peildeck stand und Ausschau hielt nach dem zu erwartenden Leuchtfeuer von Quessant, schien sich der Horizont zusammenzu-

ziehen, so wie sich das Tuch von ihren Schultern emporgezogen hatte, und es waren größere Fäuste als Tralssens und gnadenlosere, so daß die Schlinge sich enger und enger um die Kehle zog, nur langsam zwar, aber immer ein wenig mehr, jeden Tag mehr und nicht nachließ, sich nie jemals lockerte, sondern Puls und Atem und Schrei und gute und böse Worte, das Gesprochene und das Unausgesprochene mit letztem Ruck ersticken würde, und das ganze verwirrte, schmerzhafte, verrückte und doch so unsäglich liebe Leben, die bitteren Ungewißheiten und die süßen Bedrängnisse, die Frühlinge, die Gärten, die Bilder, die Alltage und Festtage, die Segel, die Rauchfahnen, die Tränen, die Gelächter, die Kleider, die Gesichter, die Lichter, die See, den Wind, die Sirenen, die Brandung und die Gestirne und was es an Angenehmem und Peinvollem, Aufgezeichnetem, Erfundenem, Unterhaltendem und Zerstörendem gab, alles das mußte die gnadenlose Schlinge eines Tages ins ewige Nichts zerdrücken.
»Eine kleine Spanne Zeit nur!« hallte ein gelesenes Wort in Alvel, und sie beschloß, diese Spanne über freundlicher zu sein, als es ihr von Natur gegeben war, und milder und weniger anspruchsvoll, bezog auch Bottwender in diese Freundlichkeit, sagte fast bänglich, in Angst, diese Erkenntnis wieder zu verlieren: »Mir zuliebe ... das hat schon mal einer so gemacht. Und was ist daraus geworden?«
Bottwender glaubte nun, daß jede Minensperre aufgehört habe, seinen Weg zu hindern. Gelassen beugte er sich ein wenig vor, und seine Mandelaugen taten einen feurigen Zuck vor neugewonnener Kraft: »Nicht jeder ist ein Waschlappen, gnädige Frau!« Nun, das paßte nicht in die Schlinge, die zur Duldung ermahnte. Alvel fiel selber wieder heraus, das heißt, sie vergaß kurz, daran zu denken, und versetzte scharf: »Sie meinen doch nicht Kai?«
»Schön!« lächelte Bottwender. »Aber ein paar Wochen weiter, und der Mann hätte nebenbei nicht mal mehr das bißchen Mumm zu seinem Ausbruch gehabt.«

»Welch großes Wort, Ausbruch! Aber sonderbar, Herr Bottwender, Sie heißen diesen Ausbruch anscheinend noch gut.«
Bottwender war siegesgewiß: »Natürlich! Es hat uns doch den Weg frei gemacht.«
Alvel war wieder in die ergebene Erkenntnis der Vergänglichkeit zurückgekehrt, die zur Güte mahnt, da nur Güte den Genuß verbürgt: »Sie verstehen Kai also im Grunde?« fragte sie zuversichtlich, und nicht ein bißchen blendete sie die Zuversicht ab.
»Der Mann hätte niemals von See weggehen dürfen!« sagte Bottwender, in das scharfe, ehrliche Licht ohne Sicht hineintappend.
Alvel kuschelte sich fröstelnd bang in den sandfarbenen Flausch, als sei es eine große, gute, heimgekehrte Hand, und sagte: »Er tat es auf meine Veranlassung.«
Bottwender ahnte nicht, daß es nicht nur eine Antwort auf seine ausschlaggebende Bemerkung sei, sondern auch das Hineinkuscheln in die von See zurückgekehrte oder vielmehr hoffentlich bald zurückkehrende große gute Hand Kai Tralssens erklären sollte. Er glaubte den Augenblick nahe, wo er das fröstelnd vermummelte schutz- und trostbedürftige Mädchen, das für ihn eigentlich noch immer Alvel Hörn hieß, in den Arm nehmen könne.
Vorbereitend legte er klar: »Sie hätten sich lieber an mich halten sollen, Alvel!«
Sie gingen jetzt oberhalb des spärlich erleuchteten vereinsamten Badehotels; die Deichkrone warf Schatten über ihre Füße, es sah aus, als gingen sie in seichtem Wasser. Ein aufkommender Dampfer brummte sein Signal, er rief nach dem Lotsen; seine Lampen, das grüne Herzlicht inmitten, standen spitz in der windigen Weite. Ein lila Blüsenfeuer schien jetzt seinen Bug zu verzehren. Alvel dachte an die fröhlich zum Aschenbecher niederschwingende, herbsüß duftende Zigarre, die ihren früheren, schöneren gestreiften Seidenschal mit einem

bräunlich geränderten Durchschlupf versah. Seitdem trugen ihn die Möllerkinder bei Hals- und Zahnweh. Und nun hatte sie plötzlich selber Zahnweh. All die Abende Mole mit Fernwind wollten sich wohl rächen. Richtig, Bottwender hatte ja etwas Nettes gesagt. Er war doch kein schlechter Kerl! Schade, daß sie nun schon Kai Tralssen lieb hatte. Mehr konnte man im Augenblick nicht von ihr verlangen. »Wo ich nebenbei schuld bin an seinem Unglück!« fügte sie laut ihren Gedanken hinzu. Sie mußte lächeln, nun hatte sie die vielen Nebenbeis Bottwenders selber um eins vermehrt.

»Und er an Ihrem!« hob Bottwender den Ellbogen. »Er hätte gleich mit der Faust auf den Tisch schlagen sollen, gleich. Aber nur gut, nebenbei, daß er es nicht getan, sonst ginge ich wohl schwerlich mit Ihnen zusammen hier durch den Ort.«

Alvel lächelte. Mochte man ruhig ertragen, daß sie mit ihres Mannes wohlgestaltetem Kameraden ohne Scheu sich spiegelte in allen jenen putzigen Winkelscherben der Kleinstadt-Hafenklatsch-Fenster, die nach Erlebnis lüsterner waren als sie: Ihr Gewissen war gut, ihr Wille war gut, ihr Mut war gut, ihre Kraft war auch gut. Herr Bottwender durfte es sich ruhig noch einmal ansehen, was gewesen, so ruhig wie sie es ansah: »Rohe Gewalt? Das könnte mich nie unterkriegen. Aber ich danke Ihnen, daß Sie auch nüchtern so ehrlich sind!«

Sie sagte es ohne Spott. Sie war ihm wirklich dankbar.

O je, sein Arm, vom erhobenen Ellbogen so leicht bis zu ihrer Schulter aufgewinkelt, rutschte in der freien Luft ab, als habe ihn ein jähes Beil getroffen. Zwar setzte er noch einmal Dampf hinter die Stimme: »Alvel, seien wir ehrlich, Frauen wollen zu ihrem Glück gezwungen werden!« – Ein Wort nebenbei, das er für etwas später, mit erfolgreicherem Arm, vorgesehen hatte.

Aber sie lächelte ihn jetzt so über allem an, trotz der Zahnschmerzen, sie nickte ihm heiter strahlend zu: »Man kann sich selber zwingen, dem Zwang zu gehorchen, wenn man Glück hat oder so ähnlich. Es ist wie mit der Trosse, glaub ich, und das nennt man dann wohl eine glückliche Bergung, Herr Bottwender! Gute Nacht, und schönen Dank für die Begleitung!«

*

»Schönen Dank«, sagte Tralssen auch seinem Steuermann Wolters, der ihn ablöste und bei dem er noch einen Augenblick unschlüssig gestanden hatte, bis Wolters bescheiden gemeint: »Wo man das Herz nicht ganz bei hat, da ist alles man halb.«

Das war es, was Tralssen gefühlt. Sein Herz war zur Hälfte zu Haus geblieben. Somit mußte er zurück, es zu holen, so leer seine Hände auch waren und nichts dafür geben konnten, nicht einmal die Wiederholung des Versprechens, von See wegzubleiben. Er mußte den bitteren Gang, bitterer als der zu Möllers Frau, gehen und erklären, ich bin tot für dich, Alvel, es ist besser, als wenn du an der Trosse umkommst oder ich in deinen Armen. Du bist frei, Alvel; vielleicht wird Bottwender es richtiger anfangen und besser durchhalten, wenngleich ich es nicht ertragen könnte, Alvel. Aber ich muß mein Herz beisammen haben. Und wenn ich es zusammen habe, werde ich wissen, ob sich die Bergung lohnte. Sie wird sich nicht lohnen. Es ist ja dein Herz, das geborgen sein sollte.

Er wußte noch nicht, daß Alvel ihm etwas Ähnliches sagen werde. Wenn da eine ist, Kai, die es richtiger mit dir meint, dann will ich zurückstehen. Denn du mußt ja dein Herz beisammen haben, ja, du kannst wohl verlangen, zwei Herzen zu haben, um deine schwere Pflicht gut zu tun. Aber wenn du sagst, es sei jemand anderes nicht da, so will ich von nun an tapfer sein, Kai.

Und sie sah vor sich, wie er heimkam und wie er wieder hinausfuhr, fröhlicher, stärker denn je, mit zwei Herzen.

Sah ihn heimkehren und ausfahren, heimkehren und ausfahren und – ach, wann würde sie nicht mehr zu bangen brauchen?
Dann würden sie beide alt sein. Dann war es nicht mehr nötig, tapfer zu sein, für ihn nicht und für sie nicht.
Oder vielleicht begann die Tapferkeit dann aufs neue, wenn das Kindlein so weit war.
Man braucht viel Kraft, um tapfer zu sein. Aber wenn man sich nicht sträubt, geht es leichter. Man muß lernen, ohne Grauen an die Schlinge zu denken, die sich eines Tages zusammenzieht zur letzten, unzerreißbaren Trosse, daran dann unser Atem wie Bootsmann Möllers Atem sich mühen wird, sie, so gut es geht, durchzuholen in Not und Gewißheit der endgültigen Bergung. Alvel schritt durch den Vorgarten, ganz langsam, als horche sie auf etwas wunderbar Freundliches, das in ihr selber sprach und das zugleich sie umfing wie helfende, schützende Hände, die immer da sein würden, auch wenn er weit weg, ja auch wenn er umgekommen wäre. Sie blieb an dem niedrigen Busch Ginster stehen, den sie diesen Sommer gesetzt, damit er im Frühling blühe, und fühlte an den rispigen Zweigen die letzten brüchigen Fruchtschoten und schon die jungen Knospen und gedachte, daß Tine sie aufmunternd und mitfühlend schüchtern angeblickt habe, als ihr so elend war: Das ist nicht vom Abend, Alvel, da ist wohl was im Busch.
Und Alvel sah gefaßt in die Nacht, dem Kommenden entgegen, sie sah über See weg den Ginsterbusch in betäubender Blüte auf einer unbewegten, windstillen Heide, wie es sie hinter Södehaven gibt, und sie sah das Kindlein geborgen zwischen den Funken der Zweige sitzen; es spielte mit den grauen Erdhasen und blickte lächelnd auf, wenn fern vom Bollwerk, den Vater zu mahnen, die Sirene schrie.

Anhang

Über Hans Leip

Er war durch Siebelist und Eitner nach Paris verwiesen worden, wo er Gauguin gesucht und die Bilder von Matisse gefunden hatte; er tauchte als Gast an der seit 1905 selbständigen Hamburger Kunstschule auf, die vorher von Barlach und Feininger besucht wurde, gab schließlich selbst Zeichenunterricht, engagierte sich als Kunstkritiker, sah seine Zeichnungen in und außerhalb Hamburgs ausgestellt und publiziert und konnte Anfang der zwanziger Jahre für sich in Anspruch nehmen, die Hamburger Kunst der ungewöhnlich schöpferischen Sezessionsjahre um einen eigenwilligen und selbständigen Beitrag bereichert zu haben.

Von den erhaltenen Arbeiten stammen die ältesten aus dem Jahre 1915, dem Entstehungsjahr von ›Lili Marleen‹. Ein Zusammenhang zwischen dem erst im 2. Weltkrieg bei Freund und Feind berühmt gewordenen Volkslied und den kleinen, mit farbiger weicher Kreide forsch und innig geschaffenen Blättern ist unverkennbar. – Ob es sich 1920 um eine zärtlich-skurrile Morgenstunde, 1924 um eine keinerlei Umgebung benötigende Tafelrunde im Atelier, ob es sich um die bizarren Bardekorationen 1925, einen phantastischen Geburtstagsglückwunsch oder das märchenhafte Kaleidoskop der erst nach dem letzten Krieg entstandenen Bilder zum ›Zauberschiff‹ handelt, immer gibt Leip seinen Impressionen eine expressive Form. – So verbindet er Gestalten aus bewegter Vergangenheit mit einer beruhigten Gegenwart, in der Expressivität vor allem als Reduktion auf das Wesentliche verstanden wird. Dennoch bleibt auch jetzt das unmittelbare Erlebnis der wichtigste Ausgangspunkt für die künstlerische Konzeption.

Prof. Dr. Gerhard Wietek

Schwer auszudenken ist es, wieviel Hans Leips Ingenium hineingewoben hat in unser Vorstellungsbild von Hamburg, seinem Hafen, dem Meer, der Küste und seinen Menschen! – Die Dichter erst machen sehen und lehren lieben; durch sie wird blinde Ahnung zur Gestalt und Wirklichkeit: der stumpfe Farbenglanz unserer niederdeutschen Heimat, die verhaltene Anmut ihrer Menschen, die Größe tapferer Lebensbewältigung. Stimme und Geheimnis von Meer und Wind.

In allen Spielarten ist die Kunst des Poeten Hans Leip ein tüchtiges Schiff, das die würzige Luft der Elbstadt und der grünen Marschlande in den Segeln hat, aber unterwegs ist in die vier Himmelsrichtungen, die das Rätsel der menschlichen Existenz offenhält. Letztlich zählt nur, ob der Künstler auf seinen beschwerlichen Wegen dort anlangt, wo er ein Stück der allgemeinen Wahrheit zutage fördert. So sehr uns Hans Leip liebe Heimat geworden ist, so sehr hat er sich in die kühle Region der Kunst erhoben, die im Naheliegenden, im Profan-Vertrauten dem Geheimnis des Weltzusammenhangs auf die Spur zu kommen vermag.

Im staunenden Bewußtsein solcher Nähe und Ferne werden wir weiterhin offene Ohren haben für die zärtlich-rauhe Nebelhornstimme des Künstlers und Menschen Hans Leip.

Senator Dr. Biermann-Ratjen

Ein brutaler Stoff, von Zartheit durchleuchtet, Leidenschaft der Handlung und des Wortes, sich speisend aus Ursprüngen, die dem modernen Empfinden romantisch scheinen mögen und dennoch erschreckend klar gegenwärtig ins Gemüt greifen. Ich zögerte nicht, unter den mir vorgelegten Einsendungen der Kölnischen Zeitung diesem ungewöhnlichen Seeräuberbericht »Godekes Knecht« wegen seiner Einmaligkeit, es wäre eigentlich zu sagen: Unwiederholbarkeit, das Primat zu geben.

Thomas Mann

Ein Meere in den Himmel wirbelndes Buch urtümlicher Sprachmusik, Sprachglut und Spracheinheit, ein Buch, darin eines Dichters Herz in schönem Wahnsinn pocht.

Axel Eggebrecht über »Godekes Knecht«

Was mir so maßlos imponierte, war, mit welcher nüchternen Sicherheit er über »das Schöpferische« sprach. Da war nichts von »Waterkanten-Mythos«, nichts von nordischer Nebulosität, sondern da war griechische Klarheit, als stünden Apollo und Dionysos selber Pate bei all den Dichtungen dieses norddeutschen Poeten Hans Leip.

Prof. Rolf Italiaander

Wir haben uns aneinander gewöhnen müssen, Hans Leip und ich. Daß uns das gelang, daß wir freundschaftlich verbundene Kameraden geworden sind, erscheint mir als eine beispielhafte Leistung. Ich jedenfalls, so scheint es mir, war dahin gedrängt worden, das expansive Werk kritisch zu betrachten, unabhängig vom äußeren Erfolg. Und wenn ich heute neidlos mein unbedingtes Ja den vielen Posaunenstößen beigeselle – dann schließt es eine große Trauer mit ein: die Trauer darüber, daß unsere Vaterstadt ihn, Hans Leip, verloren hat.

Hans Henny Jahnn

Das »Lied im Schutt« werde ich im Simplicissimus veröffentlichen, und sollte ich dafür sitzen müssen!

Walther Foitzik

Vom Sender Kairo ertönte gerade »Lili Marleen« dreistimmig auf englisch, als wir in Tobruk einzogen.

Rommel

Das schönste Liebeslied aller Zeiten. Schade, daß es auf deutsch entstand.

John Steinbeck

Dieser Poet ist der einzige Deutsche, der während des Krieges der ganzen Welt Freude gemacht hat.

Eisenhower

Einen Roman wie Der Pfuhl: Wer hätte das den Deutschen zugetraut!

Knut Hamsun

Tinser? Lassen Sie mich in Ruh damit! Das Buch ist mir zu unheimlich.

Hermann Graf Keyserling

Alles, was sich über Hamburg sagen läßt, wäre auch über Hans Leip zu sagen ... In ihm lebt der Geist der Elemente, lebt die unbekümmerte Drastik der Natur, die alle jene, die innerlich niemals an sie herankamen, nur erschrecken kann ... Eine seiner schönsten Dichtungen schenkte er uns in dem Buch »Der Nigger auf Scharhörn«, dieser so innigen als heiteren Geschichte von Sommer und See, Jugend, Freundschaft, Abenteuer und Fernweh.

Eduard Thorn

Dieser Leip ist ein ganzer Kerl – ein Teufelskerl, der wirklich einmal Dichter ist.

August Hinrichs

Mit den unsichtbaren Mächten hat Hans Leip zeitlebens, haben sie auch mit ihm zu tun gehabt. Sein Vater, Schauermann und auf seine Weise Geheimkundiger, konnte die Rose »besprechen« und wurde oft als Erwirker des Sonderlichen von Hilfsbedürftigen aufgesucht. Komme es nun daher oder woher auch immer – Erbmasse gibt es ja nur insofern, als das Kind, das geboren wird, in die Erbmasse einsteigt, hier wie überall ist es ganz anders, als die sich irrtümlich als eine solche bezeichnende Naturwissenschaft meint –: wesenhaft ist in

Persönlichkeit und Werk Hans Leips die religio. Er erst mußte kommen, damit klar werde, daß Störtebeker und die Vitalienbrüder keineswegs bloße Seeräuber gewesen waren, daß sie vielmehr ihre Piraterie als eine Art Brüder vom freien Geiste sich und der Zeit auferlegten, als Anarchisten Gottes und mithin als Millennium-Provokateure. Etwas davon hat Hans Leip selber, sonst könnte er dergleichen weder wahrnehmen noch gestalten. Er ist als homo religiosus ein Ketzer. Gott liebt die Ketzer.

Dr. Herbert Fritsche

Aus seiner pazifistischen Einstellung, dokumentiert in einer Rede vor der Nordischen Gesellschaft 1932, abgedruckt in der Zeitschrift »Das Tagebuch«, hat er nie ein Hehl gemacht. Er war gerade noch toleriert, richtiger gesagt, offenkundige Unterdrückung seiner zum Teil überaus volkstümlich gewordenen Produktion schien den Machthabern inopportun zu sein (die übrigens, nicht stets scharfsinnig, mit der Kunst des Lesens zwischen den Zeilen unvertraut waren). In den letzten Kriegsmonaten lebte jedenfalls der Dichter im Schatten des Richtbeils. Der Einmarsch der Rainbow Division in Tirol dürfte für ihn, der die Freiheit gewählt hatte, Rettung gewesen sein. Ein Außenseiter, aber nicht Ausländer des Daseins, seelisch ungefähr so geortet wie der Stadtstaat Hamburg staatsrechtlich-geopolitisch im deutschen Raum. Hans Leips Vaterstadt hat Grund, auf ihren ungebärdigen und keineswegs sonderlich lokalpatriotischen Sohn stolz zu sein, nicht minder die deutsche Dichtung seiner (und nicht nur seiner) Generation.

Prof. Dr. Ernst Alker

Zeittafel

1893	Hans Leip am letzten Sommertag, 22. September, vormittags 10 Uhr, in der Freien und Hansestadt geboren, Freiligrath-Allee No. 7.
1900–1906	Schüler von Heinrich Wolgast, Volksschule Capellenstraße. Chorjunge an der Dreieinigkeits-Kirche zu St. Georg. Dann Seminarschule Steinhauerdamm.
1908–1914	Lehrerseminar Wallstraße
1910	Erste Verse in der Zeitschrift »Junge Geister«. Fischdampferreise. Begegnung mit Alfred Lichtwark.
1914	Schwimm- und Zeichenlehrer, April bis November. Dann Gardefüsilier in Berlin.
1915	Lili Marleen, mit eigener Melodie, April, eben vorm Abmarsch an die Ostfront.
1916	Nach Feldverletzung im Karpathen-Feldzug entlassen. Lazarette Munkacz, Löbau i. Sa. und Hamburg-Eppendorf (Prof. Dr. Nonne).
1917	Studien zur Kunstgeschichte.
1918–1921	Erste Ehe (Lina Stellmann). Tochter Grita.
1919	Erste Ausstellung von Graphik im Kunstsalon Maria Kunde zu Hamburg. Prof. Pauli erwirbt drei große Revolutionszeichnungen und zwei kleine Holzschnitte für die Hamburger Kunsthalle.
1919–1925	Ausstellungen von Graphik in Hamburg, Dresden und Kopenhagen und im Altonaer Museum.
1920–1921	Zwei Bändchen Kurzgeschichten: »Laternen die sich spiegeln« mit Federzeichnungen und »Die Segelfähre« mit Holzschnitten bei Hammerich &

	Lesser, Hamburg-Altona (Verleger Hinrich Springer, Vater von Axel Springer).
1921	Sieben Steinzeichnungen zu den »Denkwürdigkeiten des Marschalls Vieilleville«. Druckerei Pudbrese, Hamburg.
	Der Almanach der Götzenpauke. Zum Kostüm-, Künstler- und Mäzenatenfest der Hamburgischen Künstlerschaft im Februar 1921. Schriftleitung H. L. Mit Illustrationen. Verlag Hammerich & Lesser.
1921–1932	Atelier Himmelsecke, Hamburg, Jungfernstieg – Ecke Neuer Wall.
1921	Sieben Malvenlieder in eigener Komposition. Klaviersatz Arnold Winternitz und Ilse Haalck.
1923	»Der Pfuhl«, Roman. Schutzumschlagentwurf vom Verfasser. Verlag Albert Langen, München.
	Aufenthalt auf Pellworm, wo etwa 15 Aquarelle entstanden.
1924	Wanderung in Südtirol, den Dolomiten und am Gardasee: 9 Aquarelle.
1925	»Godekes Knecht«, Roman. 1. Preis im Wettbewerb der »Kölnischen Zeitung«. Preisrichter Thomas Mann. Verlag Grethlein, Leipzig.
	Paris und dort Galeriebesuche und Kunststudien.
	Zweite Ehe (Gretl Haalck). Töchter Lore und Hilke.
1925/35	Viele Auslandsreisen, u. a. nach Italien, Nordafrika, Spanien, Portugal.
1926	»Tinser«. Roman einer Heimkehr. Grethlein & Co., Leipzig. Vorabdruck »Hamburger Fremdenblatt«.
1927	»Die Nächtezettel der Sinsebal«, Lyrik und Prosa. Verlag Der Kreis, Hamburg.
	»Der Nigger auf Scharhörn«, Erzählung. Enoch Verlag, Hamburg.

»Altona, die Stadt der Parks«, mit Zeichnungen. Hammerich & Lesser.

»Der Gaukler und das Klingelspiel«, Pantomime, Verlag der Hamburger Gruppe. Uraufführung in der Hamburger Staatsoper (Ballett).

Reisen nach London und New York.

1928 »Miss Lind und der Matrose«, Erzählung. Vorabdruck im »Simplicissimus«. Großes Fest unter gleichem Titel im Deutschen Theater zu München. Als Buch erschienen bei Albert Langen, München.

1929 »Die Blondjäger«, Roman. Vorabdruck »Vossische Zeitung«. Als Buch beim Propyläen Verlag, Berlin.

»Die getreue Windsbraut«, Erzählungen. Schünemann Verlag, Bremen.

1930 »Untergang der Juno«, Erzählung. Verlag Enoch, Hamburg.

1931 »Die Zukunft des Schriftstellers«, Rede vor der Nordischen Gesellschaft in Lübeck.

1932 Beauftragter der Deutschen PEN-Gruppe in London.

»Kolonie«, Komödie in drei Aufzügen. Nicht gedruckt. Uraufführung 1932 am 25. Dezember in der Komödie, Berlin.

Erstes eigenes Haus, in Hamburg-Blankenese, Süllbergterrasse.

1933 »Die Klabauterflagge – oder Atje Potts erste und höchst merkwürdige große Fahrt.« Insel Verlag, Leipzig.

»Die Lady und der Admiral«, Nelsons und der Hamiltons Heimreise anno 1800. Hoffmann & Campe Verlag, Hamburg.

1934 »Jan Himp und die kleine Brise«, Roman. Enoch Verlag, Hamburg.

	»Herz im Wind«, Geschichten von der Wasserkante, Verlag Diederichs, Jena.
1935–1936	Schriftleiter an der »Hamburger Illustrierten« (Broschek).
1936–1939	Mitarbeiter bei der UFA.
1937	»Fähre VII«, Roman. Enoch Verlag, Hamburg.
	»Die kleine Hafenorgel«, Gedichte und Zeichnungen (Buchgestaltung Siegfried Buchenau), Verlag Wegner, Hamburg.
1938	»Begegnung zur Nacht«, Geschichten zwischen Süß- und Salzwasser mit 44 Zeichnungen.
	»Liliencron« – in der Reihe Dichter der Deutschen, beide Cotta, Stuttgart.
	»Das Schiff zu Paradeis«, Verse und Zeichnungen. Verlag Ellermann, Hamburg.
1939	»Die Bergung«, Erzählung. Cotta Verlag, Stuttgart.
	Tod der Ehefrau Gretl Haalck.
	Aufenthalt in Madeira.
1940	Dritte Ehe (Ilse Haalck, Schwester von Gretl).
	»Das Muschelhorn«, Roman. Verlag Cotta, Stuttgart. Geschrieben am Mondsee, vollendet im Blankeneser Haus.
	Freundschaft mit der Lektorin von Cotta Dr. phil. Kläre Buchmann.
	Eine beabsichtigte Parodie auf Hitler, verborgen in der Gestalt des Tamerlan, wurde von ihr als zu gefährlich abgelehnt.
	Sie empfahl, auf Eulenspiegel auszuweichen. So entstanden die
1941	»Eulenspiegelgesänge«, Abwandlungen eines alten Themas in 11 Gedichten. Mit 11 Radierungen von Roswitha Bitterlich. Cotta, Stuttgart.
	Zuflucht am Überlinger See.
1942	Uraufführung der satirischen Komödie »Idothea

oder die ehrenwerte Täuschung« im Deutschen Theater in Berlin; sie wurde bald verboten.

»Kadenzen«, Gedichte in eigener Versform. Cotta Verlag.

1943 Zeichnungen zwischen den Bombenangriffen in Hamburg.

Dazu das »Lied im Schutt«, letzteres veröffentlicht im »Simplicissimus«.

Zuflucht im Tiroler Gebirge. 60 Kreidezeichnungen von der Wurmegg-Alpe.

»Der Widerschein«, ein Rückblick zum 50. Geburtstag, herausgegeben von Kläre Buchmann, Cotta Verlag.

1944 Tochter Agathe.

»Das trunkene Stillesein«, elf Kadenzen. Ellermann, Hamburg.

1945 Fünf Lithographien für die Griffelkunstvereinigung Langenhorn bei Hamburg. (Der Schiffsjunge/Feuerschiff/Wurmegg-Alpe/Blick vom Galtenberg auf die Venediger-Gruppe/Hirtenkinder auf Madeira.)

Im November Heimkehr nach Hamburg-Blankenese.

1946 »Heimkunft«, zehn Kadenzen, Verlag Ellermann, Hamburg.

»Das Zauberschiff – ein Bilderbuch nicht nur für Kinder«, Verlag Hammerich & Lesser, Hamburg.

1947 »Der Mitternachtsreigen«, Oratorium. Verlag Hammerich & Lesser.

»Das Buxtehuder Krippenspiel«, Verlag Hübener, Buxtehude.

»Barabbas«. Ein Passionsspiel. Deutscher Laienspiel-Verlag, Weinheim a. d. Bergstraße.

»Eulenspiegel«. Abwandlungen eines alten Themas in 11 Gesängen. Mit einem Nachwort, Umschlagvignette und Illustrationen von H. L. Verlag Wolff, Flensburg.

1948 »Die Hafenorgel«, Gedichte und Zeichnungen (Der kleinen Hafenorgel 3., vermehrte Auflage), Wegner, Hamburg.

»Frühe Lieder« mit Holzschnitten und Singweisen. Verlag Hamburgische Bücherei.

Hamburg endgültig verlassen.

1949 Übersiedlung nach Breitbrunn am Chiemsee ins eigene Haus. Vierte Eheschließung: Kathrin, geborene Bade.

»Abschied in Triest«, Novelle.

»Drachenkalb singe«, Roman. Beide verlegt bei Christian Wegner, Hamburg.

1952 »Die Sonnenflöte«. Roman. Westermann, Braunschweig.

Vorabdruck in Westermanns Monatsheften.

Eröffnungsrede für die Deutsche Buchwoche in Hamburg und Kiel.

1953 »Die unaufhörliche Gartenlust«, mit Zeichnungen. Zur Gartenbauausstellung in Hamburg. Wegner Verlag, Hamburg.

»Der große Fluß im Meer«, Roman des Golfstroms. Paul List Verlag, München.

1954 Übersiedlung in die Schweiz, nach Fruthwilen/Thurgau, ins Bauernschlößli Hub.

1955 »Die Groggespräche des Admirals von und zu Rabums«. Illustrationen von Herbert Pridöhl. Verlag Braun & Schneider, München.

1956 »Des Kaisers Reeder«, Biographie Albert Ballins. Eine hansische Elegie. Verlag Kindler, München.

1957 »Das Meer«, Anthologie, herausgegeben und mit einigen Beiträgen von H. L. Kindler Verlag, München.

»Störtebeker«, Drama in 4 Aufzügen. Deutscher Laienspiel Verlag, Weinheim a. d. B.

1958 Hans Leip – Leben und Werk. Eine Monographie. Im Auftrage der Freien Akademie der Künste in Hamburg. Herausgeber Rolf Italiaander.

1959 »Bordbuch des Satans« – Chronik der Freibeuterei vom Altertum bis zur Gegenwart. Verlag List, München.

1960 »Glück und Gischt«, Erzählungen und Zeichnungen. Fackelträger-Verlag, Hannover.

»Hol über Cherub«, Erzählungen und Zeichnungen. Verlag Schünemann, Bremen.

1961 Senatsmedaille für Wissenschaft und Kunst. Verleihung durch Kultursenator Dr. Biermann-Rathjen zu Hamburg.

Bau eines eigenen Hauses auf der Hubhalde in Fruthwilen.

1963 »Die Taverne zum musischen Schellfisch«, biographischer Roman. Verlag Die Brigantine, Hamburg.

»Hamburg, Juli 1943«, zehn Kreideskizzen und »Lied im Schutt«. Hammerich & Lesser, Hamburg.

»Pentamen«. Eigene Kurzgedichte. Oltener Liebhaberdruck William Matheson. Mit 5 Zeichnungen.

1964 »Die Hafenorgel« (s. o.), Fischer-Bücherei.

1965 »Sukiya oder Die große Liebe zum Tee«. Econ Verlag, Düsseldorf.

1967 »Am Rande der See«. Ausgewählte Erzählungen. Verlag Die Brigantine, Hamburg.

1968 »Garten überm Meer«. Neue Kadenzen. Verlag Die Brigantine.

Verleihung des großen Verfassungsportugalesers durch den Hamburger Senat.

Hans Leip: Hamburger Bibliographien, Band I. Herausgegeben von der Freien Akademie der Künste in Hamburg in Zusammenarbeit mit der Staats- und Universitätsbibliothek Hamburg. Begründet von Rolf Italiaander. Einleitungen von Rolf Italiaander und Wilhelm Duwe. (Die bibliographische Aufstellung stammt von Barbara Richter, Hamburg.)

Ausstellungs-Katalog des Altonaer Museums. Hans Leip als Zeichner und Maler. Katalogbearbeitung Christian L. Küster. Mit einem Gedicht von H. L.: »Das Schöpferische«. Einleitung von Prof. Dr. Wietek und Aufsatz von H. L.: »Mein Verhältnis zur bildenden Kunst«. Zum 75. Geburtstag.

Umfassende Ausstellung von Graphik und Malerei im Altonaer Museum.

1969 Dieselbe Ausstellung auch in Bremerhaven, auf Amrum und in Erlangen.

1970 Ausstellung von Malerei und Graphik in Kreuzlingen/Schweiz, im Rathausgebäude. Eröffnung durch Dr. Ernst Nägeli.

1969–1970 Nach einer Erkrankung Visionen mit mythischen Anklängen: 24 Lithos »Abyssos« I und II.

1969 »Aber die Liebe«, Roman. Band 3 der Hansischen Trilogie (Godekes Knecht/Das Muschelhorn/Aber die Liebe). Verlag Die Brigantine, Hamburg.

1973 (Mai 1973) Ausstellung in Konstanz. Eröffnungsansprache Prof. Dr. Wietek.

Verleihung des Titels Professor h. c. durch die Hansestadt Hamburg (September 1973).

Ausstellung in der Westbank zu Hamburg-Altona. Eröffnungsansprache Prof. Dr. Ernst Sander.

»Die Groggespräche des Admirals von und zu

Rabums«. Neuauflage Langewiesche-Brandt, Ebenhausen bei München. Ohne Illustrationen, Schutzumschlag-Zeichnung von H. L.

1975 Sieben Lithographien zu Shakespeares »The Tempest«.

1978 »Das Tanzrad – oder Die Lust und Mühe eines Daseins«, Autobiographie mit 171 Illustrationen. Verlag Ullstein, Berlin.

1981 Ausstellung in Frauenfeld, Galerie Etienne. Eröffnungsansprache Dr. Ernst Nägeli.

1981–1983 Taschenbücher:
»Fähre VII«
»Miss Lind und der Matrose«
Beide Verlag Otto Melchert, Deutscher Literaturverlag, Hamburg.
»Die Hafenorgel« mit Zeichnungen. Auswahl.
»Begegnung zur Nacht« ohne Zeichnungen.
Beide dtv.
»Godekes Knecht«
»Das Muschelhorn«
»Aber die Liebe«
»Jan Himp und die kleine Brise«
»Der Nigger auf Scharhörn«
Alle fünf Taschenbücher bei Ullstein, Berlin.
Neuauflagen sind außer vorstehenden Taschenbüchern nur genannt, wenn sie größere Veränderungen gegenüber den Erstauflagen enthalten.

6. 6. 1983 Hans Leip stirbt in seinem Haus in Fruthwilen/Schweiz.

Ausländische Ausgaben und Übersetzungen

Godekes Knecht

Übersetzung ins Tschechische. Prag: Melantrich 1942.

Die Klabauterflagge

Ausgabe in deutscher Kurzschrift. Übertragen und geschrieben von Hermann Döbbelin. Dresden: Reuter 1935.
Holländische Ausgabe in deutscher Sprache. Mit 10 Zeichnungen von H. L. Amsterdam: Meulenhoff 1937, herausgegeben von G. J. van Aalst.
Englische Ausgabe. Herausgeber Nils Gösta Sahlin.
New York: Farrar & Rinehart 1936.

Jan Himp und die kleine Brise

Sonderausgabe (deutsch) Buenos Aires: »El buen Libro« 1950.
Übersetzung ins Schwedische. Jan Him och lilla »Lagom Vind« Fran tyskan av Knut Stubbendorff. Malmö: Svensk-Tyska Litteratursällskapet 1943.

Die Bergung

Übersetzung ins Flämische. Schepen in nood. Antwerpen: De Eik 1943.

Das Muschelhorn

Übersetzung ins Holländische. De Kinkhoren. 's-Gravenhage: Uitgeverij Boot 1944.

Der große Fluß im Meer

Übersetzungen ins Englische. The Gulf Stream story. London: Jarrolds 1957.
The river in the sea. New York: Putnam 1958.
Übersetzungen ins Französische. Le roman du Gulf-Stream. Paris: Plon 1956.

Accomp. de 6 documents in-texte et 32 pl., dont 8 ct. Paris: Club les Libraires de France 1956.
Übersetzung ins Holländische. De grote golfstroom. Amsterdam, Brüssel: Elsevier 1964.
Übersetzung ins Spanische. Un rio en el mar. Santiago de Chile: Empresa Zig-zag. 1961.

Bordbuch des Satans

Übersetzung ins Holländische. Piratenparade. Amsterdam, Brüssel: Elsevier 1962.
Übersetzung ins Kroatische. Gusarski Dnevnik.
Zagreb: Zora 1969.
Übersetzungen ins Bulgarische: Bordovijat Dnevnik na Satanata, Varna 1969.

Bibliographischer Nachweis

Von der Herkunft/Aus der Kindheit/Frühe Begegnung/Im Grauen ein holder Schein/Bekenntnis im Traum/Vom Bücherschreiben
Entnommen aus: Der Widerschein – Eine Rückschau, Stuttgart 1943

Zwischen Palette und Schreibtisch – Ein Lebensabriß
Entnommen aus: Hamburger Bibliographien Band I., Hamburg 1968

Das Ruderlied/Muschemusch/Heimweh
Entnommen aus: Frühe Lieder, Hamburg 1948

Der Muschelring/Der Meerwein/Die Versuchung/An meine Töchter/Lied im Schutt/Lili Marleen
Entnommen aus: Die Hafenorgel, Hamburg 1948

Richtigstellende Bemerkung zu Lili, zu Marleen und zum Lied Lili Marleen
Entnommen aus: Berichte 1973–1974, Jahrbuch Freie Akademie der Künste in Hamburg, Hamburg 1974

Etwas Seefahrt
Entnommen aus: Pentamen, Olten 1963

Anruf / Uferweg / Hafenstadt / Schiffsglocke / Die Scheuer / Weltbrand / Sommer / Eines Tages
Entnommen aus: Kadenzen – Neue Gedichte, Stuttgart 1942

Gute und schlechte Freude/Das große Stillesein/Horizont haben/Frage und Antwort/Widersprüche?/Zwischen Sein und Nichts
Entnommen aus: Rette die Freude, Flensburg 1947

N. d. P., meine Lieben – na, denn Prost!
Entnommen aus: Die Groggespräche des Admirals von und zu Rabums, München 1973

Ein Leuchtturm wird frisch gestrichen/Der tote Matrose/ Gelächter hinterm Horizont
Entnommen aus: Herz im Wind, Jena 1934

Das Mädchen auf dem Teller/Aller Anfang ist Wagnis
Entnommen aus: Glück und Gischt, Hannover 1960

Das kleine Bonnet
Entnommen aus: Die getreue Windsbraut, Bremen 1929

Die Bergung
Erzählung, Stuttgart 1939

Ausfahrender Fischdampfer vor Hamburg-Oevelgönne

Trinkspruch auf Hamburg

Immer will ich dich preisen,
grausilberne Vaterstadt,
und was dir weltweit
hansisch gedeiht
und das singige Platt
und die leisen
Lichter von See
und das Fernweh,
das man in deinen Straßen hat.

Hans Leip

5. 3. 1983
Hubhalde
Fruthwilen Tg.

Zuerst gesprochen auf einem
Senatsempfang 1968.

Blankenese